utb 5926



**Eine Arbeitsgemeinschaft der Verlage**

Brill | Schöningh – Fink · Paderborn
Brill | Vandenhoeck & Ruprecht · Göttingen – Böhlau · Wien · Köln
Verlag Barbara Budrich · Opladen · Toronto
facultas · Wien
Haupt Verlag · Bern
Verlag Julius Klinkhardt · Bad Heilbrunn
Mohr Siebeck · Tübingen
Narr Francke Attempto Verlag – expert verlag · Tübingen
Psychiatrie Verlag · Köln
Ernst Reinhardt Verlag · München
transcript Verlag · Bielefeld
Verlag Eugen Ulmer · Stuttgart
UVK Verlag · München
Waxmann · Münster · New York
wbv Publikation · Bielefeld
Wochenschau Verlag · Frankfurt am Main

Petra Herzmann, Dr. phil., ist Professorin für Empirische Schulforschung mit dem Schwerpunkt qualitative Methoden an der Humanwissenschaftlichen Fakultät der Universität zu Köln. Ihre Arbeitsschwerpunkte: Professionalisierung und Professionalität von Lehrer:innen, Forschendes Lernen, Forschungsmethoden.

Johannes König, Dr. phil. habil., ist Professor für Empirische Schulforschung mit dem Schwerpunkt quantitative Methoden an der Humanwissenschaftlichen Fakultät der Universität zu Köln. Seine Arbeitsschwerpunkte: Schul- und Unterrichtsforschung, Forschung zur Lehrer:innenbildung und zum Lehrer:innenberuf, Kompetenzmessung von Lehrkräften, Qualitätsentwicklung in der Lehrer:innenbildung, Evaluation der Lehrer:innenbildung im internationalen Vergleich.

Petra Herzmann
Johannes König

# Forschungsmethoden im Lehramtsstudium

## Zugänge und Perspektiven Forschenden Lernens

Verlag Julius Klinkhardt
Bad Heilbrunn • 2023

Online-Angebote oder elektronische Ausgaben zu diesem Buch
sind erhältlich unter utb.de und elibrary.utb.de

Die Deutsche Bibliothek – CIP-Einheitsaufnahme
Die Deutsche Nationalbibliothek verzeichnet diese Publikation in der Deutschen Nationalbibliografie; detaillierte bibliografische Daten sind im Internet über http://dnb.d-nb.de abrufbar.



Satz: Kay Fretwurst, Spreeau.
Grafik auf Umschlagseite 1: Kay Fretwurst, Spreeau.
Einbandgestaltung: Agentur Siegel, Stuttgart.

Druck und Bindung: Friedrich Pustet, Regensburg.
Printed in Germany 2023.
Gedruckt auf chlorfrei gebleichtem alterungsbeständigem Papier.

utb-Band-Nr.: 5926
**ISBN 978-3-8385-5926-1 digital**
**ISBN 978-3-8252-5926-6 print**

# Gliederung

# 1 Einleitung

Als angehende:r Lehrer:in stehen Sie im Studium möglicherweise vor der Aufgabe, ein kleines Forschungsprojekt („Studienprojekt") durchzuführen. Von Ihnen wird erwartet, dass Sie *forschend lernen*. Der Begriff des Forschenden Lernens (▶ Kap. 2) ist insgesamt weit gefasst, beinhaltet im Lehramtsstudium aber im Wesentlichen,

- sich mit dem Arbeitsplatz Schule und dem Handlungsfeld Unterricht theoriegeleitet auseinanderzusetzen,
- eine wissenschaftliche Beobachtungshaltung gegenüber den eigenen Praxiserfahrungen einzunehmen,
- eine präzise formulierte Fragestellung und ein Vorgehen zu entwickeln, das sich auf geeignete Forschungsmethoden stützt.

Schon hier wird deutlich: Forschendes Lernen setzt ein grundständiges Wissen über Forschungsmethoden voraus. Die folgenden Fragen verweisen auf dieses forschungsmethodische Wissen und sollten nach der Lektüre des Studienbuchs beantwortet werden können:

- Was sind die Bestandteile einer empirischen Untersuchung in der Schul-, Unterrichts- und Professionsforschung, die qualitative und/oder quantitative Zugänge wählt?
- Wie lassen sich die damit verbundenen Vorgehensweisen im Kontext des Forschenden Lernens an einer (Praktikums-)Schule konkretisieren?
- Wie sehen passende Beispiele oder Anwendungen der empirisch arbeitenden Erziehungswissenschaft aus, an denen man sich beim Forschenden Lernen orientieren kann?

Vor dem Verfassen des vorliegenden Buches haben wir uns gefragt: Gibt es einen spezifischen Anspruch an empirische Forschung im Hinblick auf *Forschungsmethoden im Lehramtsstudium*, wie im Titel des vorliegenden Studienbuchs ausgewiesen? Wenn ja: Rechtfertigt die Absicht, zur Klärung dieses Anspruchs beitragen zu wollen, ein weiteres Studienbuch über empirische Forschungsmethoden zu schreiben? Denn: Hand- und Studienbücher zu empirischen Forschungsmethoden in der Erziehungswissenschaft gibt es reichlich. Diese auf dem aktuellen Stand der Entwicklung der Forschungsmethoden zu halten, ist eine Herausforderung für die Textgattung Buch. Das Kriterium der Aktualität ist aber weder das alleinige noch das entscheidende für unser Studienbuch. Wir widmen uns vielmehr der Frage, welche Forschungsmethoden der qualitativen und quantitativen, vor allem erzie-

hungswissenschaftlich geprägten Schul-, Unterrichts- und Professionsforschung[1] sich grundsätzlich für das Forschende Lernen von Lehramtsstudierenden in der Schule eignen, um eine reflexive und entwicklungsorientierte Perspektive auf das (spätere) Berufsfeld einnehmen zu können. Angesprochen ist also ein Grundwissen empirischer Methodenlehre, das für eben die Anforderungen nötig ist, die Lehramtsstudierende speziell im Rahmen des Forschenden Lernens bewältigen sollen.
Im Kern geht es uns darum, einen Einblick in methodologische Überlegungen, Erhebungs- und Auswertungsverfahren der empirisch arbeitenden erziehungswissenschaftlichen Forschung zu vermitteln und diese mit beispielhaften Verweisen auf bereits vorliegende Ausarbeitungen sowie empirische Studien vorzustellen. Unser Anliegen ist es, an etablierte und anspruchsvolle Methoden der erziehungswissenschaftlichen Schulforschung anzuschließen. Zugleich möchten wir deutlich machen, dass in der Anwendung von Forschungsmethoden durch Studierende beim Forschenden Lernen ein Verständnis von Forschung nötig wird, das in gewisser Weise einen eigenen Stellenwert beanspruchen kann. Dabei geht es erstens um das grundlegende Kennen und zweitens um das Beherrschen forschungsmethodischer Erkenntnisprozeduren. Demzufolge bieten wir Unterstützung bei der verständigen Rezeption der Fachliteratur und empirischer Studien sowie bei der Vorbereitung eigener empirischer Forschungsarbeiten an. Darüber hinaus verweisen wir drittens – und diese ist, wie zu zeigen sein wird, spezifisch – auf die mit dem Forschenden Lernen verbundene, überaus voraussetzungsreiche und professionstheoretisch viel diskutierte, aber empirisch wenig geklärte Entwicklung einer forschenden Grundhaltung.

Dazu werden nach einer einleitenden Beschreibung der (professionstheoretischen) Zielsetzungen Forschenden Lernens in der universitären Lehrer:innenbildung (▶ Kap. 2) ausgewählte, für die Erziehungswissenschaft zentrale Forschungsmethoden dargestellt. Wir unterscheiden in unserer Darstellung die Bezugsfelder der *qualitativen* Schulforschung (Teil I) und der *quantitativen* Schulforschung (Teil II). Diese beiden Teile sind – soweit die beiden Bezugsparadigmen dies zulassen – ähnlich aufgebaut und orientieren sich dabei an einem für beide Zugänge leitenden – und auf dem Cover prominent ausgewiesenen – Forschungsprozess. Dabei nutzen die jeweiligen Teile das ihnen eigene, forschungsmethodische (Fach-)Vokabular und stellen grundlegende Prinzipien und Konzepte der jeweiligen Zugänge dar. Die Teile beginnen mit methodologischen Überlegungen im Kontext qualitativer (▶ Kap. 3) bzw. quantitativer (▶ Kap. 6) Forschung. Es folgen in Teil I Einblicke in die Erhebungsverfahren (▶ Kap. 4) und Auswertungsverfahren (▶ Kap. 5) qualitativer Forschung. In Teil II werden Fragen der Stichprobenwahl (▶ Kap. 7), Grundlagen der Messung (▶ Kap. 8), Erhebungsinstrumente (▶ Kap. 9) sowie basale Konzepte der statistischen Datenanalyse (▶ Kap. 10) zum Gegenstand gemacht.

1 Das Studienbuch bezieht sich auf den Gegenstandsbereich der Schul-, Unterrichts- und Professionsforschung. Im Folgenden werden wir diesen zusammenfassend als Schulforschung ausweisen.

Insofern stellt unser Studienbuch ein Angebot dar, sich anhand systematischer sowie anwendungsnaher Überlegungen einen Einblick in qualitative und quantitative erziehungswissenschaftliche Forschungsmethoden zu verschaffen. Die jeweiligen Erkenntnisperspektiven der Verfahren werden hinsichtlich ihrer Gemeinsamkeiten und Unterschiede deutlich gemacht, auch um im Prozess des Forschenden Lernens ausgehend von der eigenen Fragestellung begründete Entscheidungen treffen zu können, die beispielsweise die Wahl der Erhebungsmethode betreffen können. Hierauf gehen wir abschließend in einem Fazit zusätzlich ein (▶ Kap. 11).

Zu Forschungen von (angehenden) Lehrer:innen liegen bereits einige Veröffentlichungen vor, an die unser Studienbuch anschließt: Frühe Arbeiten der sog. *Aktionsforschung* (Altrichter, Posch & Spann 2018)[2] haben berufserfahrenen Lehrer:innen das Forschen über den eigenen Unterricht nahegelegt und auch einen Überblick über Forschungsmethoden für den Anwendungsbereich Schule herzustellen versucht – insofern werden bereits hier die Ideen Forschenden Lernens für den Lehrer:innenberuf grundgelegt. An die Methodenentwicklung der letzten Jahrzehnte, auch in der Erziehungswissenschaft, hat die Aktionsforschung aber kaum Anschluss genommen, auch wenn es aufgrund aktueller Reformen der universitären Lehrer:innenbildung mit dem Fokus auf das Forschende Lernen – wie wir dies in Kapitel 2 diskutieren werden – gegenwärtig wieder mehr Bedeutung erfährt (vgl. Feindt, Rott & Altrichter 2020). Das *Handbuch Lehrerinnen- und Lehrerbildung* (Cramer, König, Rothland & Blömeke 2020) widmet den Forschungsmethoden in der Lehrer:innenbildung zwar einen kurzen Überblicksbeitrag (Voss, Zeeb, Dehmel & Fauth 2020), kann damit aber keinen Studienbuchcharakter beanspruchen. Das *Studienbuch zum Praxissemester im Lehramtsstudium* (Schüssler, Schwier, Klewin, Schicht, Schöning & Weyland 2017) bietet zwar einen Einblick in sämtliche Herausforderungen des Praxissemesters, die Ausführungen zu den Forschungsmethoden bleiben damit notwendigerweise rudimentär. Der fünfte Band der *Internationalen Gesellschaft für Schul- und Berufspraktische Studien* (Leonhard, Herzmann & Košinár 2021) stellt Forschungsmethoden für universitär begleitete Praxisphasen in Lehramtsstudiengänge exemplarisch vor, allerdings ausschließlich für den Bereich der qualitativen Forschung. Auf die dort versammelten forschungsmethodischen Zugänge – etwa im Kontext der Grounded Theory Methodologie oder der Artefaktanalysen – nehmen wir ausdrücklich Bezug.

Daneben gibt es eine Reihe an allgemeinen Einführungen zu ausgewählten forschungsmethodischen Verfahren (vgl. z. B. Mayring 2022; Nohl 2017a) sowie Überblicksdarstellungen in Form von Handbüchern (vgl. z. B. Bohnsack 2021; Przyborski & Wohlrab-Sahr 2021; Flick, von Kardoff & Steinke 2019; Lamnek & Krell 2016). Auch liegen Einführungswerke der Methodenlehre vor, die sich speziell an (ange-

2 Die erste Auflage erschien unter dem Titel *Lehrer erforschen ihren Unterricht: Eine Einführung in die Methoden der Aktionsforschung* (Altrichter & Posch) im Jahr 1990, die fünfte und aktuelle Auflage stammt aus dem Jahr 2018.

hende) Erziehungswissenschaftler:innen richten (z. B. Tachtsoglou & König 2017; Friebertshäuser, Langer & Prengel 2013), die aber dem Anforderungskontext des Forschenden Lernens im Lehramtsstudium kaum gerecht werden, da sie den anwendungsbezogenen Konkretisierungsgrad nur teilweise erreichen. Wir werden insbesondere im Hinblick auf die Darstellung der Grundannahmen forschungsmethodischer Verfahren sowie der (komplexen) Auswertungsmethoden und deren konkreter Umsetzung in spezifische Verfahren(sschritte) daran anschließen bzw. auf weiterführende Literatur verweisen.

Der Studienbuchcharakter unserer Ausführungen zeigt sich vor allem in der didaktischen Aufbereitung: So beginnen die Kapitel mit einem jeweils ausgewiesenen Erwartungshorizont und beispielhaften forschungsmethodischen Problemstellungen. Durchgängig nehmen wir auf ausgewählte Forschungsprojekte als sog. Beispielstudien Bezug, die im Großen aufzeigen, was für das Forschende Lernen im Kleinen adaptiert werden könnte. Die Kapitel enden mit Fragen zum Textverständnis und zu forschungspraktischen Reflexionen. Das Studienbuch bietet nicht zuletzt weitergehende Literatur an und stellt in einem abschließenden Stichwortverzeichnis die forschungsmethodischen Grundbegriffe zusammen. Wir möchten in diesem Zusammenhang auch darauf hinweisen, dass der Duktus unserer sprachlichen Ausführungen beabsichtigt, im sachbezogenen Stil die Forschungsmethoden darzustellen und gleichzeitig immer wieder durch direkte Ansprache an unsere Leser:innen geprägt ist. Trotz anfänglicher Bedenken bildet dies unser Anliegen am besten ab, über die Zusammenstellung von Forschungsmethoden eine wissensbasierte Grundlegung für das Forschende Lernen zu schaffen, um (angehende) Lehrer:innen zugleich in die Lage zu versetzen, sich in der forschungsmethodisch angeleiteten Beobachtung, Befragung und Reflexion des eigenen Handlungsfeldes gedanklich zu erproben.

Unser abschließender Dank gilt unseren wissenschaftlichen Hilfskräften, insbesondere Swantje Brings für die Unterstützung bei umfassenden Recherchen, bei der Erstellung von Textteilen und Abbildungen sowie Sebastian Fischer und Matilda Waanders bei der Bild- und Textbearbeitung. Für fachliche Kritik und das Korrekturlesen danken wir Kerstin Darge, Georg Draube, Barbara Hövels, Matthias Krepf und Michael Stralla. Nicht zuletzt geht unser Dank an die (vielen) Studierenden unserer Vorlesung, die durch stete Rückfragen und Hinweise dazu beigetragen haben, dass wir unsere Lehrveranstaltung kontinuierlich weiterentwickelt haben und uns dadurch auch zu diesem Studienbuch inspiriert haben.

Köln im Mai 2023 *Petra Herzmann und Johannes König*

# 2 Das Forschende Lernen im Lehramtsstudium: Zielsetzungen und Herausforderungen

**Erwartungshorizont**
Nach der Lektüre des Kapitels sollten Sie wissen,
- welches Verständnis von Professionalität über den Lehrer:innenberuf (Was zeichnet eine gute Lehrperson aus?) Anlass für Forschendes Lernen im Lehramtsstudium ist,
- was die Kernidee Forschenden Lernens ist und
- inwiefern dafür forschungsmethodische Kenntnisse benötigt werden.

Die studentische Frage, warum es denn sinnvoll sei, sich als angehende Lehrperson mit Forschungsmethoden zu beschäftigen, war zu Beginn der Umstellung auf das modularisierte Lehramtsstudium[3] in der Bachelor- und Masterstruktur und mit Einführung unserer Vorlesung *Innovation und Profession* im Master of Education an der Universität zu Köln im Jahr 2014 deutlich zu vernehmen. Intuitiv würden wir heute sagen, dass diese Infragestellungen forschungsmethodischer Angebote im Kontext eines Lehramtsstudiums seit der Einführung des Praxissemesters in Nordrhein-Westfalen im Jahr 2015 weniger geworden sind, verschwunden sind sie nicht. Ob dies als ein Zeichen von Akzeptanz oder lediglich von Gewöhnung (über die Zeit) zu verstehen ist, bedürfte einer eigenen empirischen Prüfung. Immerhin konnten Cammann, Darge, Kaspar und König (2018) für $n = 403$ Lehramtsstudierende der Universität zu Köln, die unmittelbar vor Beginn ihres Praxissemesters standen, zeigen, dass diese die Anforderungen studentischer Forschung bzw. Forschenden Lernens (Fragestellung und Forschungsdesign entwickeln, Daten erheben, auswerten, interpretieren und reflektieren) im Rahmen ihres durchzuführenden Studienprojekts im Durchschnitt als wichtig bis sehr wichtig erachteten. Sie fühlten sich für diese Anforderungen durch vorbereitende Lehrveranstaltungen allerdings nicht hinreichend unterstützt. In diesem Kapitel werden wir deshalb zunächst auf die oben aufgeworfene (Rück-)Frage antworten und kenntlich zu machen versuchen, dass mit den universitären Angeboten Forschenden Lernens das spätere Handlungsfeld Schule und Unterricht durchaus adressiert wird (vgl. Artmann, Berendonck, Herzmann & Liegmann 2018).
Mit der Umsetzung verlängerter Praxisphasen innerhalb der universitären Lehrer:innenbildung in nahezu allen Bundesländern in Deutschland (vgl. Weyland & Witt-

3 Die Vorlesung ist im Mastermodul *Innovation und Profession* verortet.

mann 2015) sind die Erwartungen an die Lehramtsausbildung in einer besonderen Weise neu justiert worden. Auch wenn die mit dem Praxissemester[4] bzw. den universitär begleiteten Praxisphasen verbundenen Zielsetzungen weder im wissenschaftspolitischen noch im erziehungswissenschaftlichen Diskurs einvernehmlich sind (vgl. Artmann et al. 2018; König & Rothland 2018; Fichten 2017), sollen Lehramtsstudierende zunächst – wie in anderen Praxisphasen auch – generell auf die Praxisanforderungen der Schule und des Vorbereitungsdienstes bzw. Referendariats vorbereitet werden (vgl. MSW 2010, 4). Laut Lehramtszugangsverordnung[5] des Landes Nordrhein-Westfalen (LZV § 8, Abs. 1) ist intendiert, grundlegende Bereiche schulischen Lehrens und Lernens (etwa Verfahren der Leistungsbeurteilung und der inneren Differenzierung) auf der Basis von Fachwissenschaft, Fachdidaktik und Bildungswissenschaften zu planen, durchzuführen und zu reflektieren. Eine solche Zielsetzung fällt als curriculare Vorgabe allerdings in ein grundsätzliches Spannungsverhältnis zwischen akademischer Lehramtsausbildung und praktischem Schulalltag, zwischen theoretisch-formaler wissenschaftlicher Disziplinarität und konkreter professioneller Praxis, was seit Jahrzehnten als *Theorie-Praxis-Problem* diskutiert wird (vgl. im Überblick z. B. Rothland 2020; Herzmann und König 2016; Blömeke 2002).[6]

Zwar wäre intensiv zu diskutieren – und in der Erziehungswissenschaft finden diese Diskussionen ja auch seit Jahrzehnten statt –, in welchem Verhältnis Praxisvorbereitung und Praxisreflexion bzw. Praxis und Theorie stehen (vgl. Fichten & Weyland 2020). Die Ziele von Praxisphasen im Lehramtsstudium – und für das Praxissemester wird dies zum Beispiel durch die Lehramtszugangsverordnung in Abgrenzung zu anderen Praxisphasen vorgegeben – bestehen allerdings nicht nur im praktischen Erkunden des späteren Handlungsfeldes Schule oder im Erproben der eigenen Unterrichtstätigkeit. Vielmehr wird mit der Einführung verlängerter universitärer Praxisphasen und damit verbundener Formate *Forschenden Lernens* betont, angehenden Lehrer:innen einen spezifischen Anspruch an pädagogische Professionalität vermitteln zu wollen: Sie sollen ein „professionelles Selbstkonzept" (LZV § 8, Abs. 1) entwickeln, mittels dessen sie den Arbeitsplatz Schule und das Handlungsfeld Unterricht nicht als selbstverständlich gegeben, sondern neugierig fragend in den Blick nehmen können. Schulpraktische Lerngelegenheiten sollen also nicht nur dazu dienen, dass Studierende Praktiken und Handlungsweisen er-

4 Wir fokussieren im Folgenden das *Praxissemester* als eine universitär begleitete Praxisphase, da wir unser Studienbuch vor dem Hintergrund der Ausbildungssituation in Nordrhein-Westfalen schreiben. Mitgemeint sind aber sämtliche Praxisphasen, die einen – wie im Weiteren zu zeigen sein wird – forschungsorientierten Anspruch verfolgen.

5 Die LZV ist eines der (hochschul-)politischen Dokumente, die die Lehrer:innenbildung und die universitären Praxisphasen maßgeblich steuern.

6 Unter anderem mit dem *Reflexionsbegriff* (vgl. z.B. jüngst Schaper & Vogelsang 2022; Herzmann & Liegmann 2020a) wird angedeutet, dass Praxis theoriebasiert ausgewertet und Studierende zugleich– in umgekehrter Reihung – die Möglichkeit erhalten sollten, „aus Erfahrungen in der Praxis, Fragestellungen an Theorien zu entwickeln" (MSW 2010, 4).

fahrener Lehrpersonen adaptieren (vgl. Rothland & Boecker 2014). Damit wird beabsichtigt, dass ein „wissenschaftlich-reflexiver Habitus" (Helsper 2001, 11) von den angehenden Lehrer:innen entwickelt werden kann. Diese im erziehungswissenschaftlichen Diskurs verbreitete Bezeichnung beschreibt eine anzustrebende, spezifische Einstellung der Studierenden gegenüber der schulischen Praxis und soll ihnen bei der Reflexion ihrer eigenen oder der von ihnen beobachteten unterrichtlichen Praxis im „Gestus des ‚bohrenden Befragens'" (ebd., 12) unterstützen.

Diese (wissenschaftlich-)reflexive Perspektive auf die eigene (spätere) berufliche Tätigkeit wurde bereits im Jahr 2001 vom Wissenschaftsrat in einer Empfehlung für die Lehrer:innenbildung grundgelegt: Zukünftige Lehrer:innen sollen dazu befähigt werden, „ihr Theoriewissen für die Analyse und Gestaltung des Berufsfeldes nutzbar zu machen und auf diese Weise ihre Lehrtätigkeit nicht wissenschaftsfern, sondern in einer *forschenden Grundhaltung* [eigene Hervorh.] auszuüben" (Wissenschaftsrat 2001, 41). Damit wird die Tätigkeit von Lehrer:innen in einen Zusammenhang mit der von wissenschaftlichen Disziplinen betriebenen Erkenntnisgewinnung gebracht: Das Verfügen über (Theorie-)Wissen und die verstehende Rezeption empirischer Studien, die einschlägig für handlungspraktische Anforderungen sind, sollen auch für den Lehrberuf zentral sein. Zugleich soll die berufliche Tätigkeit von Lehrkräften in die Nähe einer forschenden Tätigkeit rücken, um – wie skizziert – Unterricht theoriebasiert reflektieren zu können (vgl. Herzog 2000).[7]

Was ist nun aber mit dem Forschenden Lernen, spezifisch im Lehramtsstudium, genau gemeint? Oder anders formuliert: Worauf verpflichtet das beschriebene Professionsverständnis die universitäre Lehrer:innenbildung?[8] In Ermangelung einer für diese weitreichende Frage verbindlichen Definition Forschenden Lernens orientieren wir unsere Beschreibung an der häufig zitierten Bestimmung Hubers (2009), die sich aber nicht ausdrücklich auf die Lehrer:innenbildung bezieht (vgl. auch Huber & Reinmann 2019). Diese nutzen wir im Folgenden, um unsere lehramtsspezifischen Überlegungen Forschenden Lernens daran anzuschließen:

> Forschendes Lernen zeichnet sich vor anderen Lernformen dadurch aus, dass die Lernenden den Prozess eines Forschungsvorhabens, das auf die Gewinnung von auch für Dritte interessanten Erkenntnissen gerichtet ist, in seinen wesentlichen Phasen – von der Entwicklung der Fragen und Hypothesen über die Wahl und Ausführung der Methoden bis zur Prüfung und Darstellung der Ergebnisse in selbstständiger Arbeit oder in aktiver Mitarbeit in einem übergreifenden Projekt – (mit)gestalten, erfahren und reflektieren. (Huber 2009, 11)

Damit weist Huber für das Forschende Lernen drei Merkmale als zentral aus:

---

7 Einschränkend ist anzumerken, dass empirische Befunde dahingehend, wodurch und wie sich der reflexive Habitus oder eine forschende Grundhaltung entwickeln, bisher kaum vorliegen.

8 In einer programmatischen Schrift der Bundesassistentenkonferenz von 1970 wurde das Forschende Lernen als grundlegendes (didaktisches) Konzept und (universitäres) Prinzip des Hochschulstudiums ausgewiesen.

1. Die Studierenden durchlaufen einen für Forschung typischen Forschungsprozess bzw. Forschungszyklus, für den eine festgelegte Abfolge gilt.
2. Die Erkenntnisse studentischer Forschung sollen für Dritte interessant sein.
3. Die Studierenden forschen selbstständig bzw. gestalten Forschung aktiv mit.

Schneider und Wildt (2004) definieren Forschendes Lernen für den Anwendungskontext in Schulpraktika des Lehramtsstudiums als einen „wissenschaftsgeprägten Zugang zur pädagogischen Berufspraxis" (ebd., 154). Im Mittelpunkt stehen dabei:
- die Bereitschaft zur kontinuierlichen Reflexion des Praxisfelds mit Hilfe wissenschaftlicher Theorien und Methoden,
- eine distanzierte und problemorientierte Haltung gegenüber vermeintlich sicheren Erkenntnissen,
- hypothesenentwickelndes bzw. hypothesenüberprüfendes Herangehen an Unterricht sowie
- die Orientierung an Erhebungs- und Auswertungsmethoden, die intersubjektive Nachvollziehbarkeit erlauben (ebd.).

Im Hinblick auf Konkretisierungen und Veranschaulichungen der Prozesse und Bestandteile Forschenden Lernens sind in der Literatur verschiedene Modelle zu finden (z. B. Schüssler, Schwier, Klewin, Schicht, Schöning & Weyland 2017; Wildt 2009). Wir folgen diesen Modellvorstellungen, wobei wir zunächst von größeren Anforderungsarealen ausgehen (vgl. Abb. 2.1), die in weiteren Kapiteln unseres Studienbuchs für qualitative wie auch für quantitative Forschungsmethoden konkretisiert werden.

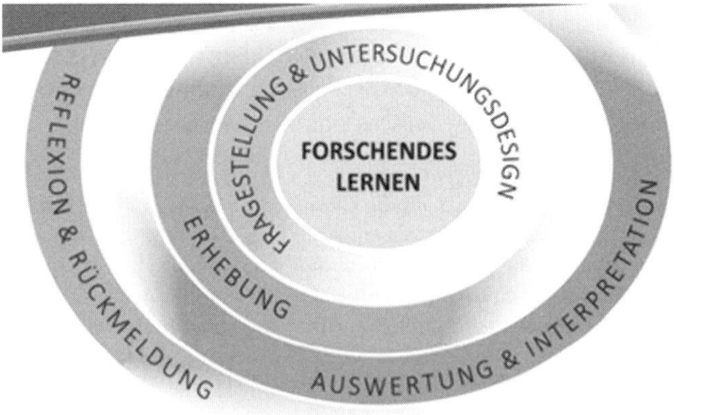


**Abb. 2.1:** Anforderungsareale Forschenden Lernens (eigene Darstellung)

An dieser Stelle soll zugleich darauf hingewiesen werden, dass diese durchaus ambitionierten Ansprüche an das Forschende Lernen für die Lehrer:innenbildung nicht unumstritten sind. Das zeigt sich curricular etwa daran, dass sich Unterschiede zwischen der Umsetzung in den einzelnen Bundesländern ausmachen lassen, die sich darauf beziehen, in welcher Weise das Forschende Lernen Teil der Lehrer:innenbildung ist und darüber hinaus, ob das Forschende Lernen an Praxisphasen anschließt (wie z. B. in Nordrhein-Westfalen) oder ohne Anbindung an Schulpraktische Studien (wie z. B. in Hamburg) realisiert wird. Auch studentische Forschungsarbeiten (das sog. „Studienprojekt")[9], die das Forschende Lernen dokumentieren sollen, sind nicht in allen Bundesländern vorgesehen. Neben curricularen Unterschieden gibt es auch Überlegungen grundlegender Art wie die, dass gerade die Anbindung von Angeboten Forschenden Lernens an Praxisphasen eine systematische Überforderung der Lehramtsstudent:innen darstelle (vgl. Leonhard 2018) bzw., dass Forschendes Lernen besser erst ab einer gewissen Berufserfahrung einsetzen solle (vgl. Neuweg 2013). Diese grundsätzliche Diskussion wollen wir hier nicht weiter ausführen, sondern einige Diskursstränge andeuten, die auf die oben zitierte Definition von Huber (2009) Bezug nehmen:

So wird erstens diskutiert, wie weitreichend die Autonomie der Studierenden – im Verhältnis zur von Dozierenden angeleiteten, systematischen Einübung in das Forschende Lernen – verstanden werden soll. Im Hinblick auf das zentrale Formulieren einer Forschungsfrage, für die zumeist Problemstellungen des zukünftigen Berufsfeldes aufgegriffen werden (vgl. Herzmann & Liegmann 2018), machen Huber und Reinmann (2019) den Vorschlag, dass die Studierenden entweder eine eigene, sie interessierende Fragestellung entwickeln oder „sich entscheiden, eine solche von ihren Lehrenden zu übernehmen und deren Bearbeitung (mit)gestalten zu dürfen" (ebd., 4). Die grundsätzliche Orientierung Forschenden Lernens an den Interessen der Studierenden wird unisono betont (vgl. Fichten & Weyland 2020). Welche Möglichkeiten Studierende für Forschendes Lernen haben und mit welchen Fähigkeiten sie Herausforderungen Forschenden Lernens – vor allem selbstständig – bewältigen, dürfte an ein gewisses Maß studentischer Expertise gebunden sein. Für diese wäre wiederum beispielsweise forschungsbezogene Aufgaben im Bachelorstudium vorauszusetzen und (idealtypisch) nicht erst im Masterstudium mit dem Forschenden Lernen zu beginnen.

Wie zweitens zu erreichen ist, dass die Ergebnisse Forschenden Lernens auch für Dritte interessant sein sollen, ist vor allem eine Frage der Reichweite studentischer Forschung. So sind im Kontext Forschenden Lernens vermutlich selten generalisierbare empirische Befunde oder neue, für den Forschungsdiskurs weitreichende Erkenntnisse zu erwarten. Vielmehr sind für den Anwendungskontext der (Praktikums-)Schule systematisch zu gewinnende und nachvollziehbare Ergebnisse anzustreben. Die interessierten Dritten könnten durchaus auch jene (Praktikums-) Schulen sein, für die es geeigneter Formate der Rückmeldung und einer Diskussion

9 Je nach Hochschulstandort (in Nordrhein-Westfalen) unterscheidet sich wiederum, ob die Studierenden ein Studienprojekt oder mehrere Studienprojekte durchführen.

der gewonnenen Daten zu entwickeln bedarf.[10] Ideal wäre es demzufolge weiterhin, wenn Studierende in der komplexen Akteur:innenkonstellation, die ein Praxissemester ausmacht (vgl. Heinrich & Klewin 2018), die Untersuchungsfrage mit der (Praktikums-)Schule abstimmen könnten oder zumindest gegenüber den schulischen Akteur:innen kenntlich machen könnten, was für sie warum für das jeweilige Studienprojekt interessant ist.

Nicht zuletzt steht drittens zur Diskussion, wie vollständig ein Forschungsprozess durchlaufen werden kann, welche Standards an Forschung anzulegen und welche (gewissermaßen) Abstriche bei der Anwendung methodisch anspruchsvoller Verfahren der Datenerhebung und Datenauswertung zu machen sind (Herzmann, Košinár & Leonhard 2021). Dass Forschendes Lernen nicht ohne forschungsmethodische Kenntnisse und Fähigkeiten der Studierenden gelingen kann, ist dabei naheliegend. Ebenso haben die oben skizzierten professionstheoretischen Begründungen deutlich zu machen versucht, dass das Forschende Lernen nicht auf das Beherrschen von Forschungsmethoden verkürzt werden kann. Mindestens aber ist für das Forschende Lernen grundzulegen, dass die Standards wissenschaftlichen Arbeitens im Forschungsprozess im Sinne eines systematischen Vorgehens und intersubjektiv nachvollziehbaren Erkenntnisprozesses anzulegen sind – auch wenn diese nicht zentral der Befähigung einer:s zukünftigen Wissenschaftlerin:s dienen, sondern in den Dienst der Entwicklung und Gestaltung von Schule und Unterricht gestellt sind.

**Fragen zum Textverständnis**

(1.) Welche Erwartungen sind mit (verlängerten) Schulpraxisphasen während des Lehramtsstudiums verbunden? In welchen (bundeslandspezifischen) Verordnungen werden diese formuliert?

(2.) Wie beurteilen Sie die professionstheoretischen Überlegungen der Wissenschaft (z. B. Helsper 2001) im Vergleich zu den normativen Aussagen des Wissenschaftsrats (2001) und der Verordnung zum Praxissemester in NRW (2010)? Wie plausibel erscheinen Ihnen diese im Hinblick auf den Anspruch Forschenden Lernens?

(3.) Welche forschungsmethodischen Hinweise finden sich in den Definitionen Forschenden Lernens von Huber (2009) sowie Schneider und Wildt (2004)? Welche der dort verwendeten Begrifflichkeiten sind Ihnen bekannt und über welche möchten Sie (mit Hilfe dieses Studienbuchs) mehr erfahren?

**Fragen zur Reflexion über Professionalität und Professionalisierung**

(1.) Was macht für Sie eine gute Lehrperson aus? Inwiefern teilen Sie die im Text benannten Ansprüche an Lehrer:innenprofessionalität? Welche (universitären) Lerngelegenheiten erachten Sie als relevant, um eine gute Lehrperson zu werden (vgl. Herzmann & König 2016)?

10 An unserem Universitätsstandort sind die interessierten Dritten vor allem Kommiliton:innen und diejenigen Studierende, die das Praxissemester noch vor sich haben.

(2.) Welche (forschungs-)praktischen Ideen haben Sie dazu, wie Unterricht als *fremde Kultur* (Hirschauer & Amann 1997) beobachtet werden kann (▶ Kap. 4.2)? Wie muss die Beobachtung angelegt sein, um nicht nur Vertrautes (die Lehrperson hat die höchsten Redeanteile, einige Schüler:innen stören, die Klasse ist unruhig und laut usw.) entdecken zu können?
(3.) Welche (forschungs-)praktischen Ideen haben Sie dazu, wie eine neue Unterrichtsmethode in einem Ihrer Schulfächer hinsichtlich ihrer Wirkung auf das („verbesserte") Lernen von Schüler:innen evaluiert werden kann (▶ Kap. 9)? Wie muss eine Datenerhebung aufgebaut sein, damit Sie – unabhängig von Ihren subjektiven Eindrücken – einen Nachweis erhalten, der auf Verbesserung des Unterrichts aufgrund der neuen Methode hinweist?
(4.) Die:der Wissenschaftsminister:in Ihres Bundeslandes überlegt, das Praxissemsemester abzuschaffen und das Referendariat – wie vor der Einführung im Jahr 2015 – wieder auf zwei Jahre zu verlängern. Als Lehramtsstudent:in und angehende:r Lehrer:in werden Sie gebeten, dazu eine schriftliche Stellungnahme zu verfassen. Was würden Sie aus welchen Gründen empfehlen?

### Weiterführende Literatur

Fichten, W. & Weyland, U. (2020): Forschendes Lernen in der Lehrerinnen- und Lehrerbildung. In: Cramer, C., König, J., Rothland, M. & Blömeke, S. (Hrsg.): Handbuch Lehrerinnen- und Lehrerbildung. Bad Heilbrunn, 673-680, https://doi.org/10.36198/9783838554730.

Herzmann, P. & König, J. (2016): Lehrerberuf und Lehrerbildung. Bad Heilbrunn, https://doi.org/10.36198/9783838543376.

Huber, L. & Reinmann, G. (2019): Vom forschungsnahen zum forschenden Lernen an Hochschulen. Wege der Bildung durch Wissenschaft. Wiesbaden, https://doi.org/10.1007/978-3-658-24949-6.

Schneider, R. & Wildt, J. (2004): Forschendes Lernen im Berufspraktischen Halbjahr. In: Koch-Priewe, B., Kolbe, F.-U. & Wildt, J. (Hrsg.): Grundlagenforschung und Mikrodidaktische Reformansätze zur Lehrerbildung. Bad Heilbrunn, 151–175.

Wissenschaftsrat (Hrsg.) (2001): Empfehlungen zur zukünftigen Struktur der Lehrerbildung. Berlin, https://www.wissenschaftsrat.de/download/archiv/5065-01.pdf?__blob=publicationFile&v=1.

# Teil I: Qualitative Forschung

## 3 Methodologie: Erkenntniswege qualitativer Forschung

**Erwartungshorizont**
Nach der Lektüre des Kapitels sollten Sie wissen,

- was qualitative Forschung kennzeichnet – und warum es präziser wäre, von *rekonstruktiver* oder *interpretativer* Forschung zu sprechen,
- was der Begriff *Methodologie* bezeichnet,
- an welchen *Prinzipien* sich qualitative Forschungsvorhaben orientieren,
- was qualitative Forschung im Sinne ihrer *Gütekriterien* auszeichnet.

Stellen Sie sich vor, Sie möchten in ihrem Forschungsprojekt untersuchen, auf welche Weise Schüler:innen von Lehrpersonen im Unterricht motiviert werden. Über erste Beobachtungen des Unterrichts wollen Sie eine vorläufige Forschungsfrage entwickeln. Im Vorfeld Ihrer Beobachtungen stellen Sie dazu folgende Überlegungen an:

- Wie offen lege ich die anfänglichen Beobachtungen an? Wann und wie stelle ich den Untersuchungsfokus scharf, um zukünftige Beobachtungen, Interviews oder andere Daten (z. B. Unterrichtsdokumente) zielgerichteter analysieren zu können?
- Als was verstehe ich Unterricht und inwiefern ist das für meine Untersuchung relevant? Wodurch ist mein Verständnis von Unterricht bisher begründet (Erfahrungen, Theoriewissen, empirische Befunde)?

Mit der zweiten Frage ist angedeutet, dass qualitative Forschung an Theorien ansetzt, die einen (spezifischen) Fokus auf den Untersuchungsgegenstand legen. Die Frage nach dem Verständnis von Unterricht berührt verschiedene Theorietypen, zunächst eine Ebene von *Sozialtheorien*.[11] Diese erste Ebene von Sozialtheorien be-

11 Von Sozialtheorien sind nicht nur Erkenntnistheorien, sondern auch Wissenschaftstheorien zu unterscheiden. Das Kapitel verzichtet auf eine Auseinandersetzung mit Erkenntnis- und Wissen-

zieht sich auf allgemeine (Vor-)Annahmen dahingehend, wie soziales Handeln und menschliche Interaktion gedacht werden können bzw. wie die Sozialität der Gesellschaft und ihrer Teilbereiche – zu denen etwa Schule und Unterricht gehören – insgesamt beschaffen ist. Strübing (2018) macht das über den Vergleich der beiden folgenden Möglichkeiten deutlich, ob nämlich sozialtheoretisch entweder davon ausgegangen wird, dass menschliches Handeln von gesellschaftlichen Strukturen determiniert wird, oder ob umgekehrt angenommen wird, dass Handeln und Interaktion soziale Strukturen erst erzeugen.

Auf einer zweiten (damit zusammenhängenden) Ebene legen Sozialtheorien nahe, wie das jeweilige Forschungsfeld – in unserem Beispiel Unterricht – wiederum in verschiedener Weise modelliert werden kann (vgl. Proske 2018). Wenn Unterricht (sozialtheoretisch) als kommunikatives Geschehen von Lehrpersonen und Schüler:innen gefasst wird, würde sich Unterrichtsforschung zum Beispiel dafür interessieren, spezifische Ordnungsmuster der unterrichtlichen Kommunikation zu identifizieren. Wenn Unterricht demgegenüber sozialtechnologisch modelliert wird, würde Unterrichtsforschung zum Beispiel Kompositionsmerkmale und Effekte einer erfolgreichen Klassenführung in den Blick nehmen. Wie sich zeigen wird, sind nicht sämtliche Modellierungen von Unterricht anschlussfähig an das interpretative Vorgehen qualitativer Forschung.

Sozialtheoretische Annahmen rahmen das Forschungsfeld Unterricht demzufolge auf zwei Ebenen: Als Verständnis von Handeln und Interaktion im Allgemeinen sowie von Vorstellungen über ein spezifisches Feld – im Beispiel betrifft das ein (bestimmtes) Modell von Unterricht. Diese (beiden) theoriebegründeten Perspektiven auf den Untersuchungsgegenstand Unterricht (▶ Kap. 3.1) sind in gewisser Weise wegweisend für die dann folgenden Forschungstätigkeiten; erst auf ihrer Grundlage lässt sich eine präzise und in diesem Sinne theoriebegründete Forschungsfrage formulieren. Und um dieses Zusammenspiel von Theorien einerseits und der konkreten Forschungspraxis andererseits geht es, wenn in qualitativer Forschung von Methodologie die Rede ist.

Der Begriff der *Methodologie* beschreibt damit eine relativ abstrakte Ebene von Forschung. In einem sehr allgemeinen Verständnis bezeichnet Methodologie die Erkenntnisweisen der Methoden selbst. Angesprochen ist damit die Klärung der Fragen, „wie man den interessierenden Weltausschnitt erforschen kann, das heißt, welche Schritte gegangen werden müssen und wie die Schritte gegangen werden sollten" (Gläser & Laudel 2010, 29). Strübing (2018, 30) spricht Methodologien die Funktion zu, den „theoretischen Begründungsrahmen" für das gewählte forschungsmethodische Vorgehen zu liefern. Sie stellen – so Strübing (ebd.) weiter – den Forschenden Argumente zur Verfügung, um die gewählten Methoden

schaftstheorien (vgl. Przyborski & Wohlrab-Sahr 2021; Strübing 2018). Lediglich kursorisch wird im Folgenden auf sozialtheoretische Grundlegungen verwiesen und auf gegenstandsbezogene Fragen – wie die nach dem Unterricht – eingegangen.

als wissenschaftlich angemessene Verfahren des angestrebten Erkenntnisgewinns zu begründen.

In der qualitativen Forschung leiten Theorien Forschung aber nicht nur (einseitig) an. Die oben aufgeworfene erste Frage deutet darauf hin, dass neue Erkenntnisse (in unserem Fall über das Phänomen Motivierung im Unterricht) über die Daten des Feldes hervorgebracht werden sollen. Im Hinblick auf die Bestimmung von Methodologie ist damit ausgesagt, dass Theorien und Methoden zusammen den Weg der wissenschaftlichen Erkenntnisgewinnung bahnen (Strübing 2018). Dieses Wechselverhältnis von Theorien und Methoden wird im Laufe dieses Kapitels genauer beschrieben. Das Ziel ist es darzulegen, welche methodologischen Überlegungen im Kontext qualitativer Forschung angestellt werden. Da sich unter dem Oberbegriff qualitativer Forschung äußerst heterogene theoretische Ansätze versammeln (vgl. Przyborski & Wohlrab-Sahr 2021; Strübing 2018), erweist sich die Benennung (eindeutiger) Gemeinsamkeiten als schwierig: So gibt es in der qualitativen Schulforschung unterschiedliche grundlegende Annahmen dazu, wie Sozialität und etwa Unterricht (zu Forschungszwecken) verstanden werden – diese werden wir im Zuge der Vorstellung verschiedener Auswertungsverfahren zumindest andeuten (▶ Kap. 5). Wir versuchen für unser Studienbuch dennoch verallgemeinernd deutlich zu machen, wie qualitative Forschung sich fragend zur sozialen Welt verhält und welche erkenntnistheoretischen Perspektiven sie deshalb einnehmen kann (▶ Kap. 3.1).

Ausgehend von der Darlegung qualitativer Forschungsperspektiven werden zwei grundlegende Prinzipien für Untersuchungsdesigns beschrieben: das Prinzip der Offenheit und das Prinzip der Standortgebundenheit sowie die damit verbundenen Fragen der Reflexion der eigenen Forschungstätigkeit und Reichweite qualitativer Forschung (▶ Kap. 3.2). Daran anschließend werden wiederum zwei zentrale Kriterien – Akzeptanz und Intersubjektivität – erläutert, an denen sich die Qualität qualitativer Forschung messen lassen muss und die deshalb im Folgenden, wie im Forschungsdiskurs üblich, als *Gütekriterien* qualitativer Forschung bezeichnet werden (▶ Kap. 3.3). Zuletzt wird mit Blick auf den das Studienbuch leitenden Forschungszyklus (▶ Kap. 2) für qualitative Forschung konkretisiert, wie der Forschungsprozess gestaltet werden kann und was dabei im Kontext von Forschung(sarbeiten) im Handlungsfeld der (Praktikums-)Schule zu bedenken ist.

## 3.1 Forschungsperspektiven qualitativer Forschung

Merkmale qualitativer Forschung sind andernorts bereits umfangreich beschrieben (vgl. z. B. Przyborski & Wohlrab-Sahr 2021; Flick, von Kardorff & Steinke 2019; Lamnek & Krell 2016; Mayring 2016). Häufig orientiert sich die Erziehungswissenschaft dabei an einer ihrer Nachbardisziplinen, der Soziologie, die sich schon sehr viel länger als Teilbereich der *empirischen*, also der an Daten orientierten Sozialwissenschaften versteht (vgl. z. B. Brüsemeister 2008).[12] Erziehungswissenschaft als (eine) Sozialwissenschaft interessiert sich – im weitesten Sinne – für die soziale Wirklichkeit und für die Lebenswelten von Menschen und gesellschaftlichen (Teil-)Gruppen. Dazu sucht die qualitative Forschung die Nähe zu und die Begegnungen mit den Akteur:innen des Feldes (▶ Kap. 4). Ziel ist es, die Eigenschaften („qualia") eines Untersuchungsbereichs bzw. die interessierenden sozialen Phänomene in-actu, also im situativen Geschehen – etwa des Unterrichts –, oder vermittelt über die Akteur:innen, also über die Perspektiven und Deutungen der Lehrpersonen und Schüler:innen, zu erfassen. So soll ein Zugang zu den sozialen Phänomenen in ihrer komplexen, vielschichtigen und mehrdeutigen Ausprägung gewährleistet werden (vgl. Edelmann, Schmidt & Tippelt 2012).

Bei aller Unterschiedlichkeit der Forschungsansätze (▶ vgl. auch Kap. 5), ist qualitative Forschung also zum einen darauf ausgerichtet, die Perspektiven und Sichtweisen der Proband:innen zu erkunden, so wie dies klassischerweise die Interviewforschung intendiert (▶ Kap. 4.1). Ein anders ausgerichtetes Interesse qualitativer Forschung ist die Analyse von Kommunikations- und Interaktionsprozessen, um soziale Situationen zu untersuchen, so wie dies zum Beispiel in Beobachtungsstudien angestrebt wird (▶ Kap. 4.2) (vgl. zu dieser Zuordnung auch Flick et al. 2019). Wenn Sie sich also zunächst für ‚Motivierung im Unterricht' interessieren, wäre zu klären, ob dies in-actu (mittels Beobachtungen bzw. Video- oder Tonaufzeichnungen) oder vermittelt über die Akteur:innenperspektiven (hier kämen Lehrer:innen und Schüler:innen gleichermaßen infrage) untersucht werden soll. Hierbei hilft eine Ausschärfung des methodologisch begründeten Erkenntnisinteresses: Interessieren mich Praktiken und Handlungen bzw. Kommunikation im Unterricht, etwa im Hinblick auf Ordnungsbildungen im und von Unterricht? Oder möchte ich etwas über die Perspektiven der am Unterricht beteiligten Akteur:innen erfahren – auch diese bilden einen Ausschnitt sozialer Wirklichkeit ab –, um deren Deutungen, etwa zu schüler:innenseitigen Beteiligungsmöglichkeiten, in Erfahrung zu bringen?

Für das Forschungsverständnis qualitativer Forschung ist damit zunächst zugrunde gelegt, dass soziale Wirklichkeit nicht als einfach gegeben, sondern als durch die Sichtweisen und Handlungen der jeweils beteiligten Akteur:innen hervorgebracht verstanden wird. Im Interview mit einer Lehrerin wird sie ihre eigene Perspektive auf die Möglichkeiten der Motivierung ihrer Schüler:innen darstellen und – je nach Frageimpulsen – ihr Verständnis von gutem Unterricht aufzeigen. In der Beobachtung einer Unterrichtsstunde kann sichtbar werden, wie Schüler:innen motiviert (oder demotiviert) werden und die Beteiligungsformen der Schüler:innen und die Kommunikation in einer Klasse organisiert sind. So geht die Studie *Dabei sein ist alles? Erkenntnispotential ethnographischer Beobachtungen anhand von Interaktionspraktiken*

12 Zur Geschichte der qualitativen Forschung vgl. z. B. Ploder (2018) und Krüger (2013).

*zur Verteilung des Rederechtes im Unterricht* (Budde 2011) dieser zuletzt benannten Untersuchungsfrage nach. Die Zusammenfassung der Studie in Abbildung 3.1 weist aus, dass zwei Erkenntnisinteressen verfolgt werden: Zum einen soll die beobachtbare Verteilung des Rederechts der Schüler:innen innerhalb der Interaktionssequenzen Fragen-Melden-Ausrufen untersucht werden. In der Zusammenfassung werden die beiden rekonstruierten Modi „Routine" und „Bruch" (ebd., 125) in der Verteilung des Rederechts angedeutet. Zum anderen soll der für die ethnographische Unterrichtsforschung (▶ Kap. 4.2) zentralen Frage nachgegangen werden, wie darüber *generalisierbare*, also verallgemeinerbare Aussagen über Ordnungsstrukturen von Unterricht (insgesamt) gewonnen werden können. Damit ist auf die grundlegende Anforderung von Forschung hingewiesen, vom Einzelfall ausgehend allgemeine Strukturen des Phänomens – hier des Unterrichts – zu identifizieren, die wir im anschließenden Teilkapitel 3.2 erneut aufnehmen werden (▶ vgl. auch Kap. 5).

> **Zusammenfassung**
> Der Artikel beschäftigt sich mit ethnographischer Methodologie als Beitrag zu einer praxeologisch orientierten Unterrichtsforschung am Beispiel der Verteilung des Rederechtes. Der Beitrag soll erstens eine weitere Auseinandersetzung über die Frage nach dem Erkenntnispotential von Ethnographie anregen. Ausgangspunkt ist dabei die Frage, wie aus ethnographischen Beobachtungen Erkenntnisse generiert werden können, die generalisierbare Aussagen über Ordnungsstrukturen von Unterricht zulassen. Dies geschieht, indem zweitens ethnographisches Material zur Handhabung des Rederechtes im Schulunterricht analysiert wird. Die Interaktionssequenz Fragen-Melden-Aufrufen realisiert sich innerhalb einer erheblichen Variationsbreite. Der Beitrag unterscheidet exemplarisch anhand der Verteilung des Rederechtes mit Routine und Bruch zwei unterschiedliche Modi, in denen sich auf je spezifische Weise Praktiken realisieren und Ordnungen sichtbar werden.

**Abb. 3.1:** Budde (2011, 125)

Soziale Welt wird in der qualitativen Forschung – so lässt sich bis hierhin zusammenfassen – als von den Akteur:innen gemeinsame, dabei keineswegs konsensuale bzw. konfliktfreie, prozesshafte Herstellung von Bedeutungen gefasst. Anders als in der quantitativ-empirischen Forschung (vgl. Teil II) ist es das erklärte Ziel qualitativer Forschung, diese Konstruktionen von sozialen Phänomenen (vgl. Przyborski & Wohlrab-Sahr 2021; Strübing 2018; Silverman 2013) und – je nach erkenntnistheoretischer Perspektive – die dabei sichtbar werdenden Deutungen, Sinnzuschreibungen und Praktiken der Akteur:innen zu untersuchen.

Für qualitative Forschung ist damit weiterhin ausgesagt, dass die eigentliche Leistung von Forschung darin besteht, die über unterschiedliche Zugänge erhobenen Daten (▶ Kap. 4) zu interpretieren. Die Daten sprechen in diesem Sinne nicht für sich, sondern müssen zur Sprache gebracht werden (vgl. Strübing 2018). Dementsprechend wird qualitative Forschung in einem frühen, programmatischen Herausgeberwerk auch als *interpretatives Paradigma* bezeichnet (Arbeitsgruppe Bielefelder Soziologen 1981, ursprünglich 1973). Dass die Interpretationen dabei über Auswertungsverfahren methodisch kontrolliert erfolgen, wird an späterer Stelle genauer beschrieben (▶ Kap. 5). Für die qualitative Forschung ist mit dem Hinweis auf die notwendigen Interpretationsleistungen der Forschenden aber ein besonderes Verhältnis zwischen den Deutungen der Akteur:innen bzw. ihrem Handeln im Feld und den Erkenntnisweisen der Forscher:innen beschrieben: Qualitative Forschung schließt an das alltägliche (Unterrichts-)Handeln, etwa von Lehrpersonen und Schüler:innen, an, die durch ihr Handeln Deutungen des Unterrichts (mit-)hervorbringen.

Das hier beispielhafte unterrichtliche Alltagshandeln und das in ihm eingelassene Wissen (▶ zum Wissensbegriff in der Wissenssoziologie Kap. 5) wird in der qualitativen Forschung auch als *Common Sense* bezeichnet (Przyborski & Wohlrab-Sahr 2021, 15). Qualitative Forschung nimmt ihren Ausgangspunkt bei diesem Common Sense und analysiert davon ausgehend, welche (abstrakteren) regelhaften Strukturen und Prozesse des untersuchten Phänomens darin deutlich werden. So zeigt die bereits benannte Untersuchung von Budde (2011) auf, dass jenseits etwa von Klassenregeln des Meldens, die Schüler:innen wissen, ob und wie sie auch durch andere Praktiken, etwa durch das Reinrufen, drankommen können. Ethnographische Forschung würde nun versuchen aufzuzeigen, wann im Unterrichtsgeschehen beispielsweise ein Akt des Reinrufens zum Drankommen führt, welche Praktiken von Schüler:innen und Lehrperson also die Verteilung des Rederechts organisieren und wie darüber verallgemeinerbare Erkenntnisse gewonnen werden können, die auf eine spezifische Organisation des Unterrichts als (schein-)partizipativ oder kontrollierend verweisen. (Ergänzende) Interviews mit Lehrpersonen könnten wiederum Aufschlüsse darüber geben, welche Kriterien diese bei der Verteilung des Rederechts zugrunde legen, die ihnen bewusst sind und die sie im Interview dementsprechend benennen können. Rekonstruiert werden könnte – je nach Erkenntnisinteresse (▶ Kap. 5) – beispielsweise daran anschließend, welche unbewussten (impliziten) Normen und Orientierungen für Lehrpersonen dabei handlungsleitend sind. Um die Analyse dieses Spannungsverhältnisses von in Äußerungen und Handlungen manifest werdenden (also expliziten) Sinnzuschreibungen und den diesen zugrunde liegenden (impliziten) Strukturen und Ordnungsmustern (vgl. Przyborski & Wohlrab-Sahr 2021; Strübing 2018; Silverman 2013) geht es in der qualitativ-*rekonstruktiven* Forschung – wie mit Blick auf die Auswertungsverfahren in Kapitel 5 deutlich gemacht werden soll.

Um diese Verhältnissetzung zwischen Alltags- und Forschungshandeln zu beschreiben, wird sehr häufig auf eine Begrifflichkeit von Alfred Schütz aus den 1930er Jahren Bezug genommen. Schütz (1971) hat darauf hingewiesen, dass sozialwissenschaftliche Forschung jene Konstruktionen, also Herstellungsleistungen, die von den Handelnden selbst hervorgebracht werden, aufgreift und interpretiert. Demzufolge werden die Konstruktionsleistungen des Feldes (bzw. genauer: der Akteur:innen des Feldes) als *Konstruktionen erster Ordnung* und die Interpretationsleistungen der Forscher:innen, die auf die Konstruktionen erster Ordnung Bezug nehmen, als *Konstruktionen zweiter Ordnung* bezeichnet (vgl. ebd.).[13] Diese Relation fassen Przyborski und Wohlrab-Sahr (2021) wie folgt zusammen: „Das Verhältnis qualitativer Methoden zu ihrem Gegenstand ist deshalb ein *rekonstruktives* [Hervorh. im Orig.]" (ebd., 16). Die Interpretationsleistungen der Forschenden können also mit dem Begriff der Rekonstruktionen bezeichnet werden (vgl. auch Strübing 2018). Insofern wäre es für das grundlegende Forschungsverständnis qualitativer Forschung präziser, diese als (im engeren Sinne) *rekonstruktive* oder – wie oben ausgeführt – *interpretative* Forschung zu bezeichnen (vgl. auch Bohnsack 2021).
Diese Bezugnahme von Forschung auf den Untersuchungsgegenstand in Form von Konstruktionen erster Ordnung und zweiter Ordnung lässt sich am Bereich der Forschungen im Feld des Unterrichts folgendermaßen verdeutlichen: Unterricht lässt sich – im Verständnis der qualitativ-rekonstruktiven Unterrichtsforschung – als von Schüler:innen und Lehrperson(en) als (Haupt-)Akteur:innen[14] in der Unterrichtssituation hervorgebrachtes interaktives und prozesshaftes Geschehen beobachten und stellt sich damit als (interpretierbares) sinnhaft-strukturiertes in-actu-Geschehen dar – so auch Budde (2011). Dieses Verständnis rekonstruktiver Unterrichtsforschung (vgl. ausführlich Idel & Meseth 2018) und allgemeiner – wie einleitend ausgeführt – sozialer Wirklichkeit hat Konsequenzen dahingehend, welchen forschenden Zugang qualitative Forschung zu den untersuchten Phänomenen wählt und an welchen Prinzipien sie sich dabei orientiert.

## 3.2 Prinzipien qualitativer Forschung: Offenheit und Standortgebundenheit

Die Prinzipien qualitativer Forschung werden vielerorts und durchaus kontrovers diskutiert (vgl. z. B. zusammenfassend Lamnek & Krell 2016; Mayring 2016). Konstitutiv, wenn auch wiederum genauer zu bestimmen, ist das sog. Prinzip der *Offenheit* (Hoffmann-Riem 1980). Qualitative Forschung intendiert wesent-

13 Berger und Luckmann (1972, ursprünglich 1966) haben ihre bis heute viel beachtete Theorie der Wissenssoziologie als gesellschaftliche Konstruktion der Wirklichkeit bezeichnet.

14 Dass der Unterricht gegenwärtig auch von anderen Beteiligten (etwa Praktikant:innen, Schulbegleiter:innen usw.) mit hervorgebracht wird, wird aus Gründen der Einfachheit nicht explizit ausgewiesen.

lich, für das untersuchte Phänomen Neues zu entdecken und ist im Hinblick auf die Erkenntnisgewinnung nicht an der Überprüfung von Hypothesen interessiert (▶ Kap. 6). Sehr deutlich wird das im (ursprünglichen) Forschungsprogramm der *Grounded Theory Methodologie*, die sich mit dieser Bezeichnung auf eine in den Daten begründete Erkenntnisgewinnung bzw. Theorieentwicklung verpflichtet (▶ Kap. 5). Mittlerweile mutet diese Offenheit gegenüber dem Untersuchungsfeld bzw. den eigenen Daten insofern irritierend an, als es im Bereich der Schulforschung kaum noch Untersuchungsgegenstände zu geben scheint, über die theoretisch und empirisch nichts bzw. wenig gewusst wird. Deshalb wird das Prinzip der Offenheit vielfach als ein *relatives* angesehen, da – je nach gewählter sozial- und erkenntnistheoretischer Perspektive (▶ Kap. 3.1) – die Frage „der Voreingenommenheit bzw. Unvoreingenommenheit der Forschung im Verhältnis zu einem vorgängig erschlossenen Gegenstand" (Hummrich & Kramer 2011, 218) eine zentrale Herausforderung darstellt. Hummrich und Kramer (2011) bezeichnen diese Verhältnisbeschreibung sinnbildlich in einer Pendelbewegung aus einem „Setzen und Finden" (ebd., 218). Damit ist darauf hingewiesen, dass das Datenmaterial von den Forschenden nicht in seiner Gänze, sondern durch eine Art Brille – das heißt in methodologischer Perspektive – wahrgenommen und interpretiert wird.[15] Diese relative Offenheit wird auch als eine theoriebegründete Sensibilisierung bezeichnet; dies spiegelt sich darin wider, dass – jene bereits benannten – (Sozial-)Theorien im Kontext der Grounded Theory Methodologie als „Sensitizing Concepts" (Blumer 1969, ursprünglich 1954, 147) verstanden werden (▶ Kap. 5).[16] Das Theorieverständnis „stellt gleichsam den Fokus ein, der die ForscherInnen auf empirisch vermutete Sachverhalte erst aufmerksam werden lässt" (Brüsemeister 2008, 18). Für forschungsmethodische Auswertungsstrategien wird der fortlaufende Wechsel zwischen theoretischen Vorannahmen und der angemahnten Offenheit gegenüber dem (Neuen im) Datenmaterial auch als *Abduktion* (Reichertz 2013) bezeichnet: Die Erkenntnisgewinnung erfolgt einerseits (induktiv) aus den Daten selbst und andererseits (deduktiv) mit den an das Datenmaterial herangetragenen theoretischen Annahmen und Konzepten (▶ Kap. 5). Insgesamt kann die Forschungsausrichtung qualitativer Forschung aber im Unterschied zu quantitativer Forschung

15 Dieses komplexe Verhältnis von Theorie und Empirie wird im Kontext soziologischer Diskurse auch als *theoretische Empirie* (Kalthoff, Hirschauer & Lindemann 2019) gefasst.

16 Die Forschungen der sog. *Chicagoer School of Sociology* konnten in den 1920er Jahren über ethnographische Untersuchungen bis dato unbekannte (Sub-)Kulturen erschließen, zum Beispiel sog. Taxi-Dancer (bezahlte Tanzpartnerinnen) (vgl. Breidenstein, Hirschauer, Kalthoff & Nieswand 2020; Riemann 2018). Als Klassiker gilt die Untersuchung *The Polish Peasant in Europe and America* von William I. Thomas und Florian Znaniecki aus den Jahren 1918 bis 1920, die polnische Migration empirisch untersuchte und dabei sowohl den Zerfall der Herkunftskultur als auch die Krisenerfahrung in der Herstellung neuer Zugehörigkeiten deutlich machte (vgl. auch Strübing 2018). In der Grundschulforschung der 1980er Jahre ging es um das Entdecken unbekannter Areale in vertrauten Schulwelten, indem konsequent Schüler:innen (und nicht die Lehrpersonen) in den Blick ethnographischer Forschung gerieten (vgl. zunächst Breidenstein & Kelle 1998; Krappmann & Oswald 1985).

(▶ Kap. 6) als eine *theoriegenerierende Entdeckungslogik* (vgl. Strübing 2018) verstanden werden.
Wie diese Pendelbewegung zwischen theoretischen Zugängen zum Untersuchungsgegenstand und der Analyse des empirisch gewonnenen Datenmaterials gestaltet werden kann, zeigt die Studie *Differenzierung unter Schüler_innen im reformorientierten Sekundarschulunterricht – oder: warum wir vorwiegend ‚Leistung' beobachten, wenn wir nach ‚Differenz' fragen* von Rose und Gerkmann (2015). Untersucht werden, wie im folgenden Ausschnitt in Abbildung 3.2 ausgeführt, „Praktiken der Differenzierung" im Unterricht (ebd., 194). Damit wird – wie die Autorinnen ausweisen – an praxistheoretische Perspektiven angeschlossen (▶ zu Praxistheorien vgl. Kap. 4.2). Zugleich sollen die Praktiken der Differenzierung nicht (vorschnell) dem Feld gewissermaßen übergestülpt werden, indem (nur) jene Differenzierungen von den Forscherinnen beobachtet werden, die praxistheoretisch beschrieben sind. Erst die *Beobachtungsoperation zweiter Ordnung* (ebd.) – diese Beobachtungsposition schließt unmittelbar an die beschriebenen *Konstruktionen zweiter Ordnung* (▶ Kap. 3.1) an – ermöglicht zu untersuchen, „welche Differenzierungslogiken *im Unterrichtsgeschehen praktische Relevanz erhalten* [eigene Hervorh.]" (Rose & Gerkmann 2015, 194). Über die hier ausgewiesene Unterscheidung von Beteiligung und Beobachtung ist erneut auch an die grundsätzliche Verpflichtung qualitativer Forschung erinnert, das eigene forschungsmethodische Vorgehen zu reflektieren.

> Angesichts dieser Überlegungen kann es aus unserer Sicht – im Rahmen einer praktikentheoretischen Perspektive und eines ethnographischen Zugangs – weniger darum gehen, ‚Differenz' zu beobachten, sondern vielmehr *Praktiken der Differenzierung*. Dadurch wird einerseits dem zukunftsoffenen Prozesscharakter von Praktiken Rechnung getragen und andererseits darauf hingewiesen, dass die Diagnose ‚Differenz' notwendig bereits eine Interpretation aus der Beteiligten- oder Beobachter_innenposition darstellt, man ihrer folglich nur als Zuschreibung bzw. Beobachtungsoperation erster oder zweiter Ordnung habhaft werden kann. Angesichts dieser Überlegungen fragen wir im Blick auf unser Material konkret danach:
>
> (1) welche und wie Differenzierungen sich in unterrichtlichen Praktiken vollziehen und wie wer dabei von wem adressiert bzw. zueinander positioniert wird sowie
> (2) welche Normen diesen Differenzierungspraktiken (implizit) zugrunde liegen oder sich gar explizit in ihnen artikulieren.
>
> Das bedeutet dann forschungspraktisch vor allem, sich stärker auf die Frage zu konzentrieren, welche Differenzierungslogiken im Unterrichtsgeschehen praktische Relevanz erhalten bzw. von den beteiligten Akteur_innen wichtig gemacht werden (vgl. auch Falkenberg/Kalthoff 2008, S. 811).

**Abb. 3.2:** Rose & Gerkmann (2015, 194)

Für studentische Forschung ist der Anspruch der Offenheit insofern einzulösen, als es mit dem Untersuchungsfeld der (eigenen) (Praktikums-)Schule möglich ist, die

Sichtweisen der Akteur:innen im spezifischen (Schul-)Feld oder die Handlungsabläufe eigens ausgewählter Schulklassen zu untersuchen. Damit ist die Ausrichtung auf das Neue über die Rekonstruktionen der jeweiligen Konzepte, des Vokabulars, der Strukturierungsleistungen usw. der Akteur:innen im Feld der (Praktikums-)Schule im Sinne einer Einzelfallstudie (vgl. Lamnek & Krell 2016) gut zu begründen. Diese relative Offenheit ist – wie ausgeführt – stets anzuschließen an theoriebegründete Perspektiven auf das Untersuchungsfeld sowie sozialtheoretische (Vor-)Annahmen.

Neben der (relativen) Offenheit ist als zweites grundlegendes Prinzip qualitativer Forschung die sog. *Standortgebundenheit* von Forschung zu reflektieren, die sich für qualitative Forschung wesentlich daraus ergibt, dass qualitative Forschung *im* Untersuchungsfeld bzw. *mit* den Akteur:innen des Feldes stattfindet. Die Standortgebundenheit von Forschung bezieht sich dabei zunächst auf die *eigene Rolle als Forscher:in im Forschungsprozess* (vgl. Herzmann 2023). Besonders im Kontext teilnehmender Beobachtungen (▶ Kap. 4.2) sind mit dem Eintreten der Forschenden in ein Forschungsfeld und insbesondere bei längeren Feldaufenthalten die Grenzen zwischen Erhebung, Dokumentation und Analyse wenig trennscharf. Diese augenfällige Beziehung zwischen Feld und Forscher:in bzw. die durch Beforschten und Forschenden gemeinsam erzeugte Wirklichkeit wirft zu Forschungsbeginn vermeintlich einfach erscheinende Fragen bezogen auf die eigene Rolle auf, die – etwa in einem Forschungstagebuch – folgendermaßen formuliert werden könnten: *Warum interessiere ich mich besonders für diesen Fall? Welcher Aufmerksamkeitsfokus folgt aus meinem Erkenntnisinteresse? Auf welche Beobachtungssituation, welche Personen, welches Dokument oder Artefakt richtet sich mein Interesse? Wie und in welcher Weise reagiere ich auf welche Situationen im Feld oder auf Äußerungen von Befragten (mit Sympathie, Ablehnung oder Irritation)?*

Die Standortgebundenheit richtet sich darüber hinaus auf die Reflexion der *im Forschungsprozess erzeugten Daten.* Zu bestimmen sind beispielsweise die Erhebungszeitpunkte oder -räume sowie die Art der erhobenen Daten (z. B. Protokolle, Transkripte, Skizzen, Audio- oder Videographien). Dadurch ist festgelegt, welche Ausschnitte des untersuchten Feldes mit den Daten dargestellt werden, worüber diese Erkenntnisse liefern können und wo Grenzen hinsichtlich der Reichweite der Interpretationen erreicht werden. Die Untersuchung *Wenn niemand zu Schaden kommen darf: Eine kulturvergleichende Analyse schulischer Praktiken der Konfliktbearbeitung* von Fritzsche (2015), in der die pädagogischen Beziehungen zwischen den Lehrer:innen und Schüler:innen an einer Berliner und an einer Londoner Schule vergleichend analysiert werden, reflektiert die Standortgebundenheit von Forschung über den für das Erkenntnisinteresse der Studie angestrebten Kulturvergleich – wie der Ausschnitt in Abbildung 3.3 kenntlich macht. Das Vergleichen ist dabei auf zwei Ebenen angelegt: Zum einen als Vergleich zwischen den (Vor-)Annahmen der Forscherin und dem, was sich im empirischen Datenmaterial zeigt – ähnlich wie dies oben auch für die Untersuchung von Rose und Gerkmann (2015) aufgezeigt wurde. Zum anderen als Vergleich der beiden untersuchten Schulen, die – wie Fritzsche andeutet – in den Analysen in einer spezifischen

Darstellungsweise erfolgt. Die Untersuchung wird mit Hilfe der Dokumentarischen Methode durchgeführt und nutzt zur Beschreibung des forschungsmethodischen Vorgehens entsprechend deren Theoriesprache (z. B. Vergleichshorizonte und komparative Analyse). Was darunter zu verstehen ist, wird in Kapitel 5.3 erläutert.

> Aus der Forschung zu den Herausforderungen des Kulturvergleichs in den Sozialwissenschaften ist bekannt, dass Studien, die ein ausgewähltes Feld einer jeweils „eigenen" mit dem entsprechenden einer „anderen" Kultur vergleichen, Gefahr laufen, die jeweils vertraute Kultur als dominante Vergleichsfolie zu verwenden. In meinem Forschungsprojekt verfolge ich unterschiedliche Strategien, um dies zu vermeiden. Nach Karl Mannheim (1931/1995) gehe ich davon aus, dass das Wissen auch der Forschenden keineswegs objektiv, sondern standortgebunden ist und diese Standortgebundenheit kontinuierlich reflektiert und transzendiert werden sollte. Im Sinne der Dokumentarischen Methode tue ich dies unter anderem, indem ich bei der Interpretation meines Materials meine eigenen gedankenexperimentellen Vergleichshorizonte nach und nach durch empirische Vergleichshorizonte ergänze und ersetze.[2] Das heißt, dass die Daten der beiden Schulen stets in komparativer Analyse mit ähnlichen Daten aus der jeweils anderen Schule ausgewertet werden. Dies geschieht, indem ich Videoszenen, die ich vergleichen möchte, hintereinander schneide und die komparative Analyse der beiden Szenen wesentlicher Bestandteil der Interpretation ist. In Bezug auf die in diesem Beitrag diskutierten Szenen bedeutet dies, dass ich die Spezifik des beobachteten Umgangs mit Verletzbarkeit an beiden Schulen im direkten Vergleich mit der jeweils anderen Schule herausarbeite.

**Abb. 3.3:** Fritzsche (2015, 176)

Auf andere Prinzipien qualitativer Forschung wird an dieser Stelle verzichtet (vgl. z. B. Flick et al. 2019; Lamnek & Krell 2016; Mayring 2016).[17] Vielmehr sollen im Folgenden Überlegungen dahingehend angestellt werden, welche Kriterien zur Bestimmung der Güte bzw. Qualität qualitativer Forschung anzulegen sind.

## 3.3 Gütekriterien qualitativer Forschung: Akzeptanz und Intersubjektivität

Uneinigkeit herrscht in der qualitativen Forschung darüber, ob diese die Gütekriterien quantitativer Forschung in den Human- und Sozialwissenschaften (Objektivität, Reliabilität und Validität) adaptieren (▶ Kap. 9) – sehr unterschiedliche Vorschläge dazu machen Lamnek & Krell (2016) sowie Przyborski & Wohlrab-Sahr (2021) – oder gemäß des qualitativen Forschungsverständnisses eigene Kriterien formulieren sollte (vgl. z. B. Steinke 2019). Das Spektrum der Vorschläge ist umfangreich und

17 So erscheint es folgerichtig, Forschung etwa als Kommunikation mit dem Untersuchten (im Sinne der Ermittlung der Konstruktionen des Feldes) anzulegen (▶ Kap. 4.1) und als Forscher:in ein gewisses Maß an (situativer) Flexibilität aufrechtzuerhalten sowie den eigenen Forschungsprozess *zirkulär* zu gestalten (▶ Kap. 3.4).

die begrifflichen Fassungen der Kriterien variieren zum Teil erheblich (vgl. z. B. Flick 2022). Im Hinblick auf schulbezogene Forschungen, vor allem im Kontext von (Schul-)Praktika, werden zwei Gütekriterien als in besonderer Weise relevant hervorgehoben: Eines der Kriterien betrifft die Phase der Datenerhebung (▶ Kap. 4), das andere ist in der Phase der Datenauswertung zu berücksichtigen (▶ Kap. 5).

**(1.) Akzeptanz im Untersuchungsfeld** bzw. durch die untersuchten Akteur:innen: Qualitative Forschung geht zur Rekonstruktion der Herstellung von Sozialität (▶ Kap. 3.1) bewusst in ihr Untersuchungsfeld und lässt dabei etwa diejenigen zu Wort kommen, die als Teilnehmer:innen des Feldes auskunftsfähig über dessen Strukturen und Prozesse sind (vgl. Herzmann 2023). Um Daten zu erzeugen, die die Perspektiven und Deutungen der Befragten ‚einfangen', ist es grundlegend, dass zum Beispiel die für ein Interview vorgesehenen Lehrer:innen das Forschungsvorhaben für so interessant halten, dass sie bereit sind, sich zunächst Zeit dafür zu nehmen. Darüber hinaus bedarf es Vertrauen in die Forschenden, sodass die Interviewten ihre Erfahrungen und Sichtweisen in der Interviewsituation teilen (▶ zur Herausforderung der sozialen Erwünschtheit Kap. 4.1). Ein ebensolches Vertrauen ist auch erforderlich, wenn in ethnographischen Studien etwa Lehrer:innen gebeten werden, dass ihr Unterricht beobachtet und ggf. videographiert wird. Das Versprechen der Forschenden auf einen sensiblen Umgang mit den Daten ist dabei selbstverständlich, deren Anonymisierung zumindest bezogen etwa auf die (Praktikums-)Schule aber nur eingeschränkt zu gewährleisten.[18] Für Akzeptanz im Untersuchungsfeld kann auch sorgen, dass in Aussicht gestellt wird, die Interpretationen der Daten den Proband:innen im Sinne einer *kommunikativen Validierung* (▶ Kap. 4.1) zurückzumelden bzw. eine gemeinsame Interpretation mit den Akteur:innen anzubieten, um die Perspektiven der Befragten oder Beobachteten auch im Deutungsprozess berücksichtigen zu können.[19]

**(2.) Intersubjektive Nachvollziehbarkeit der Interpretation**: Dieses Kriterium bezeichnet den Anspruch, dass die Interpretation für Dritte nachvollziehbar und plausibel ist bzw. Forschende mit dem gleichen Erkenntnisinteresse, Datenmaterial

---

18 Da in unserem Studienbuch keine Hinweise zum Datenschutz erfolgen, sei an dieser Stelle zumindest wie folgt angemerkt: Die Zusammenarbeit zwischen Forschenden und Erforschten muss zum Schutz der Proband:innen u. a. durch das Bundesdatenschutzgesetz vertraglich festgehalten werden und schließt zu jeder Zeit die absolute Freiwilligkeit der Teilnahme sowie das Recht, über das Forschungsziel informiert zu werden, ein. Dieses *informierte Einverständnis* ist in qualitativen Forschungsprozessen aufgrund der erhöhten Flexibilität jedoch nicht in jedem Untersuchungsfall in vollem Umfang umsetzbar (vgl. weiterführend von Unger 2014). Eine erste Anonymisierung der erhobenen Daten erfolgt vor dem Auswertungsprozess, indem Klarnamen durch fiktive Namen ersetzt werden. Vermieden werden muss, dass Außenstehende und die untersuchten Personen selbst die dargestellten Fälle wiedererkennen können (vgl. Reichertz 2018).

19 Diese würde auch an die Idee Forschenden Lernens anschließen, dass die Forschung für Dritte, hier die befragten Lehrer:innen interessant sein sollte (▶ Kap. 2). Diese Rückmeldeprozesse setzen empathische als auch souverän Forschende voraus. Die Komplexität der Datenauswertung wird dadurch zugleich erhöht.

und Auswertungsverfahren zu den gleichen Deutungen kommen. Zur Sicherung und Prüfung der Nachvollziehbarkeit werden häufig drei Strategien vorgeschlagen (vgl. Steinke 2019): Erstens den eigenen Forschungsprozess zu dokumentieren, um Transparenz über Verfahrensschritte und damit verbundene Entscheidungen herzustellen. Was genau und wie akribisch der Forschungsprozess dokumentiert werden soll, ist jeweils festzulegen und kann sich an Gliederungen vorliegender qualitativer Studien bzw. Forschungsberichten orientieren. Zweitens sollte über die Möglichkeit einer Interpretation in einer Gruppe nachgedacht werden, wie sie für einige Auswertungsverfahren ohnehin vorgesehen ist. Zumindest könnten Teilinterpretationen Dritten vorgestellt und im Hinblick auf Kohärenz und Plausibilität geprüft werden. Drittens ist die Anwendung systematischer bzw. regelgeleiteter Auswertungsverfahren zu gewährleisten (▶ Kap. 5). Dies gilt für Forschendes Lernen in gewisser Weise mit Einschränkungen (▶ Kap. 2) – zugleich ist es gerade für Noviz:innen hilfreich, sich an Verfahrensschritten qualitativer Auswertungsverfahren zu orientieren und diese entsprechend einüben zu können.

## 3.4 Zum Forschungsprozess in der qualitativen Forschung

Der Forschungsprozess in der qualitativen Forschung lässt sich analog zu den Anforderungsarealen formulieren, wie wir diese für den Prozess *Forschenden Lernens* beschrieben haben (▶ Kap. 2). Qualitative Forschung beginnt dabei stets mit der Entwicklung einer Forschungsfrage, die in Darstellungen qualitativer Forschung gelegentlich auch als Hypothese bezeichnet wird, womit ein Begriff der quantitativen Forschung verwendet wird (▶ Kap. 6 und Kap. 10). Für Fragestellungen der qualitativen Forschung ist dabei typisch, dass sie – wie bereits ausgeführt – einerseits theoriebegründet und andererseits relativ offen formuliert sind, um aus den Daten heraus neue Aussagen und Zusammenhänge im Hinblick auf das untersuchte Phänomen entdecken zu können. Diese offene Forschungshaltung wird auch durch ein Prinzip im Forschungsprozess unterstützt, auf das sich qualitative Forschung häufig bezieht: das Prinzip der *Zirkularität* (vgl. Lamnek & Krell 2016). Damit ist gemeint, dass zum Beispiel die Forschungsfrage nach der Erhebung der Daten präzisiert oder dass nach zwei geführten Interviews der Frageleitfaden (▶ Kap. 4.1) überarbeitet werden kann, eine aufgrund der geführten Interviews als relevant erachtete Frage ergänzt wird oder dass andere als die ursprünglich ausgewählten Proband:innen (zusätzlich) befragt werden usw. – in der Regel allerdings ohne sämtliche Vorüberlegungen zu verwerfen. Aus der Forschungsfrage ergibt sich dann die Entwicklung des weiteren Untersuchungsdesigns mit den Verfahrensschritten der Erhebung der Daten (▶ Kap. 4) und deren Auswertung (▶ Kap. 5). Die Formulierung der Forschungsfrage ist damit der erste zentrale und zumeist herausfordernde Verfahrensschritt qualitativer Forschung (vgl. Silverman 2013). Forschungsfragen liegen nicht einfach vor, son-

dern müssen im Anschluss an die gewählten Theoriediskurse und mit Blick auf bereits vorliegende empirische Befunde entwickelt werden.
Eine detaillierte Übersicht über die Verfahrensschritte qualitativer Forschung haben Przyborski & Wohlrab-Sahr (2021) anhand von Leitfragen zusammengestellt. Diese zeigen wir, um den sechsten Arbeitsschritt ergänzt, in der folgenden Abbildung 3.4 abschließend auf.

1. Was will ich wissen? Formulierung des Erkenntnisinteresses
2. Welches methodologische *Paradigma* (qualitativ oder quantitativ) ist meiner Fragestellung angemessen?
3. Wo und von wem erfahre ich etwas über das, was ich wissen möchte?
   Bestimmung des Forschungsfeldes
4. Welches Erhebungsverfahren ist in meinem Forschungsfeld geeignet?
   Wahl der Erhebungsmethode(n)
5. Welche Art der Auswertung ist aufgrund der erhobenen Daten möglich und angemessen?
   Wahl der Auswertungsmethode(n)
6. Wie dokumentiere ich meine Forschung?
   Verfahrensschritte, Entscheidungen und Ergebnisse

**Abb. 3.4:** Verfahrensschritte qualitativer Forschung (Przyborski & Wohlrab-Sahr 2021, 1)

Für studentisches Forschen an (Praktikums-)Schulen kommt ein weiterer Verfahrensschritt hinzu, den wir in Kapitel 2 in Abbildung 2.1 als *Reflexion und Rückmeldung* bezeichnet haben. Mit der Anforderung *Reflexion* wird damit einerseits an die für qualitative Forschung allgemein gültige Vergewisserung über die Standortgebundenheit von Forschung (▶ Kap. 3.2) angeschlossen. Zugleich ist damit auch die im Kontext des Forschenden Lernens als wünschenswert benannte Reflexion eigener berufsbiographischer Erfahrungen und professioneller Entwicklungsperspektiven angesprochen. So kann es (erkenntnistheoretisch) sinnvoll sein, die eigene Motivation im Hinblick auf die Reflexion der Beteiligung am Prozess der Datenerzeugung für die ausgewählte Forschungsfrage offen zu legen. Für die oben genannte Ausgangsüberlegung könnte etwa begründet werden, inwiefern sich das Interesse an Motivierung im Unterricht aus eigenen Erfahrungen (etwa als Schüler:in oder Praktikant:in), der gewählten Fächerkombination, der studierten Schulform oder ähnliches speist. Für das studentische Forschen an einer (Praktikums-)Schule ist weiterhin die Frage der Rückmeldung der Ergebnisse zu bedenken (▶ Kap. 2). Dabei ist beispielsweise zu überlegen, in welchem Rahmen die Befunde der eigenen Forschung den schulischen Akteur:innen – deren Interesse vorausgesetzt – berichtet werden können. Interessiert sich die Lehrer:innenkonferenz oder die Fachkonferenz für die Befunde? Soll das Gespräch mit der Lehrer:in oder Klasse, die an der Datenerhebung beteiligt waren, gesucht werden? Je nach Zielgruppe der Rückmeldung ist aber vor allem die Form der Rückmeldung zu bedenken. Wie etwa können (pädagogisch) nicht-intendierte Befunde aufgezeigt bzw. zur Diskussion gestellt werden? Wir kommen auf diese Überlegungen im Fazit (▶ Kap. 11) zurück.

**Zusammenfassung**: Die Methodologie qualitativer Forschung verweist wesentlich auf den Zusammenhang zwischen theoriebegründeten Wirklichkeits- und Forschungsverständnissen und der praktischen Forschungstätigkeit. Für die qualitative Forschung bedeutet dies, dass an die durch Akteur:innen des Feldes hergestellte Sozialität (Konstruktionen erster Ordnung) durch die Forschenden zunächst angeschlossen und diese im weiteren Forschungsprozess dann durch die Interpretationsleistungen rekonstruiert wird (Konstruktionen zweiter Ordnung). Bei qualitativer Forschung ist deshalb eine relative Offenheit der Forschenden gegenüber ihren Daten unerlässlich (Entdeckungs-Logik), bei der Interpretation der Daten ist hingegen die intersubjektive Nachvollziehbarkeit der Analyse zu sichern. Daneben verpflichtet das Prinzip der Standortgebundenheit die Forschenden dazu, sich ihrer (partizipativen) Rolle im Forschungsprozess bewusst zu sein und die erzeugten Daten im Hinblick auf ihre Reichweite bzw. Verallgemeinerbarkeit zu reflektieren.

**Fragen zum Textverständnis**

(1.) Nach Leo Roth (2001) stellt sich der Wissenschaft mit ihren Forschungsmethoden die Aufgabe, „Wirklichkeit angemessen zu analysieren" (ebd., 74). Was wäre aus der Sicht qualitativer Forschung eine *angemessene* (Analyse-)Perspektive?

(2.) Welche Gründe sprechen dafür, einschränkend von *relativer* Offenheit (statt von maximaler Offenheit) qualitativer Forschung gegenüber ihrem Untersuchungsgegenstand zu sprechen?

(3.) Inwiefern könnten Standortgebundenheit und Intersubjektivität als zwei gegenläufige Prinzipien bzw. Kriterien qualitativer Forschung verstanden werden?

**Forschungspraktische Fragen**

(1.) Wie kann ich die Akzeptanz meiner Forschung (im Feld der Praxisschule) sicherstellen? Welche vorbereitenden Maßnahmen sind geeignet, für eine Bereitschaft bei den Akteur:innen zu sorgen, sodass diese meine Forschung unterstützen?

(2.) Welche Auswirkungen auf meine Fragestellung und meinen Forschungsprozess kann das Prinzip der (relativen) Offenheit haben? Was könnten Gründe für Änderungen im Untersuchungsdesign sein?

(3.) Wie stelle ich die intersubjektive Nachvollziehbarkeit meiner Interpretationen sicher? Mit wem kann ich meine Interpretationen in welcher Form besprechen? Welche Unterstützung brauche ich im Sinne eines (Interpretations-)Korrektivs?

**Weiterführende Literatur**

Bohnsack, R. (2021): Rekonstruktive Sozialforschung. Einführung in qualitative Methoden. 10. Aufl. Opladen & Toronto, https://doi.org/10.36198/9783838587851.

Flick, U., von Kardorff, E. & Steinke, I. (Hrsg.) (2019): Qualitative Forschung. Ein Handbuch. 13. Aufl. Reinbek.

Lamnek, S. & Krell, C. (2016): Qualitative Sozialforschung. 6. Aufl. Weinheim & Basel, https://content-select.com/media/moz_viewer/56cc0a3b-a3c0-4460-bf58-5eeeb0dd2d03/language:de.
Mayring, P. (2016): Einführung in die qualitative Sozialforschung. Eine Anleitung zu qualitativem Denken. 6. Aufl. Weinheim & Basel, https://content-select.com/media/moz_viewer/56cc0a39-1a9c-4eb3-bf70-5eeeb0dd2d03/language:de.
Przyborski, A. & Wohlrab-Sahr, M. (2021): Qualitative Sozialforschung. Ein Arbeitsbuch. 5. Aufl. Berlin & Boston, https://doi.org/10.1515/9783110710663.
Silverman, D. (2013): Doing Qualitative Research. 4. Aufl. Los Angeles, London, New Delhi, Singapore & Washington DC.
Strübing, J. (2018): Qualitative Sozialforschung. Eine komprimierte Einführung. 2. Aufl. Berlin & Boston, https://doi.org/10.1515/9783110529920.

# 4 Erhebungsverfahren

**Erwartungshorizont**
Nach der Lektüre des Kapitels sollten Sie wissen,

- welche Erkenntnisinteressen mit Interviews und – auch im Unterschied dazu – Beobachtungen jeweils verfolgt werden,
- welche Interviewformen es gibt und wie sich diese unterscheiden,
- warum Beobachtungsprotokolle als *dichte Beschreibungen* (Geertz 1999) bezeichnet werden und welche Qualitätsansprüche damit verbunden sind,
- wie im Kontext schulischer Beobachtungen die *Befremdung der eigenen Kultur* (Amann & Hirschauer 1997) gelingen kann.

In diesem Kapitel werden die in der qualitativen Schulforschung häufig verwendeten Methoden der Datenerhebung vorgestellt. Ziel ist es, kenntlich zu machen, welcher forschungsmethodische Zugang welche Art von Datenmaterial hervorbringt. Ausgehend vom jeweils zugrunde liegenden Erkenntnisinteresse eignen sich nämlich (nur) spezifische Daten. Insofern ist auch an dieser Stelle im Forschungsprozess eine begründete Entscheidung zu treffen: Welches Erhebungsverfahren ist für meine Fragestellung geeignet (▶ Kap. 3.4)? Kriterien für diese Entscheidung werden im Folgenden benannt. Dazu werden die Erhebungsmethoden grob danach unterschieden, ob sie entweder auf die Erhebung sog. *verbaler Daten* zielen. Damit sind solche Daten gemeint, die vor allem über Kommunikation bzw. Interviewverfahren, also im weitesten Sinne in Gesprächen erzeugt werden (▶ Kap. 4.1). Oder zielt die Datenerhebung auf sog. *visuelle Daten* ab und erzeugt demzufolge Daten, die in verschiedenster Weise auf Beobachtungen beruhen (▶ Kap. 4.2)?
Für Forschungsvorhaben können auch Datenkombinationen sinnvoll sein, etwa wenn nach der Beobachtung einer Unterrichtsstunde ein Interview mit Schüler:innen zu deren Sicht auf das unterrichtliche Geschehen geführt werden soll. Diese Kombinationen müssen ebenfalls gut begründet werden. Denn: Was machen Sie, wenn Sie im Kontext der Unterrichtsbeobachtung zu anderen Erkenntnissen kommen, als Ihre Interviewpartner:innen dies in ihren Perspektiven auf das unterrichtliche Geschehen formulieren? Vertrauen Sie dann – vereinfacht formuliert – stärker Ihrer Beobachtung oder den Aussagen der Befragten? Die Kombination verschiedener datenbasierter Zugänge für Forschungsvorhaben ist anspruchsvoll und zumeist ist ein Datenmaterial das für die Forschungsfrage ausschlaggebende. Neben verba-

len und visuellen Daten können auch unterrichts- und schulbezogene Dokumente als Datenmaterial für Forschungsvorhaben nutzbar gemacht werden. Da diese bereits vorliegen und nicht von den Forschenden erzeugt werden müssen, werden wir darauf erst in Kapitel 5 eingehen.

## 4.1 Verbale Zugänge: Befragen und an Gesprächen teilnehmen

Stellen Sie sich folgende Ausgangssituationen für eine eigene Untersuchung vor:
(1.) Sie möchten im Rahmen eines Interviews erfahren, wie Lehrpersonen die an sie gerichteten Anforderungen in der Gestaltung und Durchführung von Unterricht in heterogenen Klassen der Sekundarstufe I bewerten und bearbeiten.
(2.) Sie planen eine Gruppendiskussion mit zwei Schüler:innengruppen einer zehnten Klasse, die in Sport gemeinsam unterrichtet werden. Das Thema lautet: Mobbing im Sportunterricht.

Im Rahmen eines Forschungsvorhabens wären etwa folgende Fragen im Hinblick auf die Datenerhebung zu treffen: Welche Lehrpersonen Ihrer (Praktikums-)Schule würden Sie befragen? Wie würden Sie die Lehrer:innen für Ihr Vorhaben zu gewinnen versuchen? Wie würden Sie die Schüler:innengruppen über Ihr Vorhaben informieren und diejenigen, die sich bereit erklären – und eine Einverständniserklärung ihrer Erziehungsberechtigten vorlegen können – zu Teilgruppen zusammensetzen? Und nicht zuletzt: Welche ersten Fragen oder (auch nicht-sprachlichen) Gesprächsimpulse würden Sie für das Interview und die Gruppendiskussion formulieren bzw. in Erwägung ziehen? Wir kommen in den folgenden Ausführungen auf diese Fragen zurück.

### 4.1.1 Erkenntnisinteresse: Erlebnisse und Perspektiven der Befragten

Interviews zu Forschungszwecken zu führen, schließt zwar an alltägliche Kommunikationsprozesse an, unterscheidet sich jedoch zugleich von Alltagsgesprächen: Die Interviewsituation ist im Kern asymmetrisch und formal organisiert. Als Interviewer:in führen Sie – und dieser Vergleich wird häufig herangeführt (z. B. Strübing 2018) – die Regie vor und auch während der Interviewsituation. Das Interview orientiert sich an vorbereiteten Fragen oder an anfänglichen (Erzähl-)Impulsen. Wenn sich die interviewte Person zum Interview bereit erklärt hat, antwortet sie bzw. reagiert sie auf diese zumeist bereitwillig, stellt in der Regel jedoch keine eigenen (inhaltlichen) Fragen. Das Interview findet in einem vorab verabredeten Zeitraum und an einem zuvor kommunizierten Ort statt und Sie müssen sich vorab das Einverständnis[20] einholen, dass das Gespräch (digital) aufgezeichnet werden darf.

20 Um ethische wie gesetzliche Richtlinien zum Schutz von personenbezogenen Daten einzuhalten, ist für die Durchführung von Interviews eine schriftliche Einverständniserklärung einzuholen. Mit der Unterzeichnung dieser willigt die interviewte Person in die Erhebung und Speicherung ihrer Daten

Qualitative Interviews verfolgen das übergeordnete Ziel, die Befragten (ausführlich) zu Wort kommen zu lassen und sie je nach Interviewform in unterschiedlicher Weise zu Erzählungen anzuregen. Durch Interviews eröffnet sich den Forschenden der Zugang zu den (erinnerten) *Erlebnissen, Perspektiven und Deutungen* der Befragten (vgl. Helfferich 2011). Was von den Befragten erzählt oder geschildert wird, wird für die Interviewsituation zugleich in gewisser Weise neu erschaffen: Die Befragten berichten nicht neutral ihre Erlebnisse; es handelt sich vielmehr um eine „retrospektive Neukonfiguration der erinnerten Ereignisse [...] im Lichte der aktuellen Interviewsituation" (Strübing 2018, 90). Dass an diesem Herstellungsprozess auch die Interviewer:innen beteiligt sind, haben wir in Kapitel 3 bereits ausgeführt: Dem Prinzip der relativen Offenheit qualitativer Forschung folgend, sind die Interviewfragen nicht als Ja/Nein-Fragen, sondern gesprächseröffnend, zum Beispiel über Fragen nach dem *Wie*, dem *Inwiefern* und dem *Warum* angelegt. In der dann folgenden Interpretation der Daten werden diese Erlebnisse, Perspektiven und Deutungen der Befragten nachvollzogen und zu (abstrakteren) Erzähl- bzw. Deutungsmustern verdichtet (▶ Kap. 5).

Interviews lassen sich auch mit mehreren Personen führen, sodass die folgenden Ausführungen zu Leitfadeninterviews (▶ Kap. 4.1.3) auch für Gruppeninterviews gelten. Davon zu unterscheiden sind Gruppendiskussionen (▶ Kap. 4.1.4), bei denen die Forschenden – im idealtypischen Falle – möglichst wenig in das Gespräch involviert sind, sondern das selbstläufige Gruppengespräch in erster Linie aufzeichnen. Damit kann die Gruppendiskussion auch als eine spezifische Form der teilnehmenden Beobachtung (▶ Kap. 4.2.1) verstanden werden, weshalb Gruppendiskussionen in unserem Studienbuch im Übergang zur Darstellung des Beobachtens verortet sind.

Grundlegend für Interviewverfahren ist, dass die zu Forschungszwecken Befragten in einem weitreichenden Verständnis als „Experten für ihre eigenen Bedeutungsgehalte" (Mayring 2016, 66) gelten. Diese Definition, die mit einem umfassenden Expertise-Begriff arbeitet, wird uns bei der spezifischen Form des Expert:innen-Interviews noch einmal beschäftigen (▶ Kap. 4.1.3). Sie erklärt zunächst einmal alle diejenigen als Interviewpartner:innen für geeignet, die zu einem Interview bereit und sprachlich auskunftsfähig[21] sind (vgl. Edelmann, Schmidt & Tippelt 2012). Zentrales Medium von Interviews ist die (gesprochene) Sprache. Gelegentlich wird ergänzend, zum Beispiel auch bei jüngeren Befragten, mit weiteren gesprächsanregenden *Stimuli* gearbeitet. So können Schüler:innen etwa durch ein Arbeitsblatt

ein, wird über die Anonymisierung der Daten informiert und auf Freiwilligkeit an der Teilnahme und das damit einhergehende Widerrufsrecht aufmerksam gemacht (vgl. weiterführend Misoch 2019).

21 Über die besondere Herausforderung, Interviews mit Kindern zu führen, die Phantasie und Realität häufig noch nicht sicher trennen und deren Zeitwahrnehmung und Verbalisierungsfähigkeiten sich von Befragten höheren Alters unterscheidet vgl. zum Beispiel Vogl (2021).

oder ähnliches wieder an die interessierende (Unterrichts-)Situation herangeführt werden.

Welche Personen und wie viele Personen befragt werden, hängt maßgeblich vom jeweiligen Erkenntnisinteresse und gerade bei studentischer Forschung auch von den zeitlichen Ressourcen ab. In der qualitativen Forschung wird die Festlegung der Untersuchungseinheit, hier der befragten Proband:innen, als *Sampling* bezeichnet. Das Befragungssample muss im Unterschied zur Beschreibung der Stichprobe in der quantitativen Forschung (vgl. Kap 7) nicht zwingend vorab festgelegt werden. So kann es sinnvoll sein, zunächst einmal ein Interview zu führen und die Wahl weiterer Interviewpartner:innen von den ersten Analysen der Antworten der befragten Person abhängig zu machen (vgl. Flick 2016). Diese Strategie, das Sample erst sukzessiv zu bestimmen, wird in der qualitativen Forschung auch als *theoretical sampling* bezeichnet.[22] Die Forschenden entscheiden demzufolge erst auf Grundlage erster analytischer Zugänge zum Datenmaterial, welchen Befragten sie sich als nächstes zuwenden, so dass sich „Fragestellung, Interpretation, erste Hypothesenbildung, erneute Fallauswahl und fortschreitende Theorieentwicklung" (Przyborski & Wohlrab-Sahr 2021, 231) abwechseln können (zur Zirkularität qualitativer Forschungsprozesse vgl. Kap. 3.4).

Wenn aber das Erkenntnisinteresse bestimmte (im weitesten Sinne) Merkmale der Befragten nahelegt, sind diese bei der Auswahl der Proband:innen zu berücksichtigen. Dies können wie in Ausgangssituation (1.) angedeutet, Lehrpersonen mit Erfahrungen im inklusiven Unterricht sein (zum Expert:innen-Interview vgl. Kap. 4.1.3), wobei Erfahrung etwa über die Dauer der Berufstätigkeit festgelegt werden kann. Wenn es ein Interesse an Unterschieden etwa der Unterrichtsbeteiligung zwischen weiblichen und männlichen Schüler:innen gibt, dann sind entsprechend Schüler und Schülerinnen zu befragen. Je nach Größe des Befragungssamples ist ein Zusammenhang zwischen einem Merkmal (beispielsweise Geschlecht) und verallgemeinerbaren Aussagen (über alle bzw. die Mehrheit der Selbstauskünfte der weiblichen Schülerinnen zu ihrer Unterrichtsbeteiligung, um im Beispiel zu bleiben) nur sehr begrenzt möglich und etwa über weitergehende Fragen an diesen möglichen Zusammenhang angemessener auszuweisen (zur Gefahr der Re-Ifizierung vgl. Kap. 3.2).

Zugleich werden mit der Auswahl der Fälle Vorentscheidungen darüber getroffen, in welche Richtung die Ergebnisse verallgemeinert werden können (vgl. Przyborski & Wohlrab-Sahr 2021).[23] In der qualitativen Forschung sind sog. Einzelfallstudien durchaus möglich und ein studentisches Forschungsprojekt kann sich auf nur ein (ausführliches) Interview (▶ Kap. 4.1) beziehen. Allerdings kann es für die Interpretation der Daten durchaus hilfreich sein, weitere Interviews zu führen, um die Aussagen der Befragten beim Interpretieren miteinander vergleichen zu können. Die naheliegende Frage nach der Anzahl der Interviews, die geführt werden müs-

---

22 Ursprünglich ist das theoretical sampling ein Verfahrensschritt der Grounded Theory Methodologie (▶ Kap. 5.2).

23 Zu Fragen der Verallgemeinerbarkeit in der qualitativen Forschung vgl. auch Kap. 3.2.

sen, kann allerdings nicht pauschal beantwortet werden. Je nach Forschungsfrage können auch – wie Helfferich 2011 empfiehlt – vorab als typisch definierte Fälle – soweit dies für den Untersuchungsgegenstand möglich ist – und dazu kontrastierende Fälle aufschlussreich sein, sodass eine anzustrebende, breite Variation innerhalb der interessierenden Gruppe (vgl. ebd.) das Befragungssample bilden kann. Unabhängig von Auswahl und Zahl an Proband:innen ist für die meisten Auswertungsverfahren (▶ Kap. 5) im Hinblick auf das Datenmaterial die „systematische Suche nach Kontrasten und den ihnen zugrunde liegenden Bedingungen entscheidend“ (Przyborski & Wohlrab-Sahr 2021, 238).
Als Grundformen der Befragung lassen sich – wie in den folgenden Teilkapiteln ausgeführt wird – narrative Interviews (▶ Kap. 4.1.2), Leitfadeninterviews (▶ Kap. 4.1.3) und (unter dem benannten Vorbehalt) Gruppendiskussionen (▶ Kap. 4.1.4) unterscheiden. Die in Abbildung 4.1 dargestellten Dimensionen ermöglichen zumindest eine grobe Orientierung im Hinblick auf das gewählte Verfahren.

- Welche Erwartungen werden an die Interviewten gerichtet? Sind die Fragen eher auf Erzählungen ausgerichtet oder dienen sie eher der Informationsgewinnung (vgl. auch Strübing 2018)? Dabei können auch Fragen nach Informationen im Fokus stehen, wenn zum Beispiel in einem Expert:innen-Interview (▶ Kap. 4.1.3) das berufsbiographisch aufgeschichtete Wissen von Lehrer:innen über Möglichkeiten der Leistungsbewertung erfragt wird.
- Ist das Interview durch einen Leitfaden vorbereitet oder wird es durch einen Erzählimpuls angeregt? Dabei sollen auch die Fragen im Leitfaden offen und nicht suggestiv sein, geben aber – mehr als Impulse am Beginn des Interviews – die Themen, die angesprochen werden sollen, vor. Allerdings wird auch bei (relativ) offenen Einstiegsfragen zumindest das Forschungsthema gesetzt.
- Inwiefern ist das Interview als soziale Situation formal organisiert? Werden auch informellere Angebote gemacht? So kann bei einem Interview mit einer Lehrperson die Wahl des Ortes einen Einfluss auf die Situation haben, insofern vorstellbar ist, dass sich die Befragten ggf. anders äußern, je nachdem, ob sie beispielsweise im Lehrer:innenzimmer, einem Café oder in ihrem häuslichen Umfeld befragt werden.
- Welche Impulse werden im Interview gegeben? Handlungsleitend für Interviews sind zumeist Fragen, aber auch andere Interviewstimuli sind möglich. So können für Interviews mit Schüler:innen – wie erwähnt – Arbeitsblätter aus dem Unterricht, ein Tafelbild oder ähnliche (schulische) Dinge ein Anlass sein, um ins Gespräch zu kommen.

Wie für solche Dimensionierungen typisch, finden sich die Ordnungsdimensionen bei den gewählten Verfahren nicht als Entweder-Oder-Zuordnungen wieder, sondern bieten die Möglichkeit, die Grundformen von Interviews graduell zu unterscheiden und die Dimensionen als Begründungen für die gewählte Befragungsform zu nutzen.

| | Erwartungen an die Interviewten | |
|---|---|---|
| Informationen | ←→ | Erzählungen |
| | (Vor-)Strukturierung | |
| gelenkt | ←→ | offen |
| | Soziale Situation | |
| formal | ←→ | informell |
| | Gesprächsanreiz | |
| externer Stimulus | ←→ | Frage |

**Abb. 4.1:** Heuristik zu Ordnungsdimensionen von Interviews (Darstellung Stralla, unveröffentlichtes Manuskript)

In der qualitativen Sozialforschung galt das Interview lange Zeit als Königsweg (vgl. Lamnek & Krell 2016), unter anderem deshalb, da es gegenüber Beobachtungsverfahren (▶ Kap. 4.2) forschungsökonomisch überlegen schien: Der Zugang zum Untersuchungsfeld gilt als vergleichsweise einfach. So ist es vermutlich auch im Rahmen von studentischer Forschung an einer (Praktikums-)Schule leichter, Lehrpersonen für ein Interview zu gewinnen, als dass sie sich bereit erklären, ihren Unterricht videographieren zu lassen. In diesem Zusammenhang lassen sich auch Bezüge zum bereits behandelten Gütekriterium der Akzeptanz herstellen (▶ Kap. 3.3). Außerdem kann mittels des Interviews in kurzer Zeit umfangreiches Datenmaterial erzeugt werden. Nicht zuletzt ist – wie anhand der Dimension (Vor-)Strukturierung in Abbildung 4.1 bereits beschrieben – die Datenerhebung insofern offen angelegt, als auch ein vorbereiteter Interviewleitfaden in der Interviewsituation flexibel an das Antwortverhalten des:r Befragten angepasst werden kann bzw. sollte. Gleichwohl werden durch die Erstellung eines Interviewleitfadens oder die Entwicklung von Beobachtungsperspektiven Vorentscheidungen getroffen, die zu einer forscher:innenseitigen Strukturierung der Datenerhebung führen. Diese ist jedoch im Vergleich mit Entscheidungen und Strukturierungsleistungen, wie sie bei der Entwicklung eines Fragebogens aus Forschungsvorhaben in quantitativen Zugängen konstitutiv sind (vgl. etwa das Gütekriterium *Objektivität* in Kapitel 9.2), weit weniger stark ausgeprägt.

Deutlich geworden sein sollte bis hierhin, dass Interviewführung – und wir kommen auf den Anfang des Teilkapitels zurück – trotz aller Asymmetrie eine Form der Kommunikation darstellt bzw. die Interaktion zwischen Forschenden und Befragten voraussetzt. Aufgrund dieser Involviertheit der Forscher:in in den Prozess der Datenerzeugung ist diese Form der Beteiligung im Prozess der Datenauswertung zu reflektieren (▶ Kap. 5). In Interviewstudien kann es ergänzend sinnvoll sein, eine Absicherung der Dateninterpretation mittels der *kommunikativen Validierung* zu erzielen. Darunter wird verstanden, „[…] sich seiner Interpretationsergebnisse durch erneutes Befragen der Interviewten zu vergewissern“ (Lamnek & Krell 2016,

152).[24] Das erneute Befragen ist dabei zumeist keine zweite Befragungsrunde. Vielmehr geht es darum, sich als Forschende:r der vorläufigen Deutungen bzw. Gültigkeit erster Analysen (▶ Kap. 3.3) mittels der Einschätzungen der Befragten zu vergewissern. Dies kann insbesondere für Forschungen an einer (Praktikums-)Schule sinnvoll sein, wenn es – wie in der oben skizzierten Ausgangssituation – um eine Rückfrage zum Umgang mit heterogenen Lerngruppen geht („Habe ich Sie richtig verstanden, dass Ihnen vor allem die individuelle Rückmeldung des Lernfortschritts an die Schüler:innen als Herausforderung erscheint?"). Interessiert sich das Forschungsvorhaben hingegen für implizite, also den Befragten nicht bewusst verfügbare Einstellungen zur Inklusion (▶ Kap. 5) – wie in unserer Ausgangssituation angedeutet –, ist diese Form der kommunikativen Validierung kaum zielführend bzw. müsste kommunikativ äußerst einfühlsam umgesetzt werden.

Als besonders herausfordernd in der Interviewsituation hat sich der Umgang mit der *sozialen Erwünschtheit* erwiesen. Damit ist die Tendenz gemeint, sich in sozialen Situationen entsprechend den Erwartungen anderer zu verhalten. Für eine Interviewsituation ist das sozial erwünschte Antwortverhalten der Befragten stets zu reflektieren. Angesprochen ist damit das Problem, wie ich als Forschende:r damit umgehe, dass auf Fragen nicht zwingend eine für die befragte Person persönlich zutreffende Antwort erfolgt, sondern sich das Antwortverhalten beispielsweise an gesellschaftlichen Normen orientieren kann. So erscheint es seit der UN-Behindertenrechtskonvention aus dem Jahr 2008 und deren Aufnahme unter anderem in Schulgesetzen kaum vorstellbar, sich als Lehrer:in zumindest grundsätzlich gegen inklusiven Unterricht auszusprechen. Damit ist nun nicht die (empirisch ungeklärte) Frage berührt, ob inklusiver Unterricht gut oder schlecht – und für wen und im Hinblick worauf – ist, sondern was über inklusiven Unterricht in universitären und schulischen Kontexten überhaupt ausgesagt werden kann bzw. darf. Eine Tendenz der sozialen Erwünschtheit lässt sich nicht vollends verhindern, umso wichtiger erscheint es, sich dieser bewusst zu sein. Denn ein qualitatives Interview kann nur dann zum Ziel führen, die jeweiligen Relevanzsetzungen der Befragten in Erfahrung zu bringen, wenn es den Forschenden gelingt, den Befragten zu vermitteln, dass alles für sie Wichtige geäußert werden darf und dass es keine richtigen (und falschen) Antworten auf die von den Forscher:innen eingebrachten Fragen gibt. Eine Interviewsituation sollte von den Befragten in diesem Sinne nicht als eine Prüfungssituation missverstanden werden.

### 4.1.2 Narrative Interviews

Das narrative Interview wurde in den 1970er Jahren für den deutschsprachigen Raum wesentlich von Fritz Schütze (1983) entwickelt und schließt an vorgängige gesprächsanalytische Verfahren an.[25] Es entstand zunächst unter dem Einfluss der durch George

24 Die Bezeichnung *kommunikative Validierung* wird mittlerweile zumeist auch in einem weiteren Sinne verwendet: Das Absichern der Gültigkeit der Analyse erfolgt in Interpretationsgruppen, um das Deuten des Datenmaterials vor bzw. mit anderen zu prüfen.

25 Wesentlicher Bezugspunkt ist die Ethnomethodologische Konversationsanalyse (Garfinkel 1967).

H. Mead geprägten Chicagoer School of Sociology und später dem des symbolischen Interaktionismus (vgl. ausführlich Bohnsack 2021). Das narrative Interview ist in der (erziehungswissenschaftlichen) Forschung bereits umfassend beschrieben worden (vgl. z. B. Przyborski & Wohlrab-Sahr 2021; Strübing 2018; Lamnek & Krell 2016; Mayring 2016) und kommt häufig im Kontext der Biographieforschung zum Einsatz (vgl. z. B. Rosenthal 2022; Ecarius 2018). Die Biographieforschung wiederum teilt die Grundannahme rekonstruktiver Forschung, dass die soziale Wirklichkeit nicht als (objektiv) gegeben angenommen, sondern als von Menschen mit sich, anderen und eingelassen in die Gesellschaft hergestellt gedacht wird: „Biographie wird also nicht als etwas rein Individuelles oder bloß Subjektives, sondern als ein soziales Konstrukt verstanden, das auf kollektive Regeln, Diskurse [...] und gesellschaftliche Rahmenbedingungen verweist und sowohl in seiner Entwicklung als auch im deutenden Rückblick immer beides zugleich ist: ein individuelles und ein kollektives Produkt“ (Rosenthal 2022, 649).
Als Ausgangspunkt der Analysen interessiert sich das narrative Interview bzw. die biographische Erzählung für die Erfahrungen und Perspektiven der Alltagshandelnden und rekonstruiert davon ausgehend deren lebensgeschichtliche Genese (vgl. Rosenthal 2022). Ziel der Analysen ist es, Prozessstrukturen, die einen Lebenslauf strukturieren, sowie etwa (wiederkehrende) Handlungsschemata und biographische Verlaufskurven zu identifizieren (vgl. Schütze 1983). „Ziel narrativer Ansätze ist eine möglichst umfassende [...] und an der Eigenperspektive der Subjekte orientierte Analyse sozialer Wirklichkeit“ (Misoch 2019, 37). Die die Interpretationen biographischer Erzählungen anleitenden Fragen liegen – wie wir in Kapitel 5 ausführlicher aufzeigen werden – dabei auf zwei Ebenen: Was wird erzählt und wie wird es erzählt?
Das narrative Interview arbeitet in der Regel mit einem offen angelegten Erzählstimulus zu Beginn des Interviews. Die berufsbiographische Studie von Kowalski (2020) *Nähe, Distanz und Anerkennung in pädagogischen Beziehungen. Rekonstruktionen zum Lehrerhabitus und Möglichkeiten der Professionalisierung* beginnt die Interviews mit folgendem Impuls:

> Ich interessiere mich dafür, wie Lehrerinnen und Lehrer die Beziehungen zu ihren Schülerinnen und Schülern gestalten und welche Erfahrungen sie mit diesen im Klassenalltag machen. Ich möchte Sie bitten, sich daran zu erinnern, wie Sie die Lehrer-Schüler-Beziehung zu Beginn Ihrer Schullaufbahn als Lehrer/in erlebt haben und wie es dann bis heute weiterging. Sie können sich dazu so viel Zeit nehmen, wie Sie möchten. Ich werde Sie auch erst einmal nicht unterbrechen, mir nur einige Notizen zu Fragen machen, auf die ich später dann noch eingehen werde. (Kowalski 2020, 123)

Das narrative Interview intendiert dabei insbesondere, Stegreiferzählungen auszulösen, also das unvorbereitete Erzählen von Erlebnissen anzuregen (vgl. Schütze 1983). Inwiefern dies gelingen kann, ist von der Tauglichkeit der Erzählaufforderung abhängig, die Erzählperson[26] zu einer umfassenden und detailreichen Erzählung zu be-

26 Die Proband:innen werden im Kontext der Biographieforschung bzw. von narrativen Interviews nicht als Befragte, sondern als *Erzählpersonen* bezeichnet.

wegen. Gelingt dies, so geht die gesprächsanalytische Forschung davon aus, dass in jeder Erzählung *Zugzwänge des Erzählens* (ebd.) wirksam werden (vgl. auch Strübing 2018): Durch die Bitte aufgefordert, (etwas) zu erzählen, können Erzählungen

- Ausdruck von Orientierungen gegenüber der Welt sein,
- Rückschlüsse darauf zulassen, in welcher erinnerten Abfolge – nach Schütze (1983) als *Ablauflogik* bezeichnet
- und unter welchen Verhältnissen Ereignisse stattgefunden haben.

Während die durch den Erzählstimulus angeregte Haupterzählung durch Nachfragen nicht unterbrochen werden sollte, sind in der darauffolgenden zweiten und dritten Phase sog. immanente und exmanente Fragen durch die Forschenden möglich (vgl. Küsters 2022). Die immanenten Fragen der zweiten Phase knüpfen an das Erzählte an und sollen vorhandene Erzählpotentiale ausschöpfen (vgl. Schütze 1983), indem konkretere Nachfragen zu (Erzähl-)Situationen gestellt werden. Gefragt werden kann etwa: „Wie ging es dann weiter?“ (Küsters 2022, 897). Die daran anschließende dritte Phase intendiert, dass die Erzählperson ausgewählte Situationen aus ihrer Sicht deutet (vgl. Schütze 1983). Exmanente Fragen zielen folglich nicht mehr auf Erzählungen, sondern auf Meinungen, Ansichten oder Argumentationen der Befragten (vgl. Przyborski & Wohlrab-Sahr 2021).
Die folgende Abbildung 4.2 illustriert abschließend einen Ausschnitt aus einer biographischen Erzählung, die typische Erzählsegmente, wie den Beginn einer neuen Episode („Dann“) und die Einführung von Mitakteur:innen („Geschwister“, „ziemlich alter Lehrer“) beinhaltet, die Brüsemeister (2008) entlang seiner Studie *Lernen durch Leiden? Biographien zwischen Perspektivlosigkeit, Empörung und Lernen* (Brüsemeister 1998) als durch Andere angestoßenen biographischen Wandlungsprozess der Befragten interpretiert (vgl. ausführlich Brüsemeister 2008).

**W.:** Dann ... wäre vielleicht wichtig, äh ich war keine gute Schülerin. Meine Geschwister waren so richtige Bombengranaten in der Schule.
**I.:** ((Lacht))
**W.:** Solche die so glatte Wege gehen und alle Zeugnisse gut brachten. Ehm . ich weiß, daß ich immer sehr unter Ungerechtigkeiten litt. Und ich wurde immer
**I.:** mhm
**W.:** nach meinen äh Geschwistern beurteilt . Und . eigene Fähigkeiten, die ich natürlich auch hatte, aber die auf ner anderen Ebene lagen, vermochte dann ganz plötzlich ein ziemlich alter Lehrer zu wecken, der äh . mit einem erstaunlichen Lob mir sagte also die beste Arbeit, die phantasievollste Arbeit, die hat die Julia geschrieben. Und . das also das war für mich wie wie ne Geburt, da konnte ich mich plötzlich hinsetzen und lernen. Der hat äh mir eigentlich Fähigkeiten vermittelt an mich selber zu glauben und das ging dann plötzlich los. Ich hab also plötzlich äh wirklich gute Noten gehabt, weil ich eben plötzlich auch lernen konnte.

**Abb. 4.2:** Brüsemeister (1998, 54)

*Zusammenfassend* lässt sich im Hinblick auf die Ordnungsdimensionen für Interviews (Abb. 4.1) das narrative Interview wie folgt charakterisieren: Das narrative Interview ist offen auf eine biographische (Teil-)Erzählung angelegt und wird über einen Erzählstimulus, der eine längere Erzählung auszulösen vermag, initiiert. Um narrative Erzählungen zu ermöglichen, ist eine in diesem Sinne anregende Gesprächsatmosphäre herzustellen. So sollte etwa darüber nachgedacht werden, an welchem Ort die Interviews zu führen sind (mit Lehrer:innen im Lehrer:innenzimmer, in einem Café, bei der Erzählperson zuhause usw.). Das narrative Interview intendiert, ausgehend von biographischen Erinnerungen und Sichtweisen der Befragten sowie deren Ablauflogiken, auch Zusammenhänge zu gesellschaftlichen Strukturen und historischen Ereignissen herzustellen.

### 4.1.3 Leitfadeninterviews

Leitfadengestützte Interviews[27] lassen sich nicht so eindeutig einem erkenntnistheoretischen Paradigma zuordnen wie narrative Interviews der Biographieforschung (▶ Kap. 4.1.2) und Gruppendiskussionen der Dokumentarischen Methode (▶ Kap. 4.1.4). Sie sind in dieser Hinsicht pragmatischer auf ihre Durchführung ausgerichtet (vgl. Strübing 2018; Helfferich 2011). Der Leitfaden selbst setzt sich aus (relativ) offen formulierten Fragen zusammen. In einer Art Checkliste haben Gläser & Laudel (2010) Hinweise für die Auswahl von Interviewfragen zusammengestellt. Diese haben wir in Abbildung 4.3 weitgehend übernommen. Für die Leitfadeninterviews gilt aber – wie für sämtliche Interviewverfahren –, dass ebenso wichtig wie ein guter Leitfaden die empathisch-einfühlsame Gesprächsführung selbst ist.

- Die Fragen sind klar, leicht verständlich und in Alltagssprache formuliert.
- Fragen nach Meinungen sind nur dann sinnvoll, wenn die Bewertungen und Handlungsgründe entscheidend für die Rekonstruktion der sozialen Prozesse sind.
- Hypothetische Fragen sind nur dann sinnvoll, wenn die subjektiven Theorien der interviewten Person in die Rekonstruktion der sozialen Prozesse einbezogen werden müssen.
- Simulationsfragen eignen sich für Fragen nach schwer kommunizierbaren Sachverhalten (z. B. informellen Regeln) oder als Erzählanregung.
- Faktfragen werden als Erzählanregung und deshalb als offene Fragen gestellt.
- Fragen zum Anregen von Erzählungen sollten vor Fragen nach Details gestellt werden, damit diese in den Erzählungen im besten Fall erwähnt werden und sich die Frage danach erübrigt.
- Im Interviewleitfaden kann die Frage oder Aussage zur Erzählgenerierung visuell hervorgehoben werden und unabdingbare Details sollten als Checkliste formuliert werden, die in Gedanken abgehakt wird.
- Die Klarheit einer Frage ist wichtiger als ihre Offenheit. Die interviewte Person muss der Frage klar entnehmen können, was die:der Interviewer:in wissen will.
- Provokative Fragen sind für spezielle Zwecke nützlich, sollten jedoch aufgrund ihrer Risiken sehr bedacht eingesetzt werden.

27 Gelegentlich werden Leitfadeninterviews auch als halb- oder semistrukturierte Interviews bezeichnet. Charakteristisch aber ist die Orientierung an vorbereiteten Fragen.

- Vor dem Interview müssen die Fragen hinsichtlich ihrer Voraussetzungen und möglicherweise aus ihnen resultierenden Antworttendenzen kontrolliert werden.
- Wenn in den Interviewfragen Informationen genannt werden sollen, die andere Interviewpartner:innen offengelegt haben, muss die Anonymität der Informant:innen gesichert sein. Es dürfen daher keine Namen genannt werden und es muss reflektiert werden, dass auch die Information selbst Rückschlüsse auf die Informant:innen zulassen kann. Im Zweifel hat die Wahrung der Anonymität der Informant:innen stets Priorität.

**Abb. 4.3:** Fragen in Leitfadeninterviews (in Anlehnung an Gläser & Laudel 2010, 145)

Die Fragen werden vor dem Interview vom jeweiligen Erkenntnisinteresse ausgehend formuliert. Die inhaltliche Auseinandersetzung findet insofern vorbereitend statt, als dass vorab relevant gesetzte Themenkomplexe den Leitfaden strukturieren. Die Interviewsituation und das Antwortverhalten werden durch den Leitfaden eingegrenzt und kontrolliert. Damit ist ein zentrales Motiv für den Interviewleitfaden benannt: Anders als bei narrativen Interviews dient der Leitfaden dazu, von den Befragten zu gleichen Fragen wiederum besser vergleichbare Antworten zu erhalten. Leitfadeninterviews weisen damit einen höheren Grad an Standardisierung auf.
Der folgende Ausschnitt eines Interviewleitfadens aus dem mathematikdidaktischen Forschungsprojekt *Beliefs von Lehrerinnen und Lehrern der Sekundarstufen zum Visualisieren im Mathematikunterricht* (Schmitz 2016) erfragt die Sichtweisen von Lehrer:innen zum Einsatz von Visualisierungen und soll deutlich machen, dass der Leitfaden anhand bestimmter *Fragetypen* organisiert sein kann (Abb. 4.4): Die Interviews beginnen mit einer erzählgenerierenden Einstiegsfrage, die von den Befragten im Beispiel eine *Beschreibung* erbittet.

| Bitte beschreiben Sie, wo Sie Visualisierungen im Bereich <Thema> einsetzen. Sie können dazu zum Beispiel eine Unterrichtsreihe zu <Thema> gedanklich durchgehen.<br><Thema>: Bruchrechnung, Algebra, Funktionen, Analysis | | |
|---|---|---|
| Inhaltliche Aspekte | Aufrechterhaltungsfragen | Konkrete Nachfragen |
| - Individuelle Einsatzgebiete<br>- Überblick Themen<br>- Überblick Phasen<br>- Keine Visualisierung<br>- Themenvergleich | - Beispiele?<br>- Warum setzen Sie hier Visualisierungen ein? | - Was gefällt Ihnen an den genannten Visualisierungen?<br>- Wo setzen Sie innerhalb <Thema> bewusst keine Visualisierungen ein? |

**Abb. 4.4:** Schmitz (2016, 458)

Je nach Antwortverhalten der Befragten folgen Nachfragen zu *inhaltlichen Aspekten. Aufrechterhaltungsfragen* dienen der Explikation der Beschreibungen, wie hier durch Rückfragen nach weiteren Beispielen und Begründungen. *Konkrete Nachfragen* können dazu dienen, zum Beispiel bestimmte Perspektiven auf (Teil-)Fragen offenzulegen (Schmitz 2016) und sind ähnlich der exmanenten Fragen im Kontext narrativer Interviews (▶ Kap. 4.1.2) auf Einschätzungen und Deutungen der Befragten ausgerichtet. Zwei Formen von leitfadengestützten Interviews, die in der erziehungswissenschaftlichen Forschung häufig zum Einsatz kommen, werden im Folgenden skizziert: erstens das Problemzentrierte Interview (Witzel 2000) und zweitens das Expert:inneninterview (Meuser & Nagel 2010).

**Das Problemzentrierte Interview**

Das Problemzentrierte Interview (PZI) wurde in den 1980er-Jahren von Andreas Witzel in Anlehnung an die Grounded Theory Methodologie (▶ Kap. 5.2) entwickelt und kam zunächst vor allem im Kontext der Biographieforschung (▶ Kap. 4.1.2) zum Einsatz. Für das PZI ist dem Namen nach charakteristisch, dass es auf eine (spezifische) Problemstellung zentriert ist, die die:der Interviewer:in einführt und auf die sie:er immer wieder zurückkommt (vgl. Witzel 2000). Die Problemstellungen sind also der forscher:innenseitig vorgegebene (Gesprächs-) Anlass, auf den die Interviewten mit ihren eigenen Perspektiven und Deutungen antworten sollen. Damit ist eine besondere Herausforderung für das PZI benannt: Sichergestellt werden soll, dass das untersuchte Problem nicht durch die Sicht der Forschenden interpretiert, sondern durch die Erfahrungen und Einschätzungen der Interviewten gedeutet und bearbeitet wird (vgl. Witzel & Reiter 2022). Ein Grundprinzip des PZI ist nach Witzel (2000) deshalb die so benannte *Gegenstandsorientierung*: Das Problem bzw. der Gegenstand steht im Mittelpunkt, weshalb auch andere Erhebungsverfahren als das Interview zum Einsatz kommen können.[28]

Die Einstiegsfrage ist möglichst offen formuliert und dennoch auf das zu untersuchende Problem zentriert (vgl. Witzel & Reiter 2022). Durch die Erzählungen der Interviewten werden erste Perspektiven auf das Problem sichtbar, die im weiteren Gesprächsverlauf durch darauf abgestimmte Nachfragen der Forscher:innen erneut fokussiert werden. Zwei Gesprächstechniken gelten für das PZI als zentral (vgl. Witzel 2000): Mit Hilfe von *Sondierungen* werden die Äußerungen an die Befragten zurückgespiegelt. Dadurch soll die Selbstreflexion der Befragten angeregt und ihnen die Möglichkeit geboten werden, eigene Sichtweisen (argumentativ) zu vertreten oder unterstellte Sichtweisen durch die Interviewenden zu korrigieren. Mit (insistierenden) Verständnisfragen kann es gelingen, ausweichende oder widersprüchliche Antworten der Befragten in gewisser Weise aufzudecken und dadurch

28 Witzel verweist sowohl auf biographische Verfahren zur Rekonstruktion lebensgeschichtlich aufgeschichteter Deutungsmuster (Kap. 4.1.2) als auch auf standardisierte Fragebögen (Kap. 9) zur Lösung von Stichprobenproblemen (Kap. 7).

bearbeitbar zu machen. Mittels *Konfrontationen* (ebd.) kann die:der Befragte ebenfalls zu detaillierten Schilderungen angeregt werden. Über offensiv vorgetragene Infragestellungen des bisher von den Befragten Gesagten sollen die Perspektiven auf die interessierende Problemstellung präzisiert werden. Diese Konfrontationen dürfen aber – das Vertrauensverhältnis zwischen Forschenden und Befragten berücksichtigend – nicht zu massiv ausfallen.

Die Studie *Mathematikunterricht im Kontext von Inklusion. Fallstudien zu gemeinsamen Lernsituationen* (Oechsle 2020) untersucht anhand von problemzentrierten Interviews mit Lehrpersonen, wie Lehrer:innen, die sich zum Beispiel in Bezug auf die Dauer ihrer Berufserfahrung und der unterrichteten Klassenstufen unterscheiden, den inklusiven Mathematikunterricht gestalten – wie Frage 2 des in Abbildung 4.5 ausgewiesenen Leitfadens zeigt. Bereits anhand dieser Eingangsfrage bzw. Erzählaufforderung wird deutlich, dass die Befragten aufgefordert werden, zu schildern, wie sie (inklusiven) Mathematikunterricht gestalten.[29] Im weiteren Verlauf des Interviewleitfadens werden ergänzend auch die persönlich wahrgenommenen Chancen und Grenzen des inklusiven Mathematikunterrichts und die Wünsche der jeweiligen Lehrperson an inklusiven Mathematikunterricht erfragt. Insbesondere Frage 3 und Frage 4 können im Sinne des PZI als (wiederkehrende) Thematisierung der Einschätzungen der Befragten zum inklusiven Mathematikunterricht verstanden werden. Ziel der Studie von Oechsle (2020) ist es demzufolge auch, die diesbezüglichen Überzeugungen der Lehrpersonen zu rekonstruieren. Damit ist eine Möglichkeit der Datenerhebung zur oben skizzierten Ausgangssituation (1) beschrieben.[30]

1. Beschreiben Sie mir bitte die Zusammensetzung Ihrer Klasse, in der Sie aktuell Mathematik unterrichten.
2. Erzählen Sie mir bitte, wie Sie Ihren Mathematikunterricht gestalten. Berichten Sie gerne von einer konkreten Unterrichtsstunde.
3. Sie unterrichten somit fast täglich in einer inklusiven Klasse und haben viel Erfahrung. Was, denken Sie, sind die Chancen und Grenzen speziell eines inklusiven Mathematikunterrichts?
4. Wenn eine Fee käme: Was würden Sie sich dann für Ihren inklusiven Mathematikunterricht wünschen?
5. Sie haben mir nun viel von Ihrem inklusiven Mathematikunterricht erzählt. Gibt es Punkte, die Sie noch loswerden möchten?

**Abb. 4.5:** Oechsle (2020, 87)

29 Zusätzlich erhoben werden Unterrichtsvideographien (vgl. Oechsle 2020).

30 Inwiefern Oechsle (2020) gesprächssteuernd Sondierungen und Konfrontationen einsetzt, lässt sich anhand der publizierten Interviewfragen nicht erkennen. Die Formulierungen der zitierten Fragen („viel Erfahrung“) weisen auf Schnittstellen zum Expert:innen-Interview hin.

### Das Expert:innen-Interview

Das Expert:innen-Interview ist methodologisch vor allem im Kontext der Wissens- und Organisationssoziologie zu verorten (vgl. Meuser & Nagel 2010) und intendiert, komplexe Wissensbestände von Expert:innen in Erfahrung zu bringen. Wissenssoziologisch wird davon ausgegangen, dass über die Beschreibungen von Handlungen durch die Expert:innen auf ihr inkorporiertes bzw. ihren Handlungen eingeschriebenes Wissen geschlossen werden kann. Im Umkehrschluss: Die Expertise von Expert:innen wird nicht (nur) als bewusst verfügbar eingeschätzt, sondern gilt als in (Routine-)Handlungen (unbewusst) eingeschrieben. Deshalb arbeitet auch der Leitfaden des Expert:innen-Interviews zumeist mit narrativen Impulsen. In der Studie *Schule wirksam leiten. Analyse innovativer Führung in der Praxis* untersuchen Schratz, Hartmann und Schley (2010) die Aufgaben und Führungskompetenzen von Schulleitungen aus der Perspektive der Schulaufsicht, von Lehrer:innen, Schüler:innen sowie Eltern, wie der folgende Ausschnitt des Leitfadens zeigt (Abb. 4.6).

| **Richtung vorgeben** |
|---|
| Nennen Sie drei markante Einschnitte im Schulleben, bei denen die Schulleitung entscheidenden Einfluss hatte. |
| Welche Veränderungen haben Sie in den vergangenen Schuljahren (ca. drei Jahre) an der Schule wahrgenommen? (konkrete Beispiele)<br>Von wem sind die Veränderungen ausgegangen? |
| Welche Rolle hat dabei die Schulleitung gespielt?<br>Keine Rolle → Was trägt sie bei? (Visionen, Ideen …?)<br>Unterstützt die Schulleitung Innovationen, neue Ideen? |
| Welche Form der Führung praktiziert die Schulleitung, um Ziele zu erreichen? |

| **Organisationsbezogene Leistungsfähigkeit erzeugen und Gemeinschaft bilden** |
|---|
| Visualisierung unterschiedlicher Konstellationen des Kollegiums (Begründung). |
| Wie schafft es die Schulleitung, dass Ziele gemeinsam erreicht werden? |
| Wie/wodurch unterstützt die Schulleitung, dass SchülerInnen und LehrerInnen möglichst optimale Bedingungen für die gemeinsame Arbeit haben? |
| Welche Verantwortlichkeiten und Aufgabenbereiche werden an der Schule von Teams (LehrerInnen, SchülerInnen, Eltern …) übernommen? |
| Werden Sie zur Teilnahme an Fortbildungen (welche?) durch die Schulleitung angeregt und unterstützt und wirkt sich das auf Ihre Unterrichtsarbeit aus? |
| Wie bewerten Sie den Informationsfluss an Ihrer Schule? |

**Abb. 4.6:** Schratz et al. (2010, 206)

Das Expert:innen-Interview interessiert sich also – anders als das narrative Interview (▶ Kap. 4.1.2) – weniger bzw. nicht ausschließlich für die Berufsbiographie oder Lebensgeschichte der interviewten Person, sondern vor allem für ihr Wissen als Expert:in, beispielsweise ihre situationsbezogenen Einschätzungen von Aufgaben und Tätigkeiten. Diese Einschätzungen und Bewertungen – wie im Beispiel hinsichtlich der Führungskompetenz von Schulleitungen – werden auch mit den Befragten als Stellvertreter:innen für ihre beispielsweise schulische Funktion – etwa als Schulaufsicht – und ihrer diesbezüglichen Expertise in Verbindung gebracht (vgl. Misoch 2019; Strübing 2018). Ein anderes Interesse ist das an den Praktiken der Expert:innen, weshalb nicht nur informatorische Fragen, sondern auch Erzählungen bedeutsam sein können. In vielen Untersuchungen wird die Expertise über eine *institutionalisierte Kompetenz* (vgl. Hitzler, Honer & Maeder 1994) – bei Lehrpersonen ihre zertifizierte (universitäre) Ausbildung, bei Mitgliedern der Schulaufsicht ihre Funktion – ausgewiesen. In der zitierten Untersuchung (vgl. Schratz et al. 2010) werden auch Schüler:innen und Eltern befragt, sodass hier ein umfassender Expertisebegriff zugrunde gelegt wird (▶ Kap. 4.1.1).[31]
*Zusammenfassend* lässt sich im Hinblick auf die Ordnungsdimensionen für Interviews (Abb. 4.1) das Leitfadeninterview wie folgt charakterisieren: Das Leitfadeninterview ist entlang eines Leitfadens (vor-)strukturiert, wobei dieser auch erzählgenerierende, in jedem Fall offen formulierte Fragen enthält. Damit vermittelt das Leitfadeninterview zwischen dem Anspruch der Offenheit qualitativer Interviews und der Strukturiertheit im Hinblick auf den durch die Fragen vorgegebenen thematischen Rahmen. Die Gesprächssituation ist formal organisiert, die Rollen von Interviewer:in und interviewter Person sind in Bezug auf die Rollenverteilung des Fragens und Antwortens asymmetrisch, wobei es vor allem beim Expert:inneninterview eine Expertisezuschreibung an die befragte Person gibt. Im Leitfadeninterview interessieren die Sichtweisen und Deutungen der Befragten, beim Expert:inneninterview vorrangig das in beschriebenen Tätigkeiten eingelassene Wissen bzw. die Bewertung von Informationen durch die Expert:innen.

### 4.1.4 Gruppendiskussionen

Die bisher benannten Merkmale und Vorgehensweisen von leitfadengestützten Interviews ließen sich auch auf Interviews mit einer Gruppe anwenden, etwa indem drei Schüler:innen gemeinsam zu ihren jeweiligen Sichtweisen auf Unterricht befragt werden. Dies kann dazu beitragen, die Befragungssituation für die Befragten angenehmer zu gestalten und längere Erzählungen zu generieren. Gruppendiskussionen sind von derartigen Gruppeninterviews zu unterscheiden, da sie sich nicht für die jeweiligen individuellen Einschätzungen der Befragten interessieren, sondern insgesamt auf die *gemeinsamen* Erfahrungen einer Gruppe ausgerichtet sind (vgl.

31 Meuser und Nagel (2010) schlagen vor, dass der Expert:innenstatus von den Forschenden verliehen wird. Demnach können – wie im Beispiel – Eltern von Schulkindern Expert:innen für Schulleitungshandeln aufgrund ihrer Zugehörigkeit zu einer Schule sein.

Bohnsack 2021; Nohl 2017a). Voraussetzung ist deshalb, dass es sich bei Gruppendiskussionen um real existierende Gruppen, etwa (ausgewählte) Schüler:innen einer Schulklasse – beispielsweise wie in der anfangs eingeleiteten Ausgangssituation (2) zum Mobbing im Sportunterricht – oder ein (Teil-)Lehrer:innenkollegium handelt. Reale Gruppen verfügen über eine gemeinsame Erfahrungsbasis, zumindest in Bezug auf bestimmte Situationen (Schüler:in-Sein, Lehrer:in-Sein) und es wird davon ausgegangen, dass die Kommunikation der Gruppe untereinander entsprechend lebendig geführt werden kann, was auch als *interaktive Dichte* der Kommunikation bezeichnet wird (vgl. z. B. Przyborski & Wohlrab-Sahr 2021). Dabei ist gerade bei herausfordernden Untersuchungsthemen wie Mobbing die Zusammensetzung der Gruppen zu bedenken – wir kommen darauf zurück.

Ausgehend von den Annahmen der praxeologischen Wissenssoziologie Karl Mannheims (1969, ursprünglich 1931) werden anhand von Gruppendiskussionen etwa milieu-, geschlechts- oder generationsspezifische Gruppen untersucht (▶ Kap. 5.3). Das Erkenntnisinteresse richtet sich auf das in den Gruppen geteilte Wissen, ihre Werthaltungen und die diesen zugrunde liegenden Orientierungen. Wissen, Werte und Orientierungen werden dabei als spezifisch, beispielsweise für ein bestimmtes Milieu, verstanden (vgl. Bohnsack, Przyborski & Schäffer 2009). Angenommen wird, dass die an den Gruppendiskussionen Teilnehmenden – ähnlich wie die Expert:innen beim Expert:inneninterview (▶ Kap. 4.1.3) – stellvertretend für ein spezifisches Milieu agieren (vgl. Przyborski & Wohlrab-Sahr 2021). So können während der Gruppendiskussion durch die Art der gegenseitigen, kommunikativen Bezugnahme der Akteur:innen aufeinander deren Wissen, Werte und Orientierungen erkennbar (und für die Forschenden darüber rekonstruierbar) werden. Deshalb ist für Gruppendiskussionen entscheidend, möglichst viele Interaktionen unter den Teilnehmenden zu initiieren (vgl. Bohnsack et al. 2009) bzw. ist es die Aufgabe der Forschenden, die *Selbstläufigkeit* der Gruppe anzuregen (vgl. Silverman 2013). Die Forschenden selbst nehmen also eine eher zurückhaltende Rolle ein und sind möglichst nicht bzw. wenig am Gespräch beteiligt. Da dies für die Teilnehmenden ungewohnt sein kann, ist es zu empfehlen, die eigene Absicht der Zurückhaltung zuvor zu erläutern und das aktive Zuhören sowie ermutigende Gestiken und Mimiken zu zeigen (vgl. Przyborski & Wohlrab-Sahr 2021).

Gruppendiskussionen arbeiten einleitend häufig mit einem (verbalen oder visuellen) Gesprächsanreiz, um das Forschungsthema in gewisser Weise vorzugeben, ohne dessen Bearbeitung durch die Gruppe zu sehr zu lenken (vgl. Przyborski & Wohlrab-Sahr 2021; Lamnek & Krell 2016). So wird in der Studie *Schülerperspektiven auf Ergänzungsstunden als Maßnahme individueller Förderung* (Rott 2020) folgender Frageimpuls einleitend genutzt: „Ihr alle nehmt in euren Klassen an den Lumosstunden[32] teil. Mich interessiert, wie ihr das Angebot findet. Erzählt mal, was ihr in den Lumosstunden so macht“ (Rott 2020, 306) (▶ Kap. 5.1). Auch für eine Gruppendiskussion kann ein Leitfaden erstellt werden, der den Forschenden aber vor allem als gedankliche Stütze

32 So werden Ergänzungsstunden zur Förderung versetzungsgefährdeter Schüler:innen bezeichnet.

für eventuelle, immanente Nachfragen nützlich sein kann (vgl. Lamnek & Krell 2016). Um die Interaktionen der Teilnehmenden nicht zu lenken, adressieren die Forscher:innen während der Gruppendiskussion immer alle Teilnehmenden gleichermaßen und nie nur eine einzige Person (vgl. Przyborski & Wohlrab-Sahr 2021). Im Hinblick auf die Größe der Gruppe ist zu bedenken, dass durch mehr Teilnehmende die Selbstläufigkeit des Gesprächs unterstützt werden kann. So empfehlen einige Autor:innen Gruppen mit mindestens sechs Gruppenmitgliedern zu besetzen (vgl. Misoch 2019; Silverman 2013). Andererseits ist die Komplexität der Interaktion auch für den Prozess der Datenauswertung nicht zu unterschätzen (▶ Kap. 5).

In der Studie *Rituelle Praxis im Spannungsfeld zwischen schulischer Institution und Peer Group. Gruppendiskussionen mit Schülern* interessiert sich Wagner-Willi (2009) für den Übergang dreier Klassen einer Berliner Grundschule (4.-5. Jahrgang) von der Hofpause in die Schulstunde.[33] Nicht nur mittels Beobachtungen und Videographien (▶ Kap. 4.2), sondern auch über Gruppendiskussionen wird rekonstruiert, wie die Schüler:innen die Schwellenphase zwischen der sozialen Erfahrung Peer Group und dem sich anbahnenden Beginn des Unterrichts bearbeiten und somit die soziale Wirklichkeit des Übergangs (mit) hervorbringen (ebd.). In dieser Studie entscheiden die Schüler:innen übrigens selbst über die Gruppenzusammensetzung der Diskussionsrunde. Der folgende Transkriptauszug stammt aus einer Gruppendiskussion mit neun Jungen. Deutlich wird, dass das Verhalten der „schubsenden“ Mitschüler:innen von den Beteiligten unterschiedlich wahrgenommen wird.

```
Nm:                            └ Oder, wenn manche vom Fussball kommen,
     (2) die (1) manche ärgern den oder schubsen den,
Pm:                                                  └ Man regt sich
      auf, weil wir verloren haben,
Nm:                  └ Wenns schlechte Verlierer oder schlechte Gewinner
     sind, schubst der andere ihn oder irgendwie so [leise: was,]
Jm:        └ [lacht]
Nm: weiß ich nicht (.) die hassen dann, hm voller Hass so, (.) und
     am liebsten würden sie sich gleich prügeln und so.
Pm:                                                  └ Aber nur die
     ersten Minuten.
Nm:                      └ Mhm. (.) Wladimir (nein.)
?m:                         └ Und die zweiten (          )
Mm:                                               └ Danach (fangen
     sie an zu töten.) [lacht]
Wm:                                └ Oder manchmal wenn wir danach
     kommen, dann freuen wir uns manchmal halt, wenn wir gewonnen
     haben oder wenn wir ver- wenn wir verloren haben, dann kommen
?m:                  └ Mhm,                               |
Fm:                                                       └ (Wann denn?)
Wm: Enttäuschungen,
?m:                      └ Passiert (jetzt) öfters.
```

**Abb. 4.7:** Wagner-Willi (2009, 50)

33 Die Studie basiert auf der Dissertation von Monika Wagner-Willi aus dem Jahr 2005, aus der diese und weitere Publikationen hervorgegangen sind.

Die gemeinsamen Erfahrungen von Schüler:innen als Mitglieder einer Schule bzw. Klasse müssen also keinen geteilten *Erfahrungshorizont* – wie Bohnsack (2021) dies im Kontext des Auswertungsverfahrens der Dokumentarischen Methode (▶ Kap. 5.3) bezeichnet – aufspannen. So zeigt sich im Auszug der Gruppendiskussion, dass das Fußballspiel der Pause auf das Verhalten der Schüler:innen nachwirkt und sie in ihren Ausführungen deutlich machen, wie Frust und Freude über den Ausgang des Spiels sich in verbalen und körperlichen Handlungen in unterschiedlicher Weise fortführen. Wir kommen auf die Studie im Kontext von videographierten Beobachtungen zurück (▶ Kap. 4.2.4).
*Zusammenfassend* lässt sich im Hinblick auf die Ordnungsdimensionen für Interviews (Abb. 4.1) die Gruppendiskussion wie folgt charakterisieren: Es erfolgt im Idealfall keine (Vor-)Strukturierung durch Fragen, da gerade das Sprechen der Gruppe miteinander bzw. die Selbstläufigkeit des Gesprächs der Gruppe von Interesse ist. Da Gruppendiskussionen vom Forschenden in der Regel aufgezeichnet bzw. audiographiert werden und dieser anwesend sein kann, ist die Situation dennoch formal organisiert. Intendiert ist, das geteilte Wissen der Gruppe und ihre handlungsleitenden Orientierungen – wie noch auszuführen sein wird – zu rekonstruieren.

**Zusammenfassung**: Das Erkenntnisinteresse von Interviews liegt darin, (erinnerte) Erfahrungen, Perspektiven und Deutungen der Befragten zum Vorschein zu bringen. Damit ein Interview als qualitatives Interview einzuordnen ist, gilt es, die Fragen offen zu formulieren, um die Relevanzsetzungen der Interviewten ermitteln zu können. Während sich das narrative Interview vor allem für erzählte Erfahrungen interessiert, geht es in den verschiedenen Formen des Leitfadeninterviews auch um argumentative und bewertende Sichtweisen sowie Positionierungen und Einstellungen der Befragten. Über die Gruppendiskussion werden gemeinsame Orientierungen realer Gruppen rekonstruierbar. Eine zentrale Herausforderung für Interviewverfahren liegt darin, zum einen das sozial erwünschte Antwortverhalten der Befragten und zum anderen die eigene Involviertheit in den Prozess der Datenerzeugung (Forschende als Erhebungsinstrument) zu reflektieren. Qualitätssichernd im Hinblick auf das Gütekriterium der intersubjektiven Nachvollziehbarkeit der zu erzeugenden Analysen (▶ Kap. 3.3) kann in der Phase der Datenerhebung die Strategie der kommunikativen Validierung genutzt werden.

**Fragen zum Textverständnis**

(1.) Was ist das zentrale Erkenntnisinteresse von Interviews? Worauf kommt es deshalb bei den Fragen und der Interviewführung wesentlich an?

(2.) Was ist mit *kommunikativer Validierung* gemeint? Inwiefern kann das Gütekriterium der intersubjektiven Nachvollziehbarkeit (Kap.3.3) durch kommunikative Validierungen unterstützt werden?

(3.) Was wird im Kontext von Interviewstudien unter *sozialer Erwünschtheit* verstanden? Inwiefern kann der sozialen Erwünschtheit im Antwortverhalten der Befragten entgegengewirkt werden?
(4.) Was unterscheidet das narrative Interview vom Leitfadeninterview? Nennen Sie (mind.) zwei zentrale Unterscheidungsmerkmale und orientieren Sie sich dabei an den ausgeführten Ordnungsdimensionen (Abb. 4.1).
(5.) Was sind im Kontext der Biographieforschung *Zugzwänge des Erzählens*?
(6.) Welche Arten bzw. Typen von Fragen lassen sich in Leitfadeninterviews unterscheiden und was unterscheidet diese?
(7.) Was unterscheidet eine Gruppendiskussion (idealtypisch) von einem Gruppeninterview? Und inwiefern lässt sich eine gewisse Analogie zwischen Gruppendiskussion und teilnehmender Beobachtung (▶ Kap. 4.2.1) ausmachen?

**Forschungspraktische Fragen**

(1.) Wenn Sie den Forschungsgegenstand *Mobbing im Sportunterricht* über ein narratives Interview untersuchen, welche erzählgenerierende Eingangsfrage („Erzählstimulus") würden Sie stellen?
(2.) Bitte bewerten Sie den folgenden Erzählstimulus: Inwiefern halten Sie den Impuls für geeignet, eine Erzählung zu generieren?

> Ich interessiere mich für Ihre Erfahrungen, die Sie in Ihrer Schulzeit gemacht haben. Zu diesem Zweck möchte ich Sie bitten, sich an die Zeit zu erinnern, als Sie zur Schule gegangen sind. Beginnen Sie mit ihrer frühesten Erinnerung: Bitte erzählen Sie möglichst detailliert, woran Sie sich zunächst erinnern und wie Ihre Schulzeit verlaufen ist. Ich werde Ihnen gut zuhören und Sie möglichst nicht unterbrechen.

(3.) Bitte formulieren Sie drei Fragen für ein Leitfadeninterview im Rahmen des Forschungsprojekts *Klassenführung in heterogenen Lerngruppen.*
(4.) Würden Sie das Thema *Mobbing im Sportunterricht* über eine Gruppendiskussion untersuchen, die aus realen (Teil-)Gruppen zusammengesetzt ist? Bitte begründen Sie.

## 4.2 Visuelle Zugänge: Beobachten

Stellen Sie sich folgende Ausgangssituationen für eine eigene Untersuchung vor:
(1.) Sie möchten das Geschehen in einem sog. Morgenkreis an einer Grundschule teilnehmend beobachten. Dabei interessiert Sie, wie im praktischen Vollzug des Morgenkreises sowohl Differenzen als auch Gleichheit(en) zwischen den Schüler:innen über Sprache und Bewegungen aller Teilnehmenden hergestellt werden (vgl. Dietrich & Riepe 2019).
(2.) Sie möchten – in Kenntnis der bereits zitierten Untersuchung von Wagner-Willi (2009; 2013) – schulische Übergangsrituale an einer Grundschule videoge-

stützt untersuchen. Sie entscheiden sich für ein videographisches Verfahren, weil Sie insbesondere die körperlich-leiblichen und räumlichen Dimensionen der Interaktionen zwischen den Schüler:innen in den Blick nehmen möchten.
Im Rahmen eines Forschungsvorhabens wären etwa folgende Fragen im Hinblick auf die Datenerhebung zu treffen: Wie würden Sie die Lehrpersonen und Schüler:innen über Ihr Vorhaben informieren bzw. wie würden Sie für deren Beteiligung an Ihrer Untersuchung werben? Von wem müssten Sie sich ein Einverständnis für die Beobachtungen bzw. Videographien einholen? Welche Schüler:innengruppen und welche Situationen würden Sie aus welchen Gründen (videographisch) beobachten? Für wie lange bzw. welchen Zeitraum würden Sie Ihre Beobachtungen planen? Für welche Art von Protokollierung oder Videographiebearbeitung würden Sie sich entscheiden? Wir kommen im Folgenden darauf zurück.

### 4.2.1 Erkenntnisinteresse: Praktiken, Aktivitäten und Interaktionen

Heutige Beobachtungs- bzw. Feldstudien schließen grundlegend an wissenschaftliche Erkenntnisweisen der Ethnographie an. Entstehungskontext ist ein sich bereits im 19. Jahrhundert entwickelnder ethnologischer und kulturanalytischer Zugang, der soziale Phänomene in ihrem kulturellen und sozialen Umfeld bzw. Gruppen in ihren Lebenswelten fokussiert (vgl. Poferl & Schröer 2022; Breidenstein, Hirschauer, Kalthoff & Nieswand 2020).[34] Für ethnographische Forschung im Kontext von Schule und Unterricht sind die angloamerikanischen Arbeiten im Rahmen der Stadtforschung der sog. Chicagoer School of Sociology in der ersten Hälfte des 20. Jahrhunderts maßgeblich (vgl. Schröer & Dengel 2022), deren zentraler forschungsmethodischer Zugang die teilnehmende Beobachtung war.[35] Ab den 1970er-Jahren interessieren sich ethnographische Studien auch für die Perspektiven von Schüler:innen: Jugendkulturen wurden zwar als Teilkultur von Schule verstanden, zunächst aber als Gegenwelten zur offiziellen Ordnung von Schule untersucht (vgl. Breidenstein 2018).
Das zentrale Erkenntnisinteresse ethnographischer Forschung ist auf soziale Praktiken gerichtet (vgl. Schatzki 1996). Die Erforschung sozialer Praktiken als raumzeitliche Aktivitäten von Körpern sowie räumlich-dingliche Konstellationen des Feldes (vgl. Breidenstein et al. 2020) zielt darauf ab, die Chronologie und Regelhaftigkeit von Aktivitäten bzw. Handlungen und die darüber sichtbar werdenden *Handlungsstrukturen* des Feldes (Edelmann et al. 2012, 77) zu untersuchen. Eine der zugrunde liegenden Prämissen praxistheoretischer Überlegungen ist, dass sich die kulturelle

34 Zu den Anfängen ethnographischer Forschung im Kontext der Ethnologie vgl. Schönhuth (2022).

35 Ein Klassiker der sozialwissenschaftlichen Forschung im deutschsprachigen Raum, der in dieser Tradition steht, ist die sog. *Marienthal-Studie*, die Anfang der 1930er Jahre in einer umfänglich angelegten Feldstudie die psychischen und physischen Auswirkungen von (Langzeit-)Arbeitslosigkeit untersuchte. Die Studie erschien erstmals 1933 und wurde in sieben Sprachen übersetzt (vgl. Kurz 2016). Neben der Studie geben auch eine Radio-Reportage (Norbert Seitz, Deutschlandfunk 2021) sowie der Spielfilm „Einstweilen wird es Mittag" (Regie: Karin Brandauer 1985) – unter Beachtung ästhetisierender Dramaturgie – einen anschaulichen Einblick in die Herausforderungen ethnographisch angelegter Forschung.

Praxis von Menschen primär durch Beobachtungen – und nur bedingt durch erinnertes Erzählen (▶ Kap. 4.1) – erschließen lässt (vgl. Kelle 2018). Ethnographische Forschung nutzt allerdings häufig eine Kombination verschiedener Daten, um auskunftsfähig über das Feld zu sein.

So werden im Feld Schule Beobachtungsdaten – zunächst allgemein formuliert – beispielsweise im Unterricht, auf dem Pausenhof oder im Lehrer:innenzimmer erhoben. Neben (Unterrichts-)Beobachtungen werden (ergänzend) auch Daten über Gespräche[36] angefertigt sowie Dokumente aus dem Feld Schule und über das Feld Schule herangezogen (vgl. Böder & Rabenstein 2021). In der Studie *Praktiken der Homogenisierung. Soziale Choreographien im Schulalltag* (Dietrich & Riepe 2019) werden die körperlich-leiblichen Praktiken der Schüler:innen und die Bewegungsordnungen in schulischen Kreisgesprächen untersucht. Neben der teilnehmenden Beobachtung werden ausgewählte Kreisgespräche videographiert, Fotographien angefertigt und Gruppendiskussionen mit Schüler:innen geführt. So können bisher vorliegende Analysen zu Sprechhandlungen im Morgenkreis um choreographische Bewegungsanalysen ergänzt werden, die etwa zeigen, wie die Lehrperson die Anfangs- und Endpunkte der Szene und deren „Aufführungsregeln" räumlich ordnet (ebd., 679). In der in Kap. 4.1.4 zitierten Untersuchung zu *Übergangsritualen in der Grundschule* (Wagner-Willi 2009; 2013) werden die Videographien mittels flexibel einsetzbarer und weniger sichtbarer Handkameras aufgezeichnet. Die 5- bis 10-minütigen Übergangssequenzen von der Pause ins Klassenzimmer bzw. vom Klassenzimmer in die Pause werden systematisch in den drei Grundschulklassen und zwischen den Klassen verglichen, um Handlungsmuster des Übergangs bzw. „Homologien und Kontraste ritueller Praxen" (Wagner-Willi 2013, 154) zu rekonstruieren.

Anders als bei Interviews nutzt die Feldforschung für ihren Erkenntnisgewinn jene Daten, die das Feld selbst erzeugt: „Wir beobachten als Dritte einen Vorgang, der gewöhnlich ohne uns abzulaufen pflegt" (Strübing 2018, 61). Diese Daten werden deshalb auch als *in-situ-Daten* bezeichnet, da sie nicht (gesondert) zu Forschungszwecken angefertigt werden. Auf die forschungspraktische Herausforderung der Protokollierung gehen wir an späterer Stelle ein (▶ Kap. 4.2.3). Zugleich wird das Feld durch die Teilnahme von Forscher:innen beeinflusst. Da sich die Schulen an die (forschenden) Student:innen aber zumeist vermutlich schon gewöhnt haben, bevor sie zu forschen beginnen, dürfte sich dieser Effekt in kurzer Zeit verlieren. Dass eine Veränderung des Feldes für qualitative Forschung insofern nur ein bedingtes Problem darstellt als erkenntnistheoretisch von einer gemeinsamen Erzeugung von Sozialität ausgegangen wird, haben wir im Zuge der Skizzierung des Forschungsverständnisses qualitativer Forschung bereits beschrieben (▶ Kap. 3.1). Inwiefern die Rolle der:des Beobachtenden im Zuge der Auswertung der Daten entsprechend zu reflektieren ist, werden wir im Kontext der Auswertungsverfahren in Kapitel 5 darlegen.

---

36 Diese *friendly conversations* (vgl. Spradley 1979) können in Form von (Tür- und Angel-)Gesprächen zumeist ungeplant an teilnehmende Beobachtungen anschließen.

Forschungspraktisch lassen sich die einzelnen Beobachtungsverfahren, wie Abbildung 4.8 aufzeigt, dahingehend unterscheiden,

- inwiefern sie entweder eher *fokussiert* auf eine ausgewählte soziale Situation hin ausgerichtet sind – etwa wie die bereits zitierte Untersuchung zu *Übergangsritualen* zwischen Unterrichtsgeschehen und Pausen (Wagner-Willi 2013) –, oder ob die Beobachtungen zunächst *offen(er)* angelegt sind – wie in der Untersuchung *Teilnahme am Unterricht: Ethnographische Studien zum Schülerjob*, in der Breidenstein (2006) untersucht, welche umfangreichen bzw. umfassenden Tätigkeiten Schüler:innen während des Unterrichts vollziehen und inwiefern diese Handlungen durch Anforderungen der Lehrpersonen (vor-)strukturiert sind.
- welche Rolle die Forscher:innen im Forschungsfeld einnehmen: Sie können einerseits eher *passiv beobachtend* anwesend sein, wie dies häufig bei kürzeren Beobachtungen der Fall ist. Diese vorrangig beobachtende Teilnahme wird auch als „fokussierte Ethnographie" (Oester 2008, 233) bezeichnet. Andererseits werden Forschende durch einen längeren Feldaufenthalt (folgelogisch) Teil des Feldes[37] und übernehmen hier zumeist auch bestimmte Aufgaben, agieren im Feld also *aktiv teilnehmend*, was in der Bezeichnung *teilnehmende Beobachtung* zum Ausdruck kommt. Wer länger im Feld ist, wie im Rahmen von forschungsorientierten Schulpraktika, kann vermutlich nicht *nicht* teilnehmen. Strübing (2018) betont im Spannungsfeld von passiv und aktiv „Varianten des Mitmachens" (ebd., 61).

Für Feldforschungen in der Schule kann es sinnvoll sein, für mindestens ein Schulhalbjahr, besser noch ein Schuljahr, (immer mal wieder) ins Feld zu gehen, um – je nach Fragestellung – bestimmte für Schule relevante Zyklen und zeitliche Ritualisierungen erfassen zu können. Im Rahmen studentischer Forschung ist dabei eine zeitliche Begrenzung über die jeweilige Praxisphase gegeben, die beispielsweise mit einer Dauer von vier Monaten im Praxissemester – in denen ja nicht nur geforscht wird (▶ Kap. 2) – bereits eher umfangreich bemessen ist.[38]

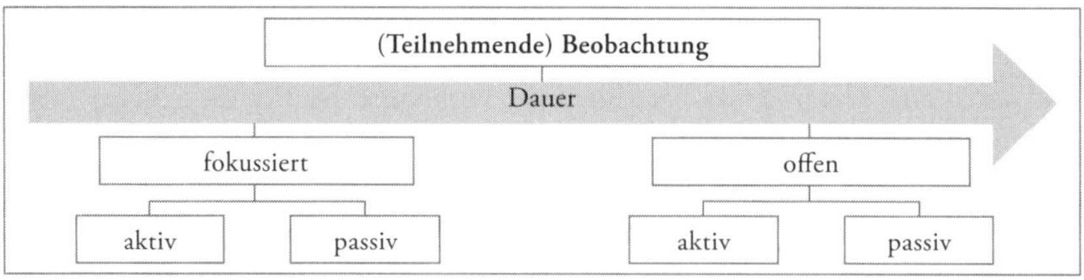


**Abb. 4.8:** Beobachtungsformen (in Anlehnung an Edelmann et al. 2012)

37 Auf das Problem des *going natives* wird hier nicht eingegangen (vgl. dazu z.B. Thierbach & Petschick 2022).

38 In der (Praktikums-)Schule sollten die Lehrpersonen und Schüler:innen wissen, wann und mit welchem Interesse das Feld beobachtet bzw. untersucht wird. Rollenklarheit ist folglich insofern herzustellen, als dass explizit benannt wird, wann im Rahmen des Praktikums (auch) Forschung stattfindet.

### 4.2.2 What the hell is going on here?

Anders als frühe ethnographische Studien steht die ethnographische Schulforschung vor einer zentralen Herausforderung: Wie gelingt es Forscher:innen im vertrauten Feld von Schule und Unterricht, sich frei von eigenen Erfahrungen zu machen? Wie kann Forschung Schule und Unterricht ohne vorgängige Zuschreibungen und weitgehend unvoreingenommen begegnen? Amann & Hirschauer (1997) empfehlen diesbezüglich eine (Forschungs-)Haltung einzunehmen, die intendiert, die untersuchten (Teil-)Kulturen – im vorliegenden Fall die Schule – „methodisch als fremde Kulturen zu behandeln" (ebd., 12). Der Ethnologe Clifford Geertz (1999, ursprünglich 1983) drückt diesen Versuch der Befremdung in einer die Beobachtungen grundlegend anleitenden Frage aus: „What the hell is going on here?" (ebd., 38).

Für die ethnographische Schulforschung hat Breidenstein (2012) „Strategien zur Distanzierung" (ebd., 30) entwickelt, die eine analytische Distanz zum Alltags- und Erfahrungswissen einzunehmen erlauben. Von diesen möchten wir die zwei folgenden für die Datenerhebung hervorheben:

1. Beobachten: Forscher:innen sollten im Untersuchungsfeld ausschließlich die (handlungsentlastete) Beobachter:innenrolle einnehmen. Anders als Lehrer:innen, die zumeist zweckvermittelt beobachten, etwa um ausgehend von einer Beobachtung unterrichts- bzw. handlungspraktische Konsequenzen zu ziehen, beschränken sich Forscher:innen bewusst auf das Beobachten.
2. Verschriftlichen („writing mode"): Das Beobachtete muss in schriftsprachliche Daten umgewandelt werden. Die Beschreibungen der Ethnograph:innen sollten in möglichst für Außenstehende nachvollziehbare Beobachtungsprotokolle überführt werden. Nach der Erhebungssituation stellen die Protokolle für die Forscher:innen die (zentrale) Grundlage für die Analysen dar.

Ethnographische (Schul-)Forschung orientiert sich dabei grundlegend an sog. *Wie-Fragen* (vgl. Breidenstein 2012): Wie lässt sich das Vorgehen der Beteiligten in einer spezifischen Situation beschreiben? Wie verdeutlichen sie sich gegenseitig, was jede einzelne Person tut? Wie sind die Akteur:innen in eine gemeinsame Praxis eingebunden? Weitere Fragen, die das Protokollieren kleinschrittig anleiten, haben wir im nachfolgenden Kapitel anhand Abbildung 4.9 ausgewiesen.

Für ethnographische Forschung besteht die Anforderung darin, sich aufmerksam beobachtend gegenüber dem bzw. im Feld zu verhalten und etwa keine vorschnellen Erklärungen, die außerhalb der Situation liegen, zu bemühen (wie: Die Klasse ist unruhig, da es schon die sechste Stunde an diesem Schultag ist) oder vereindeutigend zum Beispiel auf den Charakter der beobachteten Lehrperson (wie: Die Lehrperson ist authentisch) zu schließen. Eine Beschreibung aus der bereits zitierten Studie zum *Schülerjob* (Breidenstein 2006) soll dies abschließend noch einmal verdeutlichen:

> Gefragt wird [...] nach den handlungs*praktischen* und *situativen* [Hervorh. im Orig.] Anforderungen von Schülertätigkeiten. Was bedeutet es, als Schülerin oder Schüler am „Unterricht" in seinen verschiedenen Formaten „teilzunehmen"? Welche konkreten Probleme stellen sich in dieser Situation und wie werden sie gelöst? – Gefragt wird also auch weniger nach den normativen Bestimmungen der „Schülerrolle" als nach den praktischen Erfordernissen des „Schülerjobs". (Breidenstein 2006, 87)

Für das Befremden wesentlich kann es dabei auch sein, statt den Blick auf die – im weitesten Sinne – (pädagogischen) Absichten der Lehrkräfte, Erzieher:innen und des weiteren pädagogischen Personals zu richten, die Handlungen und über die Handlungen zugänglich werdenden Deutungen der Schüler:innen zu fokussieren. So untersucht die bereits benannte Studie von Dietrich und Riepe (2019) vor allem die körperlich-leiblichen Interaktionspraktiken der Schüler:innen im sog. Morgenkreis einer Grundschulklasse. Eine Befremdung wird zusätzlich erreicht, indem das Kreisgeschehen nach kulturgeschichtlichen Hintergründen von Bewegungspraktiken befragt wird. Dabei wird das Kreisgeschehen im Unterricht mit dem Konzept von Choreographien im Bereich des Ästhetischen bzw. konkret in den Tanzwissenschaften verglichen, um die Regelhaftigkeit der Bewegungen im Unterricht als einem spezifischen sozialen Setting zu identifizieren. Zudem ist die Untersuchung von Dietrich und Riepe (2019) (feld-)vergleichend angelegt: Die Kreisgespräche werden in vier (verschiedenen) Grundschulklassen eines dritten Grundschuljahrgangs untersucht. Ergänzend wäre etwa der Vergleich der Kreisgespräche in verschiedenen Jahrgangsstufen im Hinblick auf das angestrebte Befremden möglich (gewesen).

### 4.2.3 Notieren und protokollieren

Beobachtungen zu verschriftlichen ist mit der permanenten Anforderung verbunden, das Gesehene in Worte zu fassen bzw. für das Gesehene passende Formulierungen zu finden. Als Qualitätsmerkmal für eine schriftliche Dokumentation hat sich der von Clifford Geertz geprägte Begriff der *dichten Beschreibung* (ebd. 1999, ursprünglich 1983) etabliert: Akribisch dokumentiert werden sowohl die situativen kontextuellen Bedingungen (etwa die Konstellationen im Klassenraum, wie beispielsweise die Sitzordnungen) als auch die Handlungen der an der jeweiligen Situation Beteiligten bzw. derer, auf die der Beobachtungsfokus ausgerichtet ist (vgl. Friebertshäuser & Panagiotopoulou 2013). Auch für an der Situation nichtbeteiligte Personen sollen Interaktionsabläufe nachvollziehbar gemacht werden. Diese dichten Beschreibungen werden in ethnographischen Forschungen auch als *Beobachtungsprotokolle* bezeichnet, die für den weiteren Analyseprozess das grundlegende Datenmaterial darstellen. Ethnographische (Schul-)Forscher:innen sind deshalb zu einer besonderen Sorgfalt verpflichtet: „Wenn der Beobachter nicht ununterbrochen aufschreibt, was geschieht, ist er kaum besser als die Mitglieder in der Lage, die Wirkungsweise einer Welt zu analysieren und zu verstehen" (Lofland 1979, 110).

Eine Hilfestellung für das Verfassen von Beobachtungsprotokollen bieten die Hinweise von de Boer (2012, 77) (Abb. 4.9).

1. Der Beschreibung sollten Ort, Datum, Uhrzeit, Klasse, Fach und Ausgangssituation vorangestellt werden.
2. Die Beobachtungsnotizen können in zwei Spalten angelegt werden. In der ersten Spalte werden Situationsbeschreibungen notiert und in der zweiten Spalte eventuelle Deutungen.
3. Die Protokollierung sollte während der Beobachtung beginnen und im Anschluss direkt mit Gesprächsnotizen zur Situation ergänzt und zeitnah fertig gestellt werden.
4. Das Beobachtungsprotokoll enthält eine möglichst differenzierte Handlungs- und Situationsbeschreibung. Neben der gesprochenen Sprache ist eine Beschreibung der nonverbalen Kommunikation bedeutend.
5. Die Beschreibung erfasst die beobachtete Situation so genau, dass eine außenstehende Person den Verlauf und das Geschehen nachvollziehen kann. Zeitspannen werden nicht zusammengefasst und nach Möglichkeit aufgeschlüsselt beschrieben.
6. Verschiedene Aktivitäten einer Person werden detailliert beschrieben: anstatt Person A war abgelenkt, zum Beispiel Sarah schaut aus dem Fenster.
7. Die eigene Subjektivität kann sprachlich deutlich gemacht werden: beispielsweise durch „wirkt auf mich", „macht den Eindruck", „ich vermute" oder ähnliches.

**Abb. 4.9:** Hinweise zum Verfassen von Beobachtungsprotokollen (in Anlehnung an de Boer 2012, 77)

Ein Beispiel für ein Beobachtungsprotokoll haben wir in Abbildung 4.10 aufgeführt. In der Studie *un/genügend fähig. Zur Herstellung von Differenz im Unterricht inklusiver Schulklassen* beobachtet Merl (2019) den Unterricht an verschiedenen Schulen der Sekundarstufe, die sich selbst als inklusiv arbeitende Schulen bezeichnen. Bitte prüfen Sie durch das Lesen des kurzen Auszugs, inwiefern es sich um eine *dichte Beschreibung* handelt bzw. ob Sie nachvollziehen können, was in dieser Sequenz vor sich geht und welche (weiterführenden) Fragen sich Ihnen stellen.

Etwa zehn Minuten nach Beginn der Stunde stellt Frau Behr Kerstin die Trainingsraumfrage, weil sie geredet hat und führt mit ihr den bekannten Dialog. Eine Minute später führt sie mit Junus den Frageprozess zum Trainingsraum. Zudem bittet Frau Behr Junus, sich an eine andere Stelle des Stuhlkreises zu setzen. Er nimmt seinen Stuhl, schiebt diesen vor sich her, stolpert auf halbem Weg über den Stuhl, was mit Lachen der anderen Schüler*innen einhergeht, fällt theatralisch hin, steht wieder auf und schiebt dann weiter zu einem freien Platz im Stuhlkreis. Dort setzt er sich hin. Frau Behr schaut ihm zu und sagt kein Wort, bis er an seinem neuen Platz angekommen ist. Es wird wieder ruhiger in der Klasse. Als Jannes nun noch immer ausgelassen über das Stolpern von Junus lacht, sagt Frau Behr ihm, er soll eine Runde raus flitzen gehen und wieder rein kommen, wenn er zu lachen aufgehört hat. Jannes steht auf und verlässt die Klasse. (Feldprotokoll 6a, 14-02-20)

**Abb. 4.10:** Merl (2019, 87)

Über das Beobachtungsprotokoll hinaus besteht die Möglichkeit für ethnographische Forscher:innen, Notizen im Feld und über das Feld zu protokollieren (Zeitmessungen, Skizzen oder Fotographien von Tafelbildern, Schüler:innenhefte bzw.

weitere Dokumente und Artefakte). Daneben arbeitet ethnographische Forschung häufig auch mit sog. *Forschungstagebüchern* (Przyborski & Wohlrab-Sahr 2021) als einem Instrument der (Selbst-)Reflexion. Im Sinne methodologischer Perspektiven qualitativer Forschung (vgl. Kap. 3) wird die forschende Person als beteiligt an der Konstruktion sozialer Wirklichkeit verortet. So ist die:der ethnographische Forscher:in in gewisser Weise eine Art Medium für die Beschreibung sozialer Situationen. Das Notieren eigener Eindrücke (Irritationen, Sympathie für eine:n Schüler:in usw.) kann für die Interpretation der Beobachtungsprotokolle insofern wichtig sein, als die subjektiven Eindrücke – einmal notiert und sich bewusst gemacht – die Beobachtung nicht zu sehr verzerren (zur Herausforderung der Standortgebundenheit vgl. grundlegend Bohnsack 2021). Insgesamt gilt es, bereits die Beobachtungsprotokolle stets reflexiv anzulegen (vgl. dazu auch die Hinweise von de Boer 2012), um sich Rechenschaft darüber abzulegen, wie und wodurch Deutungen und Sinnzuschreibungen zustande kommen können.

### 4.2.4 Protokollieren oder videographieren?

Im Kontext der Schulforschung ist parallel zum bereits zitierten ethnographischen Forschungsprojekt zum *Schülerjob* (Breidenstein 2006) die kamera-ethnographische Studie *Lernkörper. Kamera-ethnographische Studien zum Schülerjob* (Mohn & Amann 2006) entstanden. An diesen beiden auf ähnliche Fragestellungen bezogenen, aber medial unterschiedlich aufbereiteten Studien lassen sich Gemeinsamkeiten und Unterschiede zwischen teilnehmenden Beobachtungen und Videographien aufzeigen. Für diese qualitative videographische Forschung bleibt wie für teilnehmende Beobachtungen erkenntnisleitend, Prozesse und Strukturen des Unterrichts, verstanden als Vollzugslogiken der beobachteten Praxis, zu rekonstruieren (▶ Kap. 4.2.1). Mit beiden Zugängen können auch körperliche Praktiken des Schüler:in-Seins und raum-zeitliche Ordnungen des Unterrichtsgeschehens untersucht werden. Dabei richtet sich die Kameraethnographie auf das *dichte Zeigen* der Praktiken (Mohn & Ammann 2006) zunächst scheinbar ohne einen Fokus, während für die Untersuchung von Breidenstein (2012) erziehungswissenschaftliche Fragen nach der Teilnahme der Schüler:innen am Unterricht relevant sind. Ein zentraler Unterschied ist, dass Interpretationen auf audiovisueller Ebene durch Kamera-Einstellungen, Fokussierungen – beispielsweise auch durch Zwischenüberschriften – und in der Postproduktion durch den Schnitt stattfinden (vgl. Mohn & Amann 2006). Bereits in der Datenerhebung wird etwa über die Perspektive der Kamera eine Selektion des Aufgezeichneten getroffen. Eine totale Erfassung der Strukturen und Dynamiken des Unterrichts ist also auch über Videographien nicht zu gewährleisten. Dennoch ist das videographische Aufzeichnen weniger flüchtig als das Beobachtungsprotokoll, da die Aufzeichnungen wiederholt angesehen werden können und auch eine gemeinsame Beobachtung und Analyse des Datenmaterials durch mehrere Forscher:innen (▶ Kap. 3.3) prinzipiell möglich ist.

Verglichen mit Verfahren quantitativer Analysen von Unterrichtsvideographien (▶ Kap. 9.5) zielen qualitative Interpretationen darauf ab, regelhafte kommunikative Prozesse im und von Unterricht zu identifizieren: In den Blick genommen wird, wie sich aus den Umgangsweisen der Akteur:innen im Unterricht bestimmte Muster der Interaktion etablieren und stabilisieren. Dadurch soll ein Zugang zur Komplexität des sozialen Geschehens gewonnen werden. Um diese Komplexität analytisch zu erfassen, werden Phasen des Unterrichts zunächst in (zeitlich aufeinanderfolgende) erkennbare Sinnabschnitte unterteilt. Dieses Verfahren wird auch als *Segmentierungsanalyse* (Herrle & Dinkelaker 2016) bezeichnet.[39] Ophardt und Thiel (2017) schlagen in Anlehnung an den sog. *ökologischen Zugang* zum Klassenmanagement nach Doyle (2011) für die Unterrichtsforschung vor, Aktivitätsstrukturen im Unterricht danach zu unterscheiden, wie das jeweilige Verhältnis zwischen Lehrpersonen, Schüler:innen, Stoffentwicklung und Unterrichtsmaterialien zueinander definiert ist (Ophardt & Thiel 2017). Beispielsweise für die Aktivitätsstruktur des Klassengesprächs lässt sich dann (situationsbezogen) rekonstruieren, wie die Zusammenarbeit zwischen Lehrperson und Schüler:innen gestaltet wird oder welche Prozesse der kognitiven Aktivierung sich in der Auseinandersetzung mit einer spezifischen Schulbuchaufgabe zeigen – und dies wiederum etwa auch im Unterschied zur Aktivitätsstruktur des Lehrpersonen-Vortrags oder der Gruppenarbeit von Schüler:innen.

Je nach Erkenntnisinteresse videographischer Unterrichtsforschung wird das erzeugte Datenmaterial in unterschiedlicher Weise aufbereitet und interpretiert. Die Interpretationsverfahren schließen dabei an die für andere Datenarten üblichen Verfahren an (▶ Kap. 5). So ist die bereits zitierte Studie von Wagner-Willi (2013) zu Übergangsritualen als *dokumentarische Videographie* – in Anlehnung an die Dokumentarische Methode (▶ Kap. 5.3) – angelegt und zielt wesentlich darauf ab, über den Vergleich schüler:innenseitiger Praktiken im (zeitlichen) Übergang vom Unterricht in die Pause und vice versa Ritualisierungen in der Übergangsgestaltung zu identifizieren, um darüber Handlungsmuster der Akteur:innen und deren zugrundliegenden Orientierungen zu rekonstruieren. Demgegenüber stehen etwa beim interaktionsanalytischen Ansatz von Videoanalysen die Aktivitäten und Strukturen der gegenseitigen Bezugnahme der Akteur:innen im Vordergrund (Herrle & Dinkelaker 2016).

Aus forschungspraktischen Erwägungen erscheint an Videographien nachteilig, dass ein hoher Aufwand betrieben werden muss: beginnend mit den Genehmigungen, die von Schulleitungen, Lehrpersonen und Eltern – in manchen Bundesländern auch über die Schulbehörden – einzuholen sind, über die Organisation des technischen Equipments, das über Medienzentren an Universitäten und Hochschulen allerdings

39 Für den Bereich der Erwachsenenbildung haben Herrle und Dinkelaker (2016) herausgearbeitet, wie etwa die Synchronizität von Ereignissen ebenso wie sequenzielle Ereignisabfolgen in verschiedenen Analyseschritten untersucht werden können. Das Geschehen wird dabei zunächst überblicksartig dargestellt (segmentiert), bevor dann detaillierte Interaktionsausschnitte sequenziell interpretiert (sequenziert) werden.

oftmals unkompliziert zur Verfügung gestellt werden kann bis hin zur skizzierten Frage der Aufbereitung der (komplexen) Daten, bevor dann erst mit der eigentlichen Analyse begonnen werden kann. Als eine Art Kompromiss hat sich (deshalb) im Feld der ethnographischen Schulforschung etabliert, zusätzlich zu Beobachtungsdaten mit Audiographien zu arbeiten.

**Zusammenfassung:** Das Ziel visueller Erhebungsverfahren ist das Erfassen von Praktiken, Aktivitäten und Interaktionen sowie die Rekonstruktion der situativen Bedingungen und zugrunde liegenden Logiken des untersuchten Geschehens. Hilfreich dafür sind sog. *Wie-Fragen*. Beobachtungen können grundlegend danach unterschieden werden, ob es sich um eher *offene* oder *fokussierte* Beobachtungen handelt und ob eine beobachtende Teilnahme oder eine teilnehmende Beobachtung (▶ Kap. 4.2.1) umgesetzt wird, was mitunter auch von der Dauer des Feldaufenthaltes abhängig ist. Als methodologische Herausforderung ethnographischer Forschung gilt es, sich von den vermeintlich vertrauten Zuschreibungen an Schule und Unterricht zu distanzieren und eine analytische Distanz zum eigenen Alltags- und Erfahrungswissen aufzubauen. Das Verfassen von präzisen Beobachtungsprotokollen ist auch deshalb für die dann folgende Auswertung unerlässlich. Audio- und Videographien bieten diesbezüglich Vorteile, bedeuten für studentische Forschung jedoch oft einen erhöhten (nicht nur) organisatorischen Aufwand.

**Fragen zum Textverständnis**

(1.) Auf welches zentrale Erkenntnisinteresse zielen visuelle Erhebungsmethoden? Nutzen Sie für Ihre Antwort auch die Möglichkeit des Vergleichs mit verbalen Erhebungsmethoden.

(2.) Warum muss sich die ethnographische (Unterrichts-)Forschung vom Unterricht *befremden*, um diesen im Rahmen einer teilnehmenden Beobachtung untersuchen zu können?

(3.) Welchen Stellenwert und welche Funktion hat das Schreiben im Kontext der teilnehmenden Beobachtung und welche Möglichkeiten des Protokollierens nutzt die ethnographische Schulforschung?

(4.) Inwiefern ist der Einsatz eines Forschungstagebuchs für ethnographische Forschung hilfreich? Nehmen Sie bei Ihrer Antwort Bezug auf die Herausforderung der *Standortgebundenheit* von Forschung (▶ Kap. 3.2).

(5.) Welche Vor- und Nachteile ergeben sich für das Videographieren einer Unterrichtsstunde im Unterschied zu einer teilnehmenden Beobachtung? Vergleichen Sie dazu auch, was das menschliche Beobachten von einer Kamera- bzw. Videoaufzeichnung unterscheidet.

**Forschungspraktische Fragen**

(1.) Fertigen Sie ein Beobachtungsprotokoll an. Suchen Sie sich dazu eine (räumlich und zeitlich) überschaubare Situation aus – zum Beispiel im

Kontext Ihrer Hochschule, in der Mensa, in der Bibliothek. Schreiben Sie nun präzise auf, was Sie beobachten können. Überlegen Sie auch, welche weiteren Daten bzw. Dinge des ausgewählten Feldes Sie – mittels einer Zeichnung, als Foto usw. – aufzeichnen würden. Falls die Gelegenheit besteht, lassen Sie ihr Protokoll durch eine andere Person auf dessen *Dichte* und dessen beschreibenden (statt bewertenden) Charakter prüfen.
(2.) Lesen Sie zunächst den folgenden Auszug:

> Wir wollen im Folgenden ein sehr kleines und triviales Ereignis aus dem schulischen Alltag betrachten, das uns allen sehr vertraut ist: der Pausengong [...]. Dieses Ereignis ist so alltäglich und auch so selbstverständlich, dass es sich einer weitergehenden Analyse zunächst kaum aufdrängt. Andererseits ist der Pausengong für die Teilnehmer im Feld von erheblicher Relevanz: Er ist das Ereignis, auf das man alltäglich und manchmal mit großer Sehnsucht wartet; er ist ein Ereignis, das eine deutliche Zäsur markiert – das Verhalten der Teilnehmer nach dem Gong unterscheidet sich erheblich von dem Verhalten davor. Das Ereignis fordert den Ethnografen auch dazu auf, den Blick vom Schulunterricht auf die Schulorganisation zu werfen und zu fragen, wie sie ihre Teilnehmer managt. (Breidenstein et al. 2020, 162)

Anhand dieser Feldbeschreibung würde die ethnographische Schulforschung nun (generative) Fragen (▶ Kap. 4.1) zum Pausengong stellen: Welche Fragen könnten das sein?
(3.) Ethnographische Forschung interessiert sich neben den Interaktionen des Feldes häufig auch für räumlich-dingliche Konstellationen des Feldes sowie Dokumente aus dem Feld und über das Feld (▶ Kap. 5.6). Für welche Räume, welche Dinge und welche Dokumente würden Sie sich im Kontext Ihres Forschungsvorhabens an Ihrer (Praktikums-)Schule aus welchen Gründen interessieren?

### Weiterführende Literatur

Breidenstein, G., Hirschauer, S., Kalthoff, H. & Nieswand, B. (2020): Ethnografie. Die Praxis der Feldforschung. 3. Aufl. München, https://doi.org/10.36198/9783838552873.

De Boer, H. & Reh, S. (Hrsg.) (2012): Beobachtung in der Schule – Beobachten lernen. Wiesbaden, 151-169, https://doi.org/10.1007/978-3-531-18938-3.

Helfferich, C. (2011): Die Qualität qualitativer Daten. Manual für die Durchführung qualitativer Interviews. 4. Aufl. Wiesbaden, https://doi.org/10.1007/978-3-531-92076-4.

Misoch, S. (2019): Qualitative Interviews. 2. Aufl. Berlin, München & Boston, https://doi.org/10.1515/9783110545982.

Nohl, A.-M. (2017a): Interview und dokumentarische Methode. Anleitungen für die Forschungspraxis. 5. Aufl. Wiesbaden, https://doi.org/10.1007/978-3-658-16080-7.

Rosenthal, G. (2022): Biographieforschung. Baur, N. & Blasius, J. (Hrsg.): Handbuch Methoden der empirischen Sozialforschung. Wiesbaden, 647-658, https://doi.org/10.1007/978-3-658-37985-8.

Strübing, J. (2018): Qualitative Sozialforschung. Eine komprimierte Einführung. 2. Aufl. Berlin & Boston, https://doi.org/10.1515/9783110529920.

Witzel, A. & Reiter, H. (2022): Das problemzentrierte Interview – eine praxisorientierte Einführung. Weinheim, https://content-select.com/de/portal/media/view/6230dcc2-ae38-4a0b-8455-1d0db0dd2d03?forceauth=1.

# 5 Auswertungsverfahren

**Erwartungshorizont**
Nach der Lektüre des Kapitels sollten Sie wissen,
- welche Auswertungsverfahren in der qualitativen Schulforschung häufig zum Einsatz kommen,
- auf welche Erkenntnisinteressen die Auswertungsverfahren zielen bzw. welche Fragestellungen sich mit ihnen untersuchen lassen,
- welche grundlegenden Verfahrensschritte diesen zugrunde liegen.

Zentrales Ziel des Kapitels ist es, Einblicke in die Grundannahmen und Abläufe ausgewählter Auswertungsmethoden qualitativer Forschung zu ermöglichen. Dabei werden wir in den Teilkapiteln des Studienbuchs erneut auf bereits vorliegende Handreichungen verweisen, die Auswertungsmethoden weiterführend darstellen. Wir bieten also keine Anleitungen der Verfahren an, sondern zeigen anhand von Auszügen aus Forschungsprojekten beispielhaft auf, wie Auswertungsverfahren in der qualitativen Schulforschung umgesetzt werden. Wir machen dabei auch (beispielhaft) deutlich, welche Fragestellungen mit welchen Auswertungsmethoden untersucht werden können und wie sich die Verfahren grundlegend voneinander unterscheiden.
Für (jegliche) Auswertungsverfahren qualitativer Forschung sollten drei Prämissen handlungsleitend sein:
(1.) Qualitative Verfahren sind der medialen *Schriftlichkeit* verpflichtet. Während die quantitative Forschung schwerpunktmäßig numerisch-statistische Verfahren verwendet (▶ Kap. 8), nutzt die qualitative Forschung textanalytische Zugänge. Das Schreiben kann bereits in der Phase der Erhebung qualitativer Daten zentrales Handwerkszeug sein, wie dies bei der teilnehmenden Beobachtung (▶ Kap. 4.2.1) der Fall ist. In jedem Falle ist das Verschriftlichen der (Primär-)Daten relevant, um sich mit dem empirischen Material vertraut zu machen. In der Regel arbeiten Forscher:innen im weiteren Auswertungsprozess dann mit dem – wie nachfolgend erläutert wird – transkribierten Datenmaterial weiter und ziehen nur bei Unklarheiten noch einmal die Rohdaten, zum Beispiel die Video- und/oder Tonaufzeichnung, zur Absicherung heran.[40]

40 Für die Aufbereitung und Analyse der Daten können unterstützend computergestützte Programme eingesetzt werden. Mit Hilfe dieser Software ist es beispielsweise möglich, mehrere Transkripte gleichzeitig zu verwalten, Kategorien zu bilden und das Datenmaterial den Kategorien zuzuordnen sowie Memos anzulegen und Visualisierungen zu erstellen (vgl. Gläser-Zikuda, Stephan & Hofmann 2022). Zu den am häufigsten beschriebenen Programmen gehören die Software MAXQDA (vgl. ausführlicher z. B. Rädiker & Kuckartz 2019), ATLAS.ti oder NVivo (vgl. Gläser-Zikuda et al. 2022).

Für den ersten Schritt der Datenaufbereitung von audiographischen (bzw. audiovisuellen) Daten (zum Beispiel Interviews, Videographie-Sequenzen) ist die Frage zu klären, wie nah an der gesprochenen Sprache die *Transkription*, also die Umwandlung des gesprochenen Worts in eine Schriftform (vgl. ausführlich Fuß & Karbach 2019), sein soll.[41] Auch dies ist am Erkenntnisinteresse des jeweiligen Forschungsprojekts zu orientieren: So arbeiten gesprächsanalytische Studien, die sich beispielsweise für Lehrer:in-Schüler:innen-Interaktionen interessieren, mit sehr genauen Transkriptionsregeln für sprachliche und nichtsprachliche Handlungen (vgl. für Lernentwicklungsgespräche z. B. Bonanati 2018, für mathematikdidaktische Unterrichtsforschung z. B. Fetzer 2007). Diese Art der Transkription wird als *kommentierte Transkription* (vgl. Gläser-Zikuda, Stephan & Hofmann 2022) bezeichnet, da auch Regeln für non-verbale Zeichensysteme (wie Mimik und Gestik) sowie lautsprachliche Besonderheiten und Intonationen (Betonungen, Veränderungen in Geschwindigkeit und Lautstärke des Gesprochenen) formuliert werden (vgl. Selting et al. 2009). In der qualitativen Schulforschung wird häufig das Regelsystem *Talk in Qualitative Social Research* (Przyborski & Wohlrab-Sahr 2021)[42] genutzt (vgl. Abb. 5.1). Wenn das Erkenntnisinteresse primär auf den Inhalt der Äußerungen (weniger auf Interaktionen) gerichtet ist, reicht es i. d. R. aus, eine *wörtliche Transkription* anzufertigen (vgl. Gläser-Zikuda et al. 2022).

| | |
|---|---|
| L | Das „Häkchen" markiert den Beginn einer Überlappung bzw. den direkten Anschluss beim Sprecher:innenwechsel. |
| (.) | Kurzes Absetzen, Zeiteinheiten bis knapp unter einer Sekunde |
| (3) | Anzahl der Sekunden, die eine Pause dauert. Ab 4 Sekunden Pause erfolgt die Notation in einer Extrazeile. Auf diese Weise wird beim Lesen des Transkripts das Schweigen allen an der Interaktion Beteiligten zugeordnet (dem Interviewenden und den Interviewten gleichermaßen oder etwa der ganzen Gesprächsgruppe), was bei längeren Pausen meist dem Eindruck des Gehörten entspricht. Ein technischer Vorteil liegt darin, dass Verschiebungen durch Korrekturen nur bis zu diesen Pausen Veränderungen bei den Häkchen nach sich ziehen. |
| <u>nein</u> | Betonung |
| **Nein** | Laut in Relation zur üblichen Lautstärke der sprechenden Person |
| °nee° | Sehr leise in Relation zur üblichen Lautstärke der sprechenden Person |
| . | Stark sinkende Intonation |
| ; | Schwach sinkende Intonation |
| ? | Deutliche Frageintonation |
| , | Schwach steigende Intonation |
| brau- | Abbruch eines Wortes. So wird deutlich, dass man hier nicht einfach etwas vergessen hat. |
| oh=nee | Zwei oder mehr Worte, die wie eines gesprochen werden (Wortverschleifung) |

41 Für Transkriptionen stehen weiterhin (kostenpflichtige) Software-Anwendungen mit unterschiedlichen Leistungsvermögen zur Verfügung, die spezielle Funktionen für das Abspielen und Verschriftlichen bieten oder durch Spracherkennung automatisiert Transkripte erstellen.

42 Ein anderes kommentiertes Transkriptionssystem, das noch präziser lautsprachliche Regeln und Ähnliches ausweist, ist das *Gesprächsanalytische Transkriptionssystem 2* (auch GAT 2) nach Selting et al. (2009).

| | |
|---|---|
| nei:n<br>ja::: | Dehnung von Lauten. Die Häufigkeit der Doppelpunkte entspricht der Länge der Dehnung. |
| (doch) | Unsicherheit bei der Transkription und schwer verständliche Äußerungen |
| ( ) | Unverständliche Äußerungen. Die Länge der Klammer entspricht etwa der Dauer der unverständlichen Äußerungen. |
| ((hustet)) | Kommentar bzw. Anmerkungen zu parasprachlichen, nichtverbalen oder gesprächsexternen Ereignissen. Soweit das möglich ist, entspricht die Länge der Klammer etwa der Dauer des lautlichen Phänomens. |
| @nein@ | Lachend gesprochene Äußerungen |
| @(.)@ | Kurzes Auflachen |
| @(3)@ | Längeres Lachen mit Anzahl der Sekunden in Klammern |
| //mhm// | Hörer:innensignale, „mhm" der Interviewenden werden ohne Häkchen im Text der Interviewten notiert, vor allem, wenn sie in einer minimalen Pause, die ein derartiges Hörer:innensignal geradezu erfordert, erfolgen. |

**Abb. 5.1:** Transkriptionsregeln TiQ (Przyborski & Wohlrab-Sahr 2021, 219 f.)

In der Phase des Verschriftlichens der Daten sollte zugleich eine *Anonymisierung* personenbezogener Angaben erfolgen. Um das Grundrecht auf Selbstbestimmung der Proband:innen zu wahren und damit datenschutzrechtliche Bestimmungen und ethische Grundsätze einzuhalten, müssen Informationen, die auf die Identität von Personen verweisen, anonymisiert werden. Für die Transkription bedeutet dies, dass Klarnamen der Proband:innen beispielsweise durch Kürzel oder Phantasienamen pseudonymisiert werden sowie etwa in Gesprächen erwähnte Personen oder Orte fiktive Namen erhalten (vgl. Fuß & Karbach 2019).
(2.) Sämtliche Verfahren der qualitativen Datenanalyse sind dem Gütekriterium der *intersubjektiven Nachvollziehbarkeit* verpflichtet (▶ Kap. 3.3). Die Gültigkeit der Analysen bezieht sich darauf, dass die Interpretationen von anderen Forscher:innen nachvollzogen werden können. Dies erfordert ein hohes Maß an Transparenz in der Beschreibung und Erläuterung des eigenen Vorgehens und gelingt nur dann, wenn sich die Analysen an systematischen bzw. regelhaften Verfahren orientieren (vgl. Steinke 1999). Qualitative Forscher:innen arbeiten zudem häufig in Interpretationsgruppen oder stellen ihre (vorläufigen) Deutungen in Interpretationswerkstätten gegenseitig vor.
(3.) Auswertungen im Kontext qualitativer Forschung zielen darauf ab, ausgehend von Aussagen über (Einzel-)Fälle hinaus zu *verallgemeinerbaren Erkenntnissen* zu gelangen (▶ Kap. 3.1). Zumindest ist zu diskutieren, was der jeweilige Fall zum wissenschaftlichen Diskurs des untersuchten Phänomens beitragen kann (vgl. ausführlicher Herzmann 2023): „To call something a ‚case' implies that it is a case of ‚something'" (Silverman 2013, 143). In der Objektiven Hermeneutik (vgl. Wernet 2009) wird diese Verhältnissetzung beispielsweise als *Dialektik von Allgemeinem und Besonderem* diskutiert (▶ Kap. 5.4). Wie diese Anforderungen in den Auswertungsverfahren jeweils unterschiedlich umgesetzt werden können, wird in den folgenden Teilkapiteln ausgewiesen.
Einen Überblick über die im Weiteren thematisierten Auswertungsverfahren ermöglicht Abbildung 5.2. Die einzelnen Erhebungs- und Auswertungsmethoden

werden dabei in einen Zusammenhang mit dem Erkenntnisziel der Forschung gestellt, um differenzieren zu können, welche Ebenen des Verstehens und Interpretierens der Daten – als *Sinnkonzepte qualitativer Forschung* (Lamnek & Krell 2016) bezeichnet – jeweils angestrebt werden (vgl. Abb. 5.2). Die Tabelle ist also wie folgt zu lesen: Ausgehend von methodologischen Perspektivierungen des Untersuchungsgegenstandes (*Erkenntnisziel*, vgl. auch Kap. 3.1) schließt sich erkenntnislogisch ein spezifisches Erhebungs- und Auswertungsverfahren an. Eine eindeutige, trennscharfe Abgrenzung der Sinnkonzepte – wie Abbildung 5.2 dies suggerieren könnte – ist jedoch weder in den Beschreibungen der Auswertungsverfahren in einschlägigen Handbüchern noch in den im weiteren Verlauf des Studienbuchs zitierten Studien bzw. Forschungsvorhaben durchgängig gegeben.

| | **Subjektiver Sinn** | **Sozialer Sinn** | **Immanenter Sinn** |
|---|---|---|---|
| Erkenntnis-ziel | Rekonstruktion subjektiv-intentionaler Sinngehalte | Rekonstruktion sozial geteilter Sinngehalte<br>• Deutungsmuster<br>• Erfahrungsräume<br>• Lebenswelten | Rekonstruktion latenter Sinngehalte<br>• Prozessstrukturen des Lebenslaufs<br>• Implizites, konjunktives (Erfahrungs-)Wissen |
| Erhebungs-methoden, z. B. | (Leitfaden-)Interviews | Gruppendiskussionen<br>Beobachtungen | Narrative Interviews<br>Beobachtungen |
| Auswertungs-methoden, z. B. | Kategorienbezogene Interpretation<br>• Qualitative Inhalts-analyse<br>• Artefakt- und Doku-mentenanalyse | Typenbildende Interpretation<br>• Grounded Theory Methodologie<br>• Dokumentarische Methode<br>• Artefakt- und Doku-mentenanalyse | Sequenzielle Interpretation<br>• Dokumentarische Methode<br>• Objektive Hermeneutik<br>• Adressierungsanalyse<br>• Artefakt- und Doku-mentenanalyse |

**Abb. 5.2:** Sinnkonzepte qualitativer Forschung (in Anlehnung an Lamnek & Krell 2016)

## 5.1 Qualitative Inhaltsanalyse

Die Qualitative Inhaltsanalyse (QI) ist ein regelgeleitetes Auswertungsverfahren textbasierter Daten, das für den deutschsprachigen Raum in den 1980er Jahren wesentlich von Philipp Mayring beschrieben und weitentwickelt wurde.[43] Das zentrale Vorgehen der QI ist das sog. *Kodieren*, bei dem das Ziel verfolgt wird, die Textinhalte (z. B. von transkribierten Interviews) systematisch – entlang von Kodes – zu struk-

43 Für die Qualitative Inhaltsanalyse liegen zahlreiche Darstellungen vor, die die Durchführung detailliert beschreiben (vgl. Kuckartz & Rädiker 2022; Mayring 2022; Gläser-Zikuda & Mayring 2008). Dabei ist zu bedenken – und das gilt für jedes der nun folgenden Auswertungsverfahren –, dass sich die Qualitative Inhaltsanalyse über die Zeit weiterentwickelt hat und die Darstellungen in ihren Begrifflichkeiten und Schwerpunktsetzungen je nach Autor:innen teilweise voneinander abweichen.

turieren und größeren Analyseeinheiten zuzuordnen: „Qualitative Inhaltsanalyse will Texte systematisch analysieren, indem sie das Material schrittweise mit theoriegeleitet am Material entwickelten Kategoriensystemen bearbeitet“ (Mayring 2016, 114). In der Schulforschung werden unterschiedliche Fragestellungen und mit verschiedenen Methoden erhobene Daten (z. B. transkribierte Expert:inneninterviews, Gläser & Laudel 2009) mit der QI bearbeitet und ausgewertet. So werden im DFG-Projekt *Analysekompetenz von Lehrpersonen – Diagnose und Entwicklung* Interviews mit angehenden und berufserfahrenen Lehrpersonen durchgeführt und mitunter inhaltsanalytisch ausgewertet (Krepf 2019). Ein weiteres Anwendungsfeld ist die Analyse von schulischen Dokumenten (wie bspw. Schulprogrammen und Homepages von Schulen) sowie von Unterrichtsmaterialien (vgl. Lamnek & Krell 2016).

Gemeinsam ist den Forschungsarbeiten, die mit der QI arbeiten, ein Erkenntnisinteresse, das sich (eng) an den Inhalten der Daten orientiert. Damit kann die QI als ein eher pragmatisches Auswertungsverfahren bezeichnet werden, das keine (eigene) methodologische Positionierung (▶ Kap. 3) vornimmt – wie dies für die weiteren darzustellenden Verfahren (vgl. Kap. 5.2 bis Kap. 5.6) gilt.

Da die QI häufig bei umfangreichem Datenmaterial zum Einsatz kommt, ist eine zentrale Auswertungsstrategie die *Reduktion* der Daten, wie die folgende Abbildung 5.3 dies für ein Forschungsprojekt zum *Praxisschock bei Lehrer:innen* deutlich macht:[44]

<table>
<tr><th>Paraphrase</th><th>Generalisierung</th><th>Reduktion</th></tr>
<tr><td>Keine psychische Belastung durch Praxisschock gehabt</td><td>Kein Praxisschock als großen Spaß erlebt</td><td rowspan="8">K1 Praxis nicht als Schock, sondern als großen Spaß erlebt wegen<br>• vorherige Lehrerfahrung;<br>• Landschule ohne Disziplinschwierigkeiten;<br>• keine unrealistischen Erwartungen gehabt;<br>• gute Beziehungen zu Schülern gehabt<br>K2 Ohne diese Bedingungen Praxisschock schon denkbar</td></tr>
<tr><td>Im Gegenteil, ganz begierig auf Praxis gewesen</td><td>Eher auf Praxis gefreut</td></tr>
<tr><td>Uni = reines Fachstudium, hat mit Lehren wenig zu tun</td><td>An Uni wird keine Lehrerfahrung vermittelt</td></tr>
<tr><td>Konnte aber schon vorher Praxiserfahrungen sammeln</td><td>Schon vorher Lehrerfahrung</td></tr>
<tr><td>Praxis hat großen Spaß gemacht</td><td>Praxis hat Spaß gemacht</td></tr>
<tr><td>War stofflich einfach und faszinierend für die Schüler</td><td>Gut vermittelbarer Stoff als Bedingung</td></tr>
<tr><td>Eigene Arbeit (Landschule) durch Spaß entschädigt</td><td>Spaß an Arbeit gehabt</td></tr>
<tr><td>Bin zu realistisch, als dass ich mir falsche Vorstellungen gemacht hätte</td><td>Keine unrealistischen Erwartungen gehabt</td></tr>
</table>

**Abb. 5.3:** Datenreduktion (in Anlehnung an Mayring 2022, 73 f.)

44 Diese und die folgende Abbildung 5.4 beziehen sich auf ein Forschungsprojekt, das den Praxisschock von arbeitslosen Lehrer:innen sowie dessen Einflussnahme auf das berufliche Selbstvertrauen mit Befunden zum Praxisschock von berufstätigen Lehrer:innen vergleicht (Mayring 2022).

Die Daten werden durch wiederholte Kondensation – Paraphrase, Generalisierung, Reduktion (ebd.) – gewissermaßen auf den Begriff gebracht. Mit anderen Worten: Handlungsleitend für die QI ist, dass das Datenmaterial in Richtung einer (kategorialen) Verdichtung bearbeitet wird. Deshalb ist es für die QI relevant, die Daten anhand vorab festgelegter, inhaltlich begründeter Analyseeinheiten[45] zu durchsuchen: Wo lassen sich Stellen im Text finden, die zu den zuvor als relevant ermittelten Analyseeinheiten passen – und diese im besten Fall bestätigen? Dieses *deduktive Vorgehen*, das Kategorien von außen an das Material heranträgt, hat immer wieder Diskussionen dahingehend ausgelöst, inwiefern die QI als ein qualitatives Verfahren einzuschätzen ist (vgl. Meuser 2018). Neben der beschriebenen deduktiven Vorgehensweise arbeiten Forscher:innen im Kontext der QI auch mit *induktiven Kodierungen*, das heißt, dass – dem Prinzip der relativen Offenheit rekonstruktiver Forschung folgend (▶ Kap. 3.2) – Kategorien aus dem Datenmaterial selbst entwickelt werden. In der aktuellen Schulforschung praktizieren viele Studien ein Wechselspiel von deduktiven und induktiven Herangehensweisen.
Das Aufbrechen der Daten erfolgt entlang von *Kodierregeln* (Abb. 5.4), die von den Forschenden aufgestellt und insbesondere dann relevant werden, wenn es zu Abgrenzungsproblemen bei der Zuordnung von Textstellen kommt, also nicht unmittelbar erkennbar ist, welcher Kategorie eine Textstelle zuzuordnen ist. Plausibilisiert werden die Kategorien wiederum mit besonders aussagekräftigen Textstellen, sog. Ankerbeispielen. Ankerbeispiele und Kodierregeln stellen – wie die folgende Abbildung 5.4 zeigt –Möglichkeiten dar, den Kodierleitfaden zu strukturieren.

| Kategorie | Definition | Ankerbeispiele | Kodierregeln |
|---|---|---|---|
| K1<br>hohes Selbstvertrauen | Hohe subjektive Gewissheit, mit der Anforderung gut fertig geworden zu sein, d. h.<br>• Klarheit über die Art der Anforderung und deren Bewältigung<br>• positives, hoffnungsvolles Gefühl beim Umgang mit der Anforderung<br>• Überzeugung, die Bewältigung der Anforderung selbst in der Hand gehabt zu haben. | „Sicher hat's mal ein Problemchen gegeben, aber das wurde halt ausgeräumt, entweder von mir die Einsicht, oder vom Schüler, je nachdem, wer den Fehler gemacht hat. Fehler macht ja ein jeder." (17, 23)<br>„Ja, klar, Probleme gab's natürlich, aber zum Schluss hatten wir ein sehr gutes Verhältnis, hatten wir uns zusammengerauft." (27, 33) | Alle drei Aspekte der Definition müssen in Richtung „hoch" weisen, es soll kein Aspekt auf nur mittleres Selbstvertrauen schließen lassen.<br>Sonst Kodierung „mittleres S." |

**Abb. 5.4:** Kodierleitfaden (in Anlehnung an Mayring 2022, 100)

45 Unterschieden werden i.d.R. die *Auswertungseinheit* (Welche Textteile werden nacheinander kodiert?), die *Kodiereinheit* (Was ist der kleinste zu kodierende Textbestandteil?) und die *Kontexteinheit* (Was ist der größte zu kodierende Textbestandteil?).

Ziel der QI ist es insgesamt, eng an den untersuchten Fragen orientiert ein Kategoriensystem[46] zu entwickeln und damit eine Zusammenstellung aller gebildeten Kategorien (vgl. Kuckartz & Rädiker 2022) zu generieren. Dadurch werden zentrale Aussagen aus dem Datenmaterial im Hinblick auf die Forschungsfrage identifiziert. So wird in der Studie *Schülerperspektiven auf Ergänzungsstunden als Maßnahme individueller Förderung* (Rott 2020) anhand von 10 Gruppendiskussionen mit 62 Schüler:innen der Jahrgangsstufe 6 bis 8 an Gymnasien untersucht, wie Schüler:innen diese Ergänzungsstunden wahrnehmen und bewerten. Aus insgesamt 324 „Codings" kann Rott (ebd., 307) vier zentrale Kategorien identifizieren: die inhaltliche Gestaltung der Stunden und die Bezüge zum regulären Unterricht (beide deduktiv an das Datenmaterial herangetragen) sowie die (induktiv gewonnenen Kategorien) Rollen bzw. Zuständigkeiten und Lernatmosphäre. Die Hauptkategorien werden zusätzlich anhand von Subkategorien ausdifferenziert, um die „Argumentationsmuster" der Schüler:innen präziser beschreiben zu können (ebd.). Dabei interessiert sich die QI – anders als die anderen im Folgenden skizzierten Verfahren – vor allem für die in den Äußerungen der Befragten manifest – also unmittelbar erkennbar – werdenden Bedeutungen. Dadurch ist es mittels der QI möglich, die subjektiven Sinngehalte (vgl. Abb. 5.2) bzw. Perspektiven der Befragten zu ermitteln.

## 5.2 Grounded Theory Methodologie

Die Grounded Theory Methodologie (GTM) ist ein von den US-amerikanischen Soziologen Barney G. Glaser und Anselm Strauss in den 1960er Jahren entwickeltes textanalytisches Auswertungsverfahren. Der *discovery of grounded theory* (Glaser & Strauss 1967) ging eine empirische Studie der beiden Forscher voraus, die das Sterben und den Tod in Krankenhäusern als *awarness of dying* über drei Jahre vor allem teilnehmend beobachtend untersuchte (Glaser & Strauss 1965; vgl. auch Heiser 2018). An der in dieser Zeit vorherrschenden quantitativen Forschung kritisierten Glaser und Strauss (ebd.), dass diese den zu untersuchenden Daten eine vorgängige Theorie sozusagen überstülpte. Sie forderten stattdessen, dass eine Theorie unter Verzicht auf theoretische Vorannahmen aus den Daten selbst begründet (in diesem Sinne *grounded*) und entwickelt werden sollte. Das bedeutet: Hypothesen sollten nicht vor der Untersuchung (ex ante), sondern erst während der Datenerhebung erstellt und wiederum anhand der Daten geprüft werden. Diese radikal-induktive Vorgehensweise (▶ Kap. 3.2) beschreibt damit zunächst eine spezifische Forschungshaltung, die zu dieser Zeit neu war (vgl. Mey & Mruck 2011). Dies zeigt sich bis heute auch in einem Datenbegriff, der – im Vergleich zu anderen Auswertungsverfahren – weit gefasst ist: „All is data" (Glaser 1998) bedeutet, dass viele

46 In der Grounded Theory Methodologie wird dieser heuristisch-ordnende Rahmen als *Kodierparadigma* bezeichnet (Kap. 5.2).

verschiedene Datentypen mit dem theoriegenerierenden Kodieren im Sinne der GTM ausgewertet werden können, sofern man diese kodierfähig aufbereiten kann. Das Vorgehen der GTM zeichnet sich zum einen dadurch aus, dass – anders als bei der Objektiven Hermeneutik (▶ Kap. 5.4) und der Adressierungsanalyse (▶ Kap. 5.5), die streng sequenziell vorgehen – *kodierend* vorgegangen wird. Die zentrale Technik der GTM ist das *(theorieorientierte) Kodieren.*[47] Beim Kodieren werden die Daten in Sinneinheiten gegliedert und *Kodes* zugeordnet. Das Kodieren verläuft in einem mehrstufigen Prozess. In diesem Prozess werden die unterschiedlichen Kodes bzw. über die Vergabe von Kodes benannten *Konzepte* immer weiter abstrahiert, sodass ihr theoretischer Gehalt zunehmend verdichtet wird: „Kodieren stellt die Vorgehensweisen dar, durch die die Daten aufgebrochen, konzeptualisiert und auf neue Art zusammengesetzt werden. Es ist der zentrale Prozeß, durch den aus den Daten Theorien entwickelt werden" (Strauss & Corbin 1996, 39). Strauss & Corbin (1996) unterscheiden dabei drei Kodierformen (Abb. 5.5): Das *offene*, das *axiale* und das *selektive Kodieren* (vgl. Przyborski & Wohlrab-Sahr 2021; Mey & Mruck 2011; Strauss & Corbin 1996). Diese drei Formen sind in verschiedene Schritte unterteilt. Indem sie mehrmals durchlaufen werden, trägt der Auswertungsprozess zugleich dem Kriterium der Zirkularität Rechnung. Zentrales Prinzip des Kodierverfahrens ist die systematische Befragung des Datenmaterials mit Hilfe *generativer Fragen* (was, wer, wie, wann, welche …?). Diese sollen ermöglichen, das Datenmaterial besser zu verstehen, wobei es nicht um das textnahe Beschreiben und Zusammenfassen geht – wie bei der QI (▶ Kap. 5.1) –, sondern um das abstraktere Bezeichnen und Konzeptualisieren des Textes.

| Offenes Kodieren | Axiales Kodieren | Selektives Kodieren |
|---|---|---|
| • „Aufbrechen des Materials" an möglichst kleinen Kodiereinheiten<br>• Generieren einer Fülle an Kodes<br>• Zusammenfassen von Kodes zu vorläufigen Kategorien<br>• Festlegen von theoretisch relevanten Merkmalsausprägungen der jeweiligen Kategorie | • Untersuchen und Ausarbeiten der empirischen Zusammenhänge innerhalb der Achsenkategorien (Kodierparadigma)<br>• Ggf. Reformulieren von vorläufig generierten Kategorien<br>• Herausarbeiten von potentieller Kernkategorie, die die meisten anderen Kategorien zu integrieren vermag | • Ausarbeiten, Integrieren und Validieren der Ergebnisse des axialen Kodierens (Kernkategorie)<br>• Integrieren der Achsenkategorien in ein umfassendes theoretisches Modell, indem sie unter einer Kernkategorie subsumiert werden<br>• Formulieren eines theoretischen Modells für das untersuchte Phänomen |

**Abb. 5.5:** Kodierformen (Darstellung Stralla in Anlehnung an Mey & Mruck (2011), unveröffentlichtes Manuskript)

47 In der Beschreibung des theorieorientierten Kodierens werden die Begrifflichkeiten Kodierung, Kodes, Kategorien und Konzepte nicht immer einheitlich verwendet: *Kodierung* bezeichnet die Zerlegung der Daten in Sinneinheiten. *Kodes* sind Sinneinheiten, die durch einzelne Worte oder Stichpunkte benannt werden. *Kategorien* sind konzeptualisierte Kodes, in denen die Wechselbeziehungen unterschiedlicher Kodes sichtbar werden. *Konzepte* sind Konstrukte, die (vom Forschenden) aus den Daten generiert werden.

Das offene Kodieren verfolgt das analytische Aufbrechen des Materials, um möglichst viele Kodes zu generieren und dann zu Kategorien zusammenfassen zu können und theoretisch relevante (brauchbare) Merkmale der Kategorien festzulegen. Die folgende Interpretation eines Beobachtungsprotokolls (Abb. 5.6) verdeutlicht den ersten Interpretationsschritt des über Fragen angeleiteten offenen Kodierens (vgl. Dlugosch, Herzmann, Rosen & Wagner-Willi 2020).

*3.1.2 Interpretation des Beobachtungsprotokolls mittels des offenen Kodierens*

Z. 4-8: „Wir sind alle unterschiedlich! (…) – und das ist auch gut so!". Offen kodiert als „Lob und Beschwörung von Differenz"

Der Begrüßung der Lehrkraft folgt nicht etwa, wie man vermuten könnte und wie auch der Vergleich mit anderen ethnographischen Beobachtungen zum Unterrichtsbeginn im Rahmen des EFiS-Projektes zeigt, ein orientierender Hinweis zur Tages- bzw. zum Stundenaufbau, eine Hinführung zum Unterrichtsgegenstand sowie eine didaktische Instruktion, sondern Frau Gissel hält eine Ansprache, deren Gegenstand die Zusammensetzung der Klasse ist – einschließlich der anwesenden Ethnographin (Z. 4-5). Dabei handelt es sich zunächst um eine appellative Beschreibung der Lehrkraft, die die Zuhörenden zu einer Positionierung aufruft: Teilen die Schüler*innen das Bild, das die Lehrkraft von der Klasse zeichnet, oder weisen sie es zurück, weil sich dieses Fremdbild nicht hinreichend mit ihrem Selbstverständnis der Klasse deckt? Das Verwerfen oder auch eine Korrektur wird den Schüler*innen spätestens mit der abschließenden Bewertung von Frau Gissel („und das ist auch gut so!" – Z. 7) erschwert, da ihr ebenfalls ein appellativer Charakter anhaftet und den Schüler*innen eine affirmative (Selbst-)Einschätzung nahelegt. Zugleich führt die Lehrkraft als Alleinstellungsmerkmal an, die Schüler*innen haben sich als Mitglieder einer ‚besonderen Klasse' (vgl. Z. 5) zu verstehen und werden von ihr auch als solche auf Basis einer quasi-universellen, d.h. jeden und jede Einzelne*n betreffende Unterschiedlichkeit („Wir sind alle unterschiedlich!" – Z. 4) adressiert. Über diese Besonderung wird auch die Anwesenheit der Ethnographin und über sie vermittelt ein wissenschaftliches Interesse an dieser als Aufsehen erregend deklarierten Klasse legitimiert: Die als außergewöhnlich markierte Situation erfährt eine Steigerung – sie wird gleichsam überhöht – weil der Klasse öffentliche Beobachtung durch eine Ethnographin zuteilwird, die Klassengemeinschaft sich also als beobachtenswert und zwar aufgrund der individuellen Verschiedenheit ihrer Mitglieder zu verstehen hat.

**Abb. 5.6:** Dlugosch et al. (2020, 123f.)

Dieses Beispiel verweist auch auf ein weiteres Prinzip der GTM, das als *ständiges Vergleichen* beschrieben wird (vgl. z. B. Przyborski & Wohlrab-Sahr 2021, 240).[48] Vorliegend bezieht sich dies auf einen Vergleich, in dem Gemeinsamkeiten und Unterschiede zu weiteren Phänomenen aufgezeigt werden. Auch die in vorangegangenen Kapiteln bereits zitierten Studien zu *Praktiken der Homogenisierung* in Kreisgesprächen in der Grundschule (Dietrich & Riepe 2019) sowie zu *Praktiken der Differenzierungen unter Schüler:innen im reformorientierten Sekundarschulunterricht* (Rose & Gerkmann 2015) orientieren sich am Verfahrensschritt des offenen Kodierens. In beiden Studien werden den Abschnitten der Feldprotokolle und Videographien zunächst spezifische Kodes zugewiesen und dann zu Kategorien verdichtet, um so schrittweise interessante Passagen identifizieren und deren Auswahl für die weiteren, extensiven Analysen begründen zu können.
Beim axialen Kodieren werden Zusammenhänge am Material herausgearbeitet. Das Ergebnis des axialen Kodierens stellt ein Kodierparadigma dar, dessen Ziel das Herausarbeiten der Kern- bzw. Schlüsselkategorie ist. Dabei wird das untersuchte Phänomen über die Ermittlung von Dimensionierungen wie beispielsweise ursächlichen Bedingungen, Kontextfaktoren (Raum und Zeit) usw. in seinem Kern herausgearbeitet (vgl. Abb. 5.7). Beim selektiven Kodieren werden die Ergebnisse des vorangegangenen Kodierschrittes ausgearbeitet. Streng genommen lässt sich dieser Arbeitsschritt nicht trennscharf vom axialen Kodieren unterscheiden. Vielmehr handelt es sich um eine abstraktere Form des axialen Kodierens, bei der die Achsenkategorien in ein umfassendes theoretisches Modell des untersuchten Phänomens integriert werden.

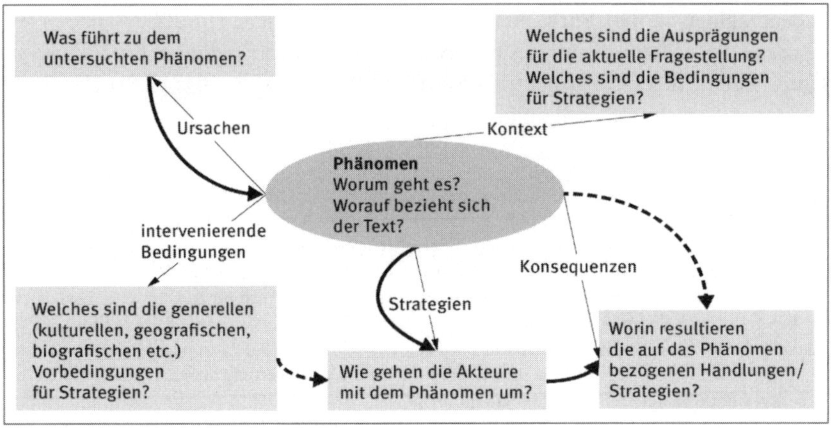


**Abb. 5.7:** Kodierparadigma nach Strauss & Corbin (1996) (Darstellung Strübing 2018, 134)

48 Forschungspraktisch wird das Vergleichen auch durch die zirkuläre (Entdeckungs-)Logik der Grounded Theory Methodologie unterstützt: Der Forschungsprozess ist nicht ausschließlich linear organisiert, sondern Datenerhebung und -auswertung können aufeinander Bezug nehmend stattfinden (▶ Kap. 3.4).

Auch wenn der Ursprungsidee der GTM, ein noch unbekanntes Phänomen zu untersuchen, in der Schulforschung nicht mehr umstandslos gefolgt werden kann, da es zu vielen ihrer Forschungsgegenstände bereits umfangreiches Wissen gibt, ist die GTM in der Schulforschung seit Jahrzehnten prominent vertreten, insbesondere dann, wenn die forschungsleitende Fragestellung offen und die Untersuchung explorativ angelegt ist.[49]

## 5.3 Dokumentarische Methode

Die Dokumentarische Methode (DM) ist ein im Wesentlichen von Ralf Bohnsack im Kontext der Sozialisations- und Jugendforschung in den 1980er Jahren entwickeltes Auswertungsverfahren (Bohnsack 2021), das methodologisch an die Praxeologische Wissenssoziologie Karl Mannheims (Bohnsack 2017a) anschließt.[50] Die Praxeologische Wissenssoziologie interessiert sich – vereinfacht formuliert – für das Wissen, das in gemeinschaftlichen, also *konjunktiven Erfahrungsräumen*[51] das Handeln der Akteur:innen (an-)leitet. Dabei wird der Versuch unternommen, einen Zugang zu diesem Wissen über das praktische (verbale und non-verbale) Handeln der Akteur:innen zu gewinnen. Um verbale Praktiken handelt es sich beispielsweise, wenn in Gruppendiskussionen mit Lehrer:innen das Verhältnis von Programmatik und Praxis in der Umsetzung von Schulentwicklungserfordernissen untersucht wird (z. B. Goldmann 2017).[52] Verbale und non-verbale Praktiken (z. B. Praktiken der Schüler:innen im Umgang mit Dingen des Unterrichts) geraten mithilfe von Videographien in den Blick. Auf diese Weise werden seit den 2000er Jahren im Kontext der Unterrichtsforschung etwa Differenzkonstruktionen im inklusiven Unterricht (z. B. Hackbarth 2017; Sturm & Wagner-Willi 2015) oder die Rolle

49 Viel Beachtung finden die Interpretation der Grounded Theory Methodologie nach Strauss & Corbin (1996) sowie die Ausführungen von Charmaz (2014). Jüngst wird vermehrt eine postmodern orientierte Erweiterung der Grounded Theory Methodologie, die sog. *Situationsanalyse* (Clarke 2012), aufgegriffen, die dezidiert Situiertheit, Verschiedenheit und Variation beispielsweise untersuchter Diskurse in den Blick nimmt (vgl. auch Strübing 2021). Auch für den Anwendungskontext berufs- und schulpraktischer Studien liegt eine spezifische Adaption vor (Leonhard & Lüthi 2021).

50 Ursprünglich war die Dokumentarische Methode auf die Analyse von Gruppendiskussionen ausgerichtet (Kap. 4.1.4) und wurde dann sukzessiv auch auf die Auswertung anderer Datensorten, etwa transkribierter Interviews, ausgeweitet (vgl. Nohl 2017a).

51 Das Konzept der konjunktiven Erfahrungsräume (vgl. Mannheim 1980; Bohnsack 2021) kann hier nur angedeutet werden: Für die Kriegsgeneration im Ersten Weltkriegs führt Mannheim aus, dass durch vorherrschende Alltagsbedingungen und gemeinsame Erlebnisse Angehörige dieses generationstypischen Erfahrungsraums gewissermaßen eine gemeinsame (Erfahrungs-)Folie ausgebildet haben, die das Handeln der Menschen bzw. ihre (Handlungs-)Praxis anleitet.

52 Zu methodologischen Überlegungen multiprofessioneller Kooperation vgl. z. B. Moldenhauer (2019).

von Dingen für unterrichtliche Lernprozesse von Schüler:innen analysiert (z. B. Martens, Asbrand & Spieß 2015).

Da der DM insbesondere die Mannheimische Wissenssoziologie zugrunde liegt, nutzt sie eine Vielzahl von Begriffen dieser Methodologie. Im Folgenden werden nur jene Begriffe erläutert, die helfen, das zentrale Erkenntnisinteresse der DM zu verdeutlichen. Eine wesentliche Grundannahme besteht darin, dass es einen Unterschied zwischen den Akteur:innen bekannten, von außen an sie herangetragenen Normen und ihren verinnerlichten, routinisierten Handlungs- und Problemlösungsmustern gibt (vgl. Bohnsack 2012). Die Akteur:innen verfügen demnach über verschiedene Arten von Wissen, die in einem Spannungsverhältnis zueinander stehen. Das für die DM besonders interessante handlungsleitende Wissen wird als *konjunktives Wissen* bezeichnet (Bohnsack 2017a). Damit wird ausgedrückt, dass es sich um ein den (körperlichen) Handlungen eingeschriebenes, *inkorporiertes* Wissen[53] handelt. Ebendieses auf praktische Problemlösungen ausgerichtete Erfahrungswissen wird als *Orientierungsrahmen* (im engeren Sinne) verstanden. Man geht davon aus, dass dieses Wissen das Handeln der Akteur:innen implizit anleitet, sie sich dessen also nicht (immer) bewusst sind und es folglich nicht einfach explizit äußern können. Indem untersucht wird, *wie* etwas von den Akteur:innen gesagt oder getan wird (vgl. Abb. 5.8), versucht man, die Orientierungsrahmen zu rekonstruieren. Zugleich interessiert sich die DM auch für die *Orientierungsschemata* und zielt damit ergänzend zum konjunktiven Wissen auf das Wissen um institutionelle Normen und rollenförmige (Handlungs-)Erwartungen ab (ebd.). Dieses (zweite) Wissen wird im Unterschied zum konjunktiven Wissen als *kommunikatives Wissen* bezeichnet, das über die Frage danach, *was* gesagt oder getan wird, zugänglich erscheint.

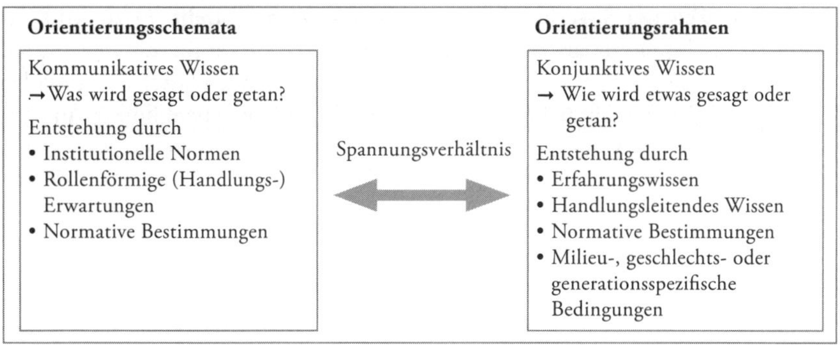


**Abb. 5.8:** Wissensarten (in Anlehnung an Bohnsack (2021))

53 Dieses Wissen wird auch als habitualisiertes Wissen bezeichnet, um – in Anlehnung an den soziologischen Ansatz von Pierre Bourdieu (1988) – deutlich zu machen, dass dieses Wissen den Menschen körperlich gewissermaßen eingeschrieben bzw. einverleibt ist.

Ein in jüngerer Vergangenheit angestrebtes, zentrales Erkenntnisinteresse der DM besteht darin, das Verhältnis zwischen konjunktivem, inkorporierten Wissen und kommunikativem, erwartungsförmigen Wissen herauszuarbeiten.[54] Auf diese Weise können beispielsweise Unterschiede zwischen der Schule als Organisation (Fend 2009), die einerseits durch gesellschaftliche Erwartungen und schulgesetzliche, formale Regeln beeinflusst wird und der Schule als spezifisches, sozialräumliches Milieu (Hummrich & Kramer 2017), das andererseits (auch) durch nicht-rollenförmige Praktiken von Lehrer:innen und teilweise widerständige Praktiken von Schüler:innen (mit-)gestaltet wird, deutlich gemacht werden (vgl. z. B. Bohnsack 2017b; Nohl 2017b). Im Bereich der Schüler:innenforschung widmen sich Studien in habitustheoretischer Perspektive zum Beispiel der Frage, inwieweit Schüler:innen aufgrund ihrer sozialen Herkunft zum Milieu einer Schule passen. So lässt sich beispielsweise etwa die (Nicht-)Passung bildungsferner Schüler:innen zu exklusiven Schulformen wie dem Gymnasium aufzeigen (vgl. Helsper, Dreier, Gibson, Kotzyba & Niemann 2018).

Das Analyseverfahren der DM ist insgesamt in fünf Schritten organisiert: Erstens wird zunächst der thematische Verlauf des jeweiligen Textes (z. B. eines Interviews) nachgezeichnet, um dann im zweiten Schritt eine *formulierende Interpretation* zu verfassen und damit den thematischen Gehalt zusammenzufassen: *Was* wird gesagt oder zeigt sich im Datenmaterial? Im dritten Schritt erfolgt die *reflektierende Interpretation*, die danach fragt, *wie* und mit welchem Orientierungsrahmen ein Thema oder eine Problemstellung bearbeitet wird. Viertens wird die *Diskurs- und Fallbeschreibung* vorgenommen, wobei ausgehend von den Ergebnissen der vorherigen Schritte die Gesamtheit des untersuchten Falls dargestellt werden soll. Der Anspruch auf Verallgemeinerbarkeit wird im fünften Schritt über ein wiederum zweistufiges Verfahren der *Typenbildung*[55] angestrebt. Dazu wird das Datenmaterial (fallimmanent und fallvergleichend) daraufhin untersucht, ob sich weitere homologe, also vergleichbare Äußerungen finden lassen, die in Folge der Auswertung über ähnliche und kontrastive Fälle diese Typenbildung zulassen (vgl. Abb. 5.9).

54 Diese Verhältnissetzung wird auch als Diskrepanz zwischen Habitus und Norm bezeichnet (vgl. Bohnsack 2017a).

55 Dabei wird – vereinfacht formuliert – unterschieden zwischen der sinngenetischen Typenbildung, innerhalb derer einzelne fallübergreifende Orientierungsrahmen typisiert werden und der soziogenetischen Typenbildung, in welcher der jeweilige Erfahrungsraum einbezogen wird und in einem übergeordneten Sinn die Genese der Orientierungsrahmen herausgearbeitet werden soll.

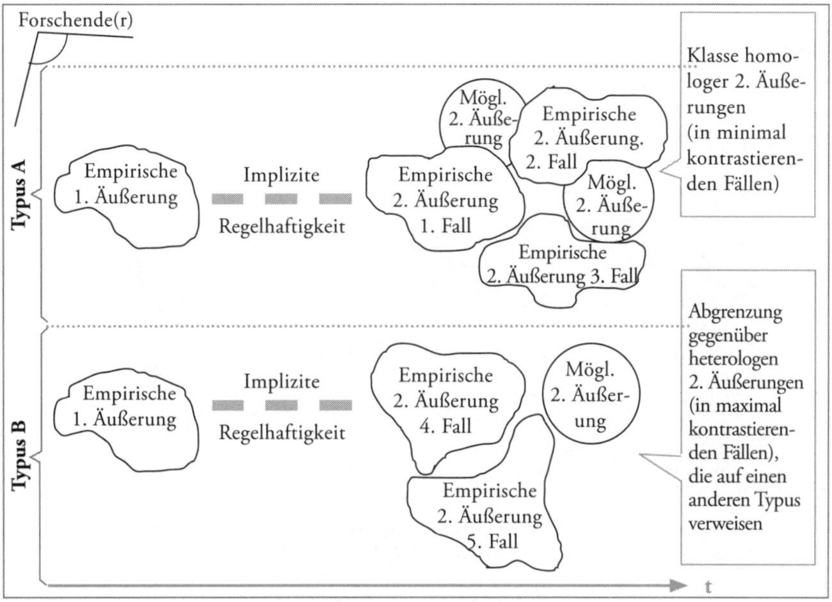


**Abb. 5.9:** Typenbildung über kontrastive Fälle (Nohl 2017a, 42)

Wie Orientierungsrahmen beispielhaft zu verstehen sind, lässt sich am (fiktiven) Forschungsbeispiel von Nohl (2017a) aufzeigen: Befragt nach ihren (erinnerten) Erfahrungen am ersten Schultag, lässt sich im Anschluss an eine erste, strukturidentische Äußerung der Interviewten aufzeigen, dass über die zweite Äußerung ein je unterschiedlicher Orientierungsrahmen identifiziert werden kann. Dieser unterscheidet sich dahingehend, ob sich die Erzählung auf die soziale Ebene oder die lernbezogene Dimension des ersten Schultages bezieht (Abb. 5.10).

Soziale Beziehungen (innerhalb der Familie)

| Fall / Erzählsequenz | Interview A | Interview B | Interview C |
|---|---|---|---|
| 1. Äußerung | „und dann kam ich in die Schule" o.ä. | | |
| 2. Äußerung | „ich war ganz allein" | „meine ganze Verwandtschaft war zum Fest gekommen" | „ich wollte endlich schreiben lernen" |
| 3. Äußerung | „in der Schule traf ich auf ganz viele fremde Kinder" | „wir haben zwei Tage lang gefeiert" | „leider haben wir die ersten Wochen nur Bilder gemalt" |

Soziale Beziehungen (innerhalb der Schule)

Curriculares Lernen

**Abb. 5.10:** Beispiel Orientierungsrahmen (in Anlehnung an Nohl 2017a, 39)

Anhand der Studie *Unterrichten ohne Klassenzimmer: Handlungsleitende Orientierungen von Lehrer*innen im Kontext bildungspolitischer Erwartungen in der Covid-19-Pandemie* (Court & Herzmann 2022) soll beispielhaft der Anfang aus einer reflektierenden Interpretation für den pseudonymisierten Lehrer-Fall Klein aufgezeigt werden (Abb. 5.11).

„[…] und dann haben die halt […] in Latein die Sechser haben so ne kleine Anfangslektüre […] bekommen […] dann mussten die immer so ne Doppelseite das waren so zweimal achtzig Wörter innerhalb einer Woche übersetzen, das haben die aber locker innerhalb mhm viele innerhalb einer Stunde gemacht; und dann gabs immer so n paar Aufgaben dazu, die sollten die mir zuschicken die hab ich dann alle ausgedruckt. und auch durchkorrigiert. […] (.) Rückmeldungen darauf haben die Schüler zunächst mal direkt von mir dann nicht bekommen weil ich ja dachte nach den Osterferien sehen wir uns **wieder**. […] da hätte man sich ne Doppelstunde genommen alles mal durchgeguckt wärs gegangen. dann hieß es ja **ach ne: nochmal zwei Wochen** […] ging es also nochmal zwei Wochen weiter. (und dann gesagt) oke:y, die zwei Wochen kriegen wir dann auch noch hin. machen wir erstmal so weiter, also (dann) am Ende wurden wir ja immer mehr hingehalten". (Z. 124-150)

In seiner anfänglichen Formulierung „so ne kleine Anfangslektüre" dokumentiert sich zunächst, dass Herr Klein hinsichtlich des Aufgabenumfangs und des gewählten Anforderungsniveaus eine gewisse Umsicht walten lässt. Interessant ist seine Bewertung, dass die Aufgaben „aber locker", von „vielen" innerhalb einer Stunde erledigt worden sind. Im Sinne einer Evaluation seiner eigenen Aufgaben stellt er heraus, dass seine Anforderungen für die Schüler*innen nicht zu hoch waren. Damit stellt er sich selbst als einen Lehrer dar, der in der Krise Aufgaben stellt, die die Schüler*innen nicht überfordern. Daran anschließend beschreibt er, dass er zusätzlich zu den wöchentlichen Übersetzungsaufgaben „immer so n paar Aufgaben" gestellt hat, wobei erneut eine gewisse Routineförmigkeit seines Handelns deutlich wird („immer") und wiederholt ein Zusammenhang zu dem rekonstruierten umsichtigen Agieren („paar") hergestellt werden kann. Diese „paar" Aufgaben sollten die Schüler*innen Herrn Klein zuschicken, die er daraufhin nicht nur alle ausgedruckt, sondern – wie er betont – auch alle „durchkorrigiert" habe. Er betont damit nicht nur seinen Arbeitsaufwand, sondern gibt auch konkretere Hinweise auf sein Handeln: (a) Ist er nämlich ein Lehrer, der den Schüler*innen in Krisenzeiten nicht zu viel zumutet und der sich (b) an bewährten bzw. routinierten Vorgehensweisen orientiert (Korrekturen auf gedrucktem Papier). Beide Aspekte lassen sich als Hinweise deuten, dass Herr Klein für sich selbst, aber auch für seine Schüler*innen (trotz des betonten Arbeitsaufwandes) eine gewisse ‚Ressourcenschonung' in der Krise in Anspruch nimmt.

**Abb. 5.11:** Court & Herzmann (2022, 318 f.)

Ausgehend von fallbezogenen (reflektierenden) Interpretationen wären dann die Orientierungsrahmen zu identifizieren, die – um im Beispiel zu bleiben – Herrn Klein als einen Lehrer ausweisen, der aufgrund von fehlenden, handlungspraktischen Routinen im Hinblick auf die Gestaltung des Fernunterrichts die Abstimmung mit seinen Kolleg:innen sucht. Diese Vergewisserungen stellen dabei eine Dimension der lehrer:innenseitigen Orientierungen in der Gestaltung des Fernunterrichts dar bzw. geben eine erste (Teil-)Auskunft darüber, *wie* das Problem der Schulschließungen von den Lehrpersonen bearbeitet wird. Die mögliche Typenbildung als fünfter Verfahrensschritt der DM wird in der Studie von Court & Herzmann (2022) auch aufgrund einer zu geringen Fallzahl nicht realisiert.

## 5.4 Objektive Hermeneutik

Die Objektive Hermeneutik (OH) wurde als Verfahren der Textinterpretation von Ulrich Oevermann entwickelt und hat sich seit den 1990er-Jahren in der Schulforschung etabliert. Die OH interessiert sich wesentlich für *Fallstrukturen* der Lebenspraxis (vgl. ausführlich Wernet 2009), die – vereinfacht formuliert – die (schulische) Lebenspraxis als regelgeleitet und strukturiert ansehen. Die OH im Kontext der Schulforschung untersucht beispielsweise Unterrichtsinteraktionen, Abiturreden und Teamgespräche von Lehrer:innen sowie etwa auch Fotographien von Schulräumen als (dokumentierter) Ausdruck schulischer (Fall-)Strukturen. Das zentrale Erkenntnisinteresse richtet sich dabei auf das Spannungsverhältnis von *manifesten Sinnstrukturen* – also dem, was in Institutionen wie der Schule sein soll oder was die dort handelnden Akteur:innen (z. B. Lehrer:innen) intendieren und wollen oder auch wollen sollen – und den davon unterscheidbaren *latenten Sinnstrukturen* – also dem, was außerhalb des intendierten Handelns der Akteur:innen liegt (vgl. Wernet 2021).[56] So lassen sich zum Beispiel (auch) in inklusiven Lernsettings Differenzierungen zwischen den Schüler:innen entlang impliziter (also eher unbewusst bzw. unausgesprochen von Akteur:innen wie Lehrkräften vorgenommenen) Zuschreibungen von Fähigkeiten finden, die bestimmte Schüler:innen zwar am Unterricht teilnehmen lassen, sie aber von den sachlichen Erfordernissen des Unterrichts zeitweise befreien bzw. exkludieren, indem sie zum Beispiel Mandalas malen, anstatt am Unterrichtsgespräch beteiligt zu sein (vgl. z. B. Herzmann & Merl 2017; Rose & Gerkmann 2015). Diese regelgeleitete, eigenlogische Ebene des Unterrichts wird in der OH als *objektive* Struktur verstanden, womit sich auch die Bezeichnung der *Objektiven* Hermeneutik erklärt.
In einem Vergleich der bisher skizzierten Auswertungsverfahren stellt die OH in gewisser Weise das Gegenstück zur QI (▶ Kap. 5.1) dar: In den objektiv-hermeneutischen Interpretationen geht es stets darum, die latenten Sinnstrukturen zu ermitteln, also zu rekonstruieren, was nicht offensichtlich bzw. offenkundig (z. B. explizit in einem Interview gesagt wird) ist, sondern latent bzw. hinter der Äußerung liegt bzw. über die Äußerung erfahrbar wird:

> Generell wird man annehmen können, daß Menschen nur in Ausnahmefällen in der Lage sind, auf der Ebene von latenten Sinnstrukturen Bedeutungszusammenhänge zu entschlüsseln, die erst nach langwierigen und recht komplizierten praktischen Schlüssen und

56 Dies ist in gewisser Weise vergleichbar mit der Unterscheidung des kommunikativen und konjunktiven Wissens der Dokumentarischen Methode (▶ Kap. 5.3).

unter der Bedingung der Handlungsentlastetheit und Nicht-Betroffenheit expliziert werden können. (Oevermann, Allert, Konau & Krambeck 1979, 366)

Dazu wird in Orientierung an geisteswissenschaftlichen Traditionen der Textexegese (Auslegung von Texten)[57] ein streng *sequenziell* (und nicht – wie dies etwa für die QI und GTM gilt – *kategoriales*) *Vorgehen* (vgl. Wernet 2009) realisiert, bei dem vom ersten Aussageelement (ein Wort, ein Satz, eine Sinneinheit) an Anschlussoptionen für das zweite Aussageelement von den Interpret:innen des Datenmaterials entwickelt werden usw. Diese von den Forschenden *gedankenexperimentell* zu entwickelnden so benannten *Lesarten* – bzw. deren Explikationen (Przyborski & Wohlrab-Sahr 2021, 324) – werden sukzessiv anhand der dann tatsächlich erfolgenden Anschlussäußerung eingegrenzt. So entstehen im Durchgang durch den Text schließlich bestimmte (Aussage-)Muster, die als die oben skizzierten *Generalisierungen* (Wernet 2009) bezeichnet werden: „So wie die Repräsentativität eine Generalisierung ‚über die Stichprobe hinaus' vornimmt, nimmt die Fallstrukturgeneralisierung eine Theoriebildung ‚über den Fall hinaus' vor" (Wernet 2021, 140). Die Rekonstruktionen des Falles zielen also auf das Ermitteln (manifester) Fallstrukturen bzw. – präziser formuliert – von *Fallstrukturgesetzlichkeiten* (Oevermann et al. 1979). Ermöglicht wird so etwa, ein schulisches Handlungsproblem zu beschreiben, wie dies in der Studie *Von „Fördertanten" und „Gymnasialempfehlungskindern". Professionelle Identitätsbehauptung von Sonderpädagog/innen in der inklusiven Schule* (Heinrich, Arndt & Werning 2014) anhand objektiv-hermeneutischer Rekonstruktionen eines Interviews mit einer Sonderpädagogin deutlich wird. Rekonstruiert wird die Rolle einer Sonderpädagogin in einem multiprofessionellen Team. Die folgende sequenzielle Analyse (Abb. 5.12) bezieht sich auf einen Interviewausschnitt, in dem die Sonderpädagogin sich als „Fördertante" (ebd., 64) beschreibt.

S3: Also dass die auch alle einen als Ansprech- (-)Partner oder auch als Leitungsv- (2) Person anerkennen, wenn man (-) immer nur sich um die Schwächeren kümmert oder immer nur, ja, mit den Förderkindern arbeitet, dann (1) kann das sein, dass g- die Stärkeren irgendwie dass die das nicht ganz ernst nehmen, dass du da Frau Gerber ist #ja# die Fördertante hier bei uns, [I: Mhm] die hat uns gar nichts zu sagen, weil wir machen Abitur.

Von den stärkeren Schüler/innen erfährt die Lehrkraft mangelnde Anerkennung, was sie mit dem Begriff der „Fördertante" zum Ausdruck zu bringen versucht. Dieser Begriff ist eindeutig negativ konnotiert und stellt, wie z.B. „Basteltante" als vergleichbarer Begriff im pädagogischen Bereich, eine Betonung einer weniger oder nicht-professionellen Tätigkeit dar. Vergleicht man diesen Begriff gedankenexperimentell mit dem im Primarbereich des Öfteren verwendeten Begriff der „Klassenmami", dann wird deutlich,

57 Der *hermeneutische Zirkel* beschreibt einen grundlegenden Prozess des Verstehens. Der Grundgedanke basiert auf der Annahme, dass das Einzelne erst durch den Kontext der Gesamtheit verstanden werden kann und die Gesamtheit sich erst durch die Bedeutung des Einzelnen ergibt (vgl. Strübing 2018). Dabei wird vorhandenes Wissen spiralhaft genutzt, wobei das Vorverständnis ermöglichend wie eingrenzend wirken kann und jeder Schritt des Wahrnehmens eine neue Basis für den dann folgenden Verständnisakt bildet (vgl. Breuer 2020).

zumindest vor dem Hintergrund eines bestimmten normativen Bildes der „traditionellen Kernfamilie", dass hier zugleich eine Distanz formuliert wird. Der Begriff der „Klassenmami" in der Grundschule, die dem Kind hilft, vom Kind zum Schüler bzw. zur Schülerin zu werden (Dreeben 1980), referiert auf eine wesentliche Bezugsperson des Kindes. Die Stellung der Lehrkraft wird eher aufgewertet als abgewertet. Anders ist dies bei dem Begriff der „Fördertante". So wie die Tante in der traditionellen Kernfamilie nicht wie die Mutter im Zentrum der Familie steht, erscheint die Förderung (von Schüler/innen mit Schwierigkeiten), wie das Basteln, als nicht im Zentrum des Unterrichts stehend und damit als weniger wichtige Tätigkeit. Der Begriff der „Fördertante" ist auch deshalb dezidiert abwertend, weil in dem Kompositum die Bezeichnung der Professionellen selbst ersetzt wird: „Förder-*Tante*" statt „Förder-*Pädagogin*" bzw. Förder*lehrerin*.[3] Letzteres entspräche einer direkten Ersetzung der Bezeichnung für die akademische Qualifikation. Hierin kann sich eine Deprofessionalisierung widerspiegeln.

**Abb. 5.12:** Heinrich, Arndt & Werning (2014, 64 f.)

Rekonstruiert wird also ein spezifisches Handlungsproblem in der Zusammenarbeit von Pädagog:innen im Kontext einer inklusiven Schule, das sich in der Wahrnehmung und Deutung der Sonderpädagogin als Abwertung der eigenen professionellen Rolle durch andere darzustellen scheint.

## 5.5 Adressierungsanalyse

Die Adressierungsanalyse (AA) ist ein jüngeres textanalytisches Verfahren, das sich in der Schulforschung zunehmend etabliert (vgl. z. B. Rauschenberg 2021; Reh 2013), da es für pädagogische Interaktionen – vereinfacht formuliert – die im Kern relevante Frage zu beantworten erlaubt, was mit Akteur:innen in (pädagogischen) Interaktionen passiert. Die AA interessiert sich – gemäß ihrer eigenen Theoriesprache – für die Prozesse der *Produktion des Subjekts* (Reh & Ricken 2012) in und durch pädagogische Praktiken und ist damit über einen längeren Zeitraum angelegt.[58] Diese Frage lässt sich nun dahingehend ausdifferenzieren, dass die AA ihren Blick erstens auf die spezifische Ansprache eines Subjekts richtet (wie und als wer wird jemand angesprochen bzw. adressiert?) und (im Gegenzug) zweitens danach fragt, wie das Subjekt darauf reagiert bzw. selbst die andere Person anspricht, also re-adressiert (vgl. Rose & Ricken 2018).[59] Für die Untersuchung pädagogischer Interaktionen sind diese auf die Bedeutung der sog. Anderen (Mead 1950,

58 Damit schließt die Adressierungsanalyse methodologisch sowohl an die Ethnographie und davon ausgehend – wie in Kapitel 4.2.1 angedeutet – an die Praxistheorie (vgl. Schatzki 1966) an.

59 Zu weiteren theoretischen Grundlegungen der Adressierungsanalyse vgl. Rose & Ricken 2018; Kuhlmann, Ricken, Rose & Otzen 2017 sowie Reh & Ricken 2012.

ursprünglich 1935) gerichteten Fragen relevant, da rekonstruiert werden kann, wie zum Beispiel (erneut vereinfacht formuliert) ein:e Schüler:in zum ‚Störenfried', zum ‚Klassenclown' oder zur ‚Hilfslehrer:in' gemacht wird und wie die jeweilige Zuschreibung hergestellt und verfestigt wird (vgl. auch Kuhlmann & Ricken 2022). Komplexere Beobachtungsfragen wären etwa die folgenden: Wie wird im Kindergarten das ‚Sich-Melden' zunehmend als Teil einer Ordnung etabliert? Wie reproduziert Schule gesellschaftliche Ungleichheit im alltäglichen Tun ‚*en passant*'? (vgl. Leonhard & Lüthi 2021, 248).

In der Studie *mündliche Prüfungen im Kontext des Forschenden Lernens. (Re-)Adressierungen als Inszenierung studentischer Expertise* rekonstruieren Herzmann und Liegmann (2020) die wechselseitigen Adressierungen von Prüfenden und Zu-Prüfenden in Prüfungsgesprächen der universitären Lehrer:innenbildung und können etwa zeigen, dass sich die Zu-Prüfenden in einer Ambivalenz aus Bewährung in der Prüfung und Ermächtigung als erfolgreich Forschende positionieren. Der folgende Auszug (Abb. 5.13) zeigt das adressierungsanalytische Vorgehen für den pseudonymisierten Fall Turm.

> Fall Turm: Also ich würde dann einfach loslegen und erzählen, und falls Sie Rückfragen haben, können Sie mich unterbrechen, ich neige dazu, schnell zu reden, wenn ich aufgeregt bin, was der Fall ist.
> P: ⌊Okay⌋. @(.)@[14]
> Fall Turm: ⌊Genau.⌋ Also im Rahmen meines Studienprojektes habe ich mich mit, äh, *[nennt das Thema]* auseinandergesetzt und zentral eben dann die Unterschiede zwischen der Sekundarstufe 1 und 2 in den Blick genommen. Genau, und der Titel sollte jetzt durch die Kursivsetzung schon einen ersten Lenkungsgrad sozusagen nahelegen, dass ich eben denke, dass, ähm, *[thematischer Bezug]* auch immer mit einem Abbau von Distanz zum Gegenstand //mhm// begleitet wird, genau. Und, ähm, (.) dann würde ich mal anfangen. (03_Koll., Z. 15–29)
> […]
> Okay, genau. Dann hab ich mir halt überlegt, wollte ich mit einem (.) Zitat einsteigen. Also ich weiß, dass *[Autorenvorname und -name]* sonst teilweise etwas umstritten ist, aber @in diesem Kontext fand ich das jetzt eigentlich ganz passend@ (03_Koll., Z. 34–37)

Auch Fall Turm ratifiziert die Einleitung der Dozentin und positioniert sich damit als eine, die weiß, was zu tun ist, „einfach los[zu]legen und [zu] erzählen". Mit dem Angebot „falls Sie Rückfragen haben, können Sie mich unterbrechen" adressiert sie die Dozentin als eine, die Fragen haben könnte und positioniert sich selbst als eine, die Fragen beantworten kann. Ein solcher Einschub wäre eigentlich eher in einer Situation zu erwarten, in der die Sprecherin über mehr Wissen verfügt als die Zuhörende. Prüfungsförmigkeit wird aber auf der Ebene der Rollenverteilung insofern hergestellt, als mögliche Nachfragen auf den der Aufregung geschuldeten Sprechduktus („ich neige dazu, schnell zu sprechen") zurückgeführt werden. Entgegen der Informalisierung der Prü-

> fung als Gespräch deutet Fall Turm die Situation als hierarchisch geordnet. Sie weist das Informelle der Gesprächssituation zurück und adressiert die Dozentin als eine, die über ihr aktuelles Wohlergehen entscheiden kann. Die Hierarchien werden mit einer angedeuteten Unterwerfungsgeste zurechtgerückt. Gleichzeitig kokettiert Fall Turm mit ihrer Position als Geprüfte: Sie positioniert sich auch als eine, die es sich leisten kann, ihre Aufregung zu explizieren. Auf diese Offenbarung reagiert die Dozentin mit „Okay" und einem kurzen Lachen und ratifiziert damit die Selbstpositionierung von Fall Turm als zu Prüfende und als eine, der in einer solchen Situation Aufregung zugestanden wird.
>
> 14 Im Transkript wird Lachen mit @ gekennzeichnet, zwischen zwei Zeichen wird die Dauer angegeben, z. B. @(.)@ für kurzes Lachen, oder die lachend gesprochene Textpassage, z. B. @genau@.

**Abb. 5.13:** Herzmann & Liegmann (2020b, 738)

Diese Rekonstruktion deutet an, dass die Prüfungssituation interaktiv ausgehandelt wird zwischen den Angeboten der Dozentin, die Prüfung als Gespräch zu eröffnen und die Zu-Prüfende damit zunächst als (gleichberechtigte) Gesprächspartnerin zu adressieren sowie den (Re-)Adressierungen der Studentin, sich etwa als aufgeregt zu inszenieren und damit Prüfungsförmigkeit (wieder) herzustellen. Die Frage, welche Normen hier Geltung beanspruchen können, kann dahingehend beantwortet werden, dass es in (mündlichen) Prüfungen auch im Kontext des Forschenden Lernens letztlich um eine Überprüfung der zu erbringenden Leistungen, hier des studentischen Forschens, geht – und nicht etwa (wie der Diskurs um das Forschende Lernen nahelegen könnte) um das Ausmaß der Identifikation der Studierenden mit ihrem Forschungsprojekt. Für die Adressierungsanalyse schlagen Rose und Ricken (2018) vor, die Rekonstruktionen der (Re-)Adressierungen auf verschiedenen Ebenen über Fragen anzuleiten, wie die folgende Abbildung 5.14 aufzeigt.[60]

| **Dimensionen** | **Fragen** |
|---|---|
| Selektion und Reaktion | • Wie wird jemand als Angesprochene:r ausgewählt?<br>• Mit welchen Signalen wird auf diese Auswahl reagiert? |
| Definition und Normation | • Welche situativen Ordnungen und Rahmungen liegen vor? |
| Position und Reaktion | • Welche unterschiedlichen Positionierungen und Positionszuweisungen als spezifische Verhältnissetzungen zeigen sich? |
| Valuation | • Welche impliziten wie expliziten Wertzuschreibungen werden sichtbar? |

**Abb. 5.14:** Heuristische Dimensionen der Adressierungsanalyse (in Anlehnung an Rose & Ricken 2018, 168)

60 Für Forschungen im Kontext berufs- und schulpraktischer Studien haben Leonhard und Lüthi (2021) eine Adaption der Heuristik entwickelt.

Im Rahmen studentischer Forschung lassen sich Prozesse der Subjektivierung schwerlich untersuchen, da hierzu Daten benötigt werden, die über einen längeren Forschungszeitraum erhoben werden. Als relevante Auswertungsmethode qualitativer Forschung verdient die AA zugleich einen Platz in unserem Studienbuch, da die in pädagogischen Praktiken beobachtbaren Adressierungen aufschlussreich sind, um eine analytische Perspektive auf die situative *Anerkennung* von Normen und Positionierungen (in pädagogischen Institutionen) anlegen zu können. Anerkennung wird hier als eine analytische Kategorie und nicht – wie im erziehungswissenschaftlichen Diskurs naheliegend – als semantische Kategorie, die etwa Wertschätzung ausdrückt, gefasst (vgl. Rose & Ricken 2018; Kuhlmann et al. 2017; Reh & Ricken 2012). Dabei arbeitet die AA ähnlich wie die OH sequenzanalytisch, stellt aber – wie Abbildung 5.14 deutlich zu machen versucht – andere, nämlich auf Adressierungen, Positionierungen und situative Ordnungen ausgerichtete Fragen.

## 5.6 Dokumenten- und Artefaktanalyse

Die Analyse von Dokumenten – verstanden als textbasierte Formulare und (teil-) standardisierte Schriftstücke (z. B. Förderpläne, Schulprogramme, Berichtszeugnisse) – sowie von Artefakten – verstanden als materielle Objekte des Pädagogischen (Schulbücher, Laptops, Whiteboards) – bedürfte eigentlich keines eigenen Teilkapitels.[61] Nahezu alle bisher skizzierten Auswertungsverfahren lassen sich in Orientierung am jeweiligen Erkenntnisinteresse und unter bestimmten Umständen (wie der Art der Datenaufbereitung) auch auf textbasierte und bildliche Dokumente (vgl. Przyborski & Wohlrab-Sahr 2021) beziehen. Dieses (kurze) Teilkapitel dient deshalb vor allem dazu, die Aufmerksamkeit auf den *material turn* (Nohl & Wulf 2013) zu richten. Dieser betraf zunächst soziologische Debatten und wurde dann auf unterrichts- bzw. schulethnographische Studien (vgl. Rabenstein 2018a; 2018b) übertragen. Konkret bedeutet dies, den Fokus auf Dokumente und Dinge zu richten, die im schulischen Kontext Verwendung finden und von den Akteur:innen des Feldes in zumeist beiläufiger Weise gehandhabt werden (vgl. Dohmen & Herzmann 2021). Für die Schulforschung ist dabei von Bedeutung, was über den Gebrauch von Dingen im pädagogischen Feld sichtbar gemacht werden kann: Welche Rolle spielen die Dinge in schulischen Lehr-Lern-Prozessen (vgl. z. B. Asbrand, Martens & Petersen 2013)? Welche eigensinnigen Praktiken von Schüler:innen lassen sich zum Beispiel im Umgang mit Arbeitsblättern identifizieren (vgl. z. B. Wiesemann & Lange 2015)? Wie werden über Dinge (z. B. den Schulgong) schulische Ritualisie-

61 In diesem Zusammenhang ist außerdem auf erziehungswissenschaftliche Diskursanalysen hinzuweisen, die etwa untersuchen, wie schulische Themen (teil-schul-)öffentlich verhandelt werden (vgl. als Überblick Fegter, Kessl, Langer, Ott, Rothe & Wrana 2015).

rungen etabliert und Ordnungsbildungen unterstützt (vgl. Breidenstein, Hirschauer, Kalthoff & Nieswand 2020)? Der forschende Zugang zu Verwendungsweisen mit Dingen und Dokumenten kann darauf ausgerichtet sein, die pädagogisch-didaktischen Selbstbeschreibungen des Feldes (z.B.: Wir sind eine inklusive Schule, die Pädagog:innen arbeiten in kooperativen Teams u.ä.) im Hinblick auf Barrieren und Machtverhältnisse im Klassenzimmer (durch Sitzordnungen und Blickachsen) (vgl. Rabenstein 2018a) oder das arbeitsteilige Erstellen von Dokumenten wie Förderplänen in multiprofessionellen Teams (vgl. Dohmen i.E.) zu befragen. Im Zusammenhang mit Dokumenten- und Artefaktanalysen ließen sich weitergehend etwa auch die Herstellungsprozesse didaktisierter Dinge (vor allem von Schulbüchern, vgl. z.B. Macgilchrist 2011) oder jüngst die Digitalität in Schule und Unterricht (vgl. z.B. Herrle, Hoffmann & Proske 2021; Thiersch & Wolf 2021) untersuchen.
Für Analysen zur Einbettung, zum Gebrauch und zur Mitwirkung von Artefakten schlagen Dohmen und Herzmann (2021) folgende Analysedimensionen vor (Abb. 5.15).

| **Dimensionen** | **Fragen zur Analyse von Einbettung, Gebrauch und Mitwirkung von Artefakten und Dingen in schulischen Kontexten** |
|---|---|
| Beschaffenheit | • Welche Artefakte und Dinge sind zu finden?<br>• Welche Komponenten (Texte, Bilder, Grafiken, stofflich-materielle Elemente wie Papier, Holz, Plastik, Metall usw.) sind sichtbar oder hintergründig enthalten? Wie sind diese Komponenten zueinander relationiert und miteinander verbunden?<br>• Wie sind die Artefakte und Dinge beschaffen (beispielsweise Schulbuch, Arbeitsblatt, Rechenhilfe, Tafel usw.)?<br>• Wozu fordern die Dinge in ihrer Komposition und Beschaffenheit auf bzw. welche Handhabungen sind angelegt? |
| Räumliche Einbettung | • Wo sind die Artefakte und Dinge in der Schule zu finden? In welchem Raum (Unterrichtsraum, Lehrpersonenzimmer, Pausenhof usw.) befinden sich die Artefakte und Dinge und wo in diesen Räumen sind sie enthalten?<br>• Welche Akteur:innen sind in diesen Räumen zugegen?<br>• Wie sind Akteur:innen zu den Artefakten und Dingen positioniert? |
| Gebrauchsweisen | • Wie werden die Dinge und Artefakte gehandhabt, verändert, eigens geschaffen und/oder aufbewahrt?<br>• Was wird in diesen Gebrauchsweisen sichtbar über die Regeln des Sprechens und der Kommunikation im Unterricht/die fächerspezifischen Vermittlungsprozesse/das schulische Erklären von alltäglichen Erfahrungen/das Aushandeln von Verantwortlichkeiten zwischen Eltern und Lehrpersonen/die kollegialen Entscheidungsfindungen/die normativen Sinnentwürfe von Schulen/die räumlichen Teilhabemöglichkeiten und Barrieren von Schulgebäuden/die Vereinheitlichung von zentralen Prüfungen, Testverfahren und Übergangsphasen usw.? |

| Dimensionen | Fragen zur Analyse von Einbettung, Gebrauch und Mitwirkung von Artefakten und Dingen in schulischen Kontexten |
|---|---|
| Kontext-übergreifende Zusammenhänge | • Welche weiteren Zusammenhänge sind mit den Gebrauchsweisen im Unterricht/im Lehrpersonenzimmer/auf dem Pausenhof verbunden?<br>• Gibt es Spuren am Artefakt, die auf diese Zusammenhänge verweisen?<br>• Was geschieht mit den Artefakten und Dingen, wenn sie in andere Zusammenhänge transferiert werden?<br>• Welche anderen Artefakte und Dinge weisen Unterschiede und/oder Gemeinsamkeiten hinsichtlich Einbettung, Gebrauch und Mitwirkung in schulischen Kontexten auf? |
| Funktion und Theoretisierung | • Welche Funktion haben das Artefakt und die Ding-Praktik für unterrichtliche und schulkulturelle Ordnungsbildungen?<br>• Welche Theoretisierungen und Geltungsbegründungen sind für die Einordnung der Dinge und Artefakte in den Funktionszusammenhang von Schule und Unterricht notwendig (Systemtheorien, Praxistheorien, Professionstheorien, Machttheorien usw.)?<br>• Welche gegenstandsbezogenen Modellierungen und Konzeptualisierungen sind zum Verständnis der Soziomaterialität der sozialen Praxis „Unterricht“ notwendig (Wissen, Lernen, Partizipation usw.)? |

**Abb. 5.15:** Analysedimensionen Artefaktanalyse (Dohmen & Herzmann 2021, 289 f.)

Diese Dimensionen und Fragen können hilfreich sein, pädagogische Praktiken zu befragen: So können unterschiedliche Anlässe zum Ausgangspunkt artefaktbezogener Auseinandersetzungen mit schulischer Praxis werden. Je nach Erkenntnisinteresse der Forschung sind die abgebildeten Fragen an die Dinge in unterschiedlicher Weise zu stellen.

**Zusammenfassung:** Die skizzierten Auswertungsverfahren und die mit ihnen verbundenen Grundannahmen und Verfahrensschritte zielen auf unterschiedliche Erkenntnisinteressen und greifen aus jeweils verschiedenen theoretischen bzw. methodologischen Perspektiven auf die Untersuchungsgegenstände zu. Die Qualitative Inhaltsanalyse ist als dasjenige Verfahren zu beschreiben, bei dem das Datenmaterial vor allem über Kategorien verdichtet wird. Die Analyse bleibt nahe am Aussagegehalt der Daten. Die Grounded Theory Methodologie kann ebenfalls als kategorial-kodierendes Verfahren beschrieben werden. Allerdings geht diese – wie auch die Dokumentarische Methode – zunächst (gesprächsanalytisch inspiriert) sequenziell vor. Beiden Verfahren ist gemein, dass sowohl die Grounded Theory als auch die Dokumentarische Methode nicht nur das explizit Gesagte bzw. Dokumentierte – das WAS im Datenmaterial – zusammenfassen, sondern auch das dahinter- bzw. darunterliegende WIE rekonstruieren. Während die Grounded Theory Methodologie in der Abstraktion der Daten ein Kodierparadigma und die Erarbeitung einer Kernkategorie anstrebt, ist die Dokumentarische Methode auf (fallübergreifende) Typenbildungen ausgerichtet.

In der Objektiven Hermeneutik wird ebenso wie im Kontext der Dokumentarischen Methode und der Adressierungsanalyse durchgängig sequenziell interpretiert. Dabei verfolgt die Objektive Hermeneutik das Erkenntnisinteresse, Fallstrukturgesetzlichkeiten und Strukturlogiken sozialer Praxis zu analysieren. Die Adressierungsanalyse zielt darauf ab, wechselseitige Adressierungen der Akteur:innen und (längsschnittlich) Prozesse der Subjektivierung in und durch pädagogische Interaktionen zu ergründen. Die Artefakt- und Dokumentenanalyse nutzt die skizzierten Auswertungsverfahren je nach Erkenntnisinteresse in unterschiedlicher Weise. Aufmerksam macht sie dabei auf die materiellen Dimensionen der untersuchten Schul- und Unterrichtspraxis.

**Fragen zum Textverständnis**

(1.) Fassen Sie die erste Zeile von Abb. 5.2 zu den Sinnkonzepten qualitativer Forschung in eigenen Worten zusammen. Inwiefern verweist der von Lamnek und Krell (2016) verwendete Begriff der *Sinnkonzepte* auf das *Erkenntnisinteresse* von Forschung?

(2.) Welche (Theorie-)Begriffe der dargestellten Auswertungsverfahren bezeichnen jeweils die angestrebten Verallgemeinerungen der (einzelfallbezogenen) Analysen? Schreiben Sie zu jedem der Verfahren möglichst nur einen Begriff auf.

(3.) Wie wird in den dargestellten Auswertungsverfahren dafür Sorge getragen, die intersubjektive Nachvollziehbarkeit (zu diesem Gütekriterium vgl. auch Kap. 3.3) der Analysen zu gewährleisten? Wählen Sie zwei der Verfahren aus, für die Sie deren Streben nach Intersubjektivität beschreiben.

(4.) Qualitative Inhaltsanalyse: a) Beschreiben Sie die zentrale Analyseperspektive, indem Sie max. zwei Sätze aus Kapitel 5.1 zitieren. b) Was ist mit dem deduktiven Vorgehen im Unterschied zum induktiven Kodieren gemeint? c) Inwiefern bilden sich diese Kodierungen im Kategoriensystem der QI ab?

(3.) Grounded Theory Methodologie: a) Was bedeutet die Aussage: „All is data“ (Glaser 1998)? b) Was unterscheidet Kodes von Kategorien? c) Beschreiben Sie stichwortartig die 3 Kodierformen der GTM. d) Worüber gibt das Kodierparadigma Auskunft?

(5.) Dokumentarische Methode: a) Erstellen Sie zwei Begriffsfelder zu den beiden Wissensformen kommunikatives Wissen und konjunktives Wissen, indem Sie jene Begriffe des Kapitel 5.3 clustern, die einem der Begriffe jeweils ähnlich sind. b) Was ist charakteristisch für den Verfahrensschritt Reflektierende Interpretation und inwiefern zeigt sich dieser in der zitierten Beispielstudie (Court & Herzmann 2022)?

(6.) Objektive Hermeneutik: a) Inwiefern interessiert sich die OH vor allem für die impliziten Sinnstrukturen schulischer Praxis und b) wie werden diese forschungsmethodisch ermittelt?

(7) Adressierungsanalyse: a) Was ist das zentrale Erkenntnisinteresse der AA? b) Beschreiben Sie eine Dimension der Heuristik nach Rose und Ricken (2018) ge-

nauer, indem Sie diese auf die zitierte Untersuchung von Herzmann und Liegmann (2020) beziehen.

**Forschungspraktische Fragen**

(1.) Wovon würden Sie abhängig machen, welchen Transkriptionsregeln Sie in Ihrem Forschungsvorhaben folgen?

(2.) Wie stellen Sie die datenschutzrechtliche Anonymisierung Ihres Datenmaterials in der Auswertung sicher? Welche besonderen Herausforderungen stellen sich für Forschungen an einer (Praktikums-)Schule?

(3.) Inwiefern können Sie das Kodierparadigma nach Strauss und Corbin (1996) nutzen, um sich Ihres Vorverständnisses (zur theoretischen Sensibilität vgl. auch Kap. 3.2) für Ihre eigene Untersuchung bewusst zu werden?

(4.) Welches Artefakt des Unterrichts oder von Schule könnte Sie zu einer Forschungsarbeit motivieren? Welche Fragen würden Sie – ausgehend von den in Abbildung 5.15 ausgewiesenen Analyseebenen – an das Artefakt (zu Beginn Ihrer Forschung) stellen? Nutzen Sie dazu auch die von Dohmen und Herzmann (2021) vorgeschlagenen Analysedimensionen.

**Weiterführende Literatur**

Bohnsack, R. (2017a): Praxeologische Wissenssoziologie. Opladen & Toronto, https://doi.org/10.36198/9783838587080.

Kuckartz, U. & Rädiker, S. (2022): Qualitative Inhaltsanalyse. Methoden, Praxis, Computerunterstützung. Grundlagentexte Methoden. 5. Aufl. Weinheim & Basel, https://content-select.com/de/portal/media/view/5e623532-20b8-4f33-b19e-4a1db0dd2d03?forceauth=1.

Mayring, P. (Hrsg.) (2022): Qualitative Inhaltsanalyse. Grundlagen und Techniken. 13. Aufl. Weinheim & Basel, https://content-select.com/de/portal/media/view/6230dc9f-d158-4bda-a1f2-1d0db0dd2d03?forceauth=1.

Mey, G. & Mruck, K. (2011): Grounded-Theory-Methodologie: Entwicklung, Stand, Perspektiven. In: Mey, G. & Mruck, K. (Hrsg.): Grounded Theory Reader. 2. Aufl. Wiesbaden, 11-48, https://doi.org/10.1007/978-3-531-93318-4.

Nohl, A.-M. (2017a): Interview und Dokumentarische Methode. Anleitungen für die Forschungspraxis. 5. Aufl. Wiesbaden, https://doi.org/10.1007/978-3-658-16080-7.

Oevermann, U., Allert, T., Konau, E. & Krambeck, J. (1979): Die Methodologie einer „objektiven Hermeneutik“ und ihre allgemeine forschungslogische Bedeutung in den Sozialwissenschaften. In: Soeffner, H.-G. (Hrsg.): Interpretative Verfahren in den Sozial- und Textwissenschaften. Stuttgart, 352–434.

Przyborski, A. & Wohlrab-Sahr, M. (2021): Qualitative Sozialforschung. Ein Arbeitsbuch. 5. Aufl. Berlin & Boston, https://doi.org/10.1515/9783110710663.

Rose, N. & Ricken, N. (2018): Interaktionsanalyse als Adressierungsanalyse – eine Perspektive der Subjektivationsforschung. In: Heinrich, M. & Wernet, A. (Hrsg.): Rekonstruktive Bildungsforschung. Zugänge und Methoden. Wiesbaden, 159-175, https://doi.org/10.1007/978-3-658-18007-2.

Strauss, A. & Corbin, J. (1996): Grounded Theory: Grundlagen Qualitativer Sozialforschung. Weinheim.

Strübing, J. (2021): Grounded Theory. Zur sozialtheoretischen und epistemologischen Fundierung eines pragmatistischen Forschungsstils. 4. Aufl. Wiesbaden, https://doi.org/10.1007/978-3-658-24425-5.

Wernet, A. (2021): Einladung zur Objektiven Hermeneutik. Ein Studienbuch für den Einstieg. Opladen & Toronto, https://doi.org/10.36198/9783838556017.

# Teil II: Quantitative Forschung

## 6 Methodologische Perspektiven

**Erwartungshorizont**
Nach der Lektüre des Kapitels sollten Sie wissen,
- welche Bedeutung und Funktion quantitative Methoden bzw. Statistik in empirischen Studien der Erziehungswissenschaft besitzen und übernehmen,
- welche Grundfragen sich mit einem forschungslogischen Ablauf quantitativer Studien verbinden und
- welche Funktion dabei Fragestellungen und Hypothesen im forschungspraktischen Zusammenhang übernehmen.

Die Erziehungswissenschaft hat, wie auch jede andere Wissenschaftsdisziplin, nicht nur wissenschaftliche Ergebnisse zu bieten, die bei der Erforschung eines Untersuchungsgegenstandes zustande kommen und zum Beispiel für praktizierende Lehrer:innen von Interesse sind. Sondern die Erziehungswissenschaft „verweist auch auf das Denken, das diese Inhalte erst verarbeitet" (Tschamler 1996, 24). Damit ist die Methodologie angesprochen, denn es geht um die Frage, an welchen wissenschaftlichen Methoden sich ein solches Denken ausrichtet. Der Begriff der „Methodologie" bezeichnet allgemein die Lehre oder Theorie der wissenschaftlichen Methoden. In der Erziehungswissenschaft verbinden sich mit dem Begriff der Methodologie die qualitativen und quantitativen Forschungsmethoden (ebd., 29). In diesem Kapitel lernen Sie Aspekte der Methodologie quantitativer Forschungsmethoden kennen.

## 6.1 Grundbegriffe: Quantitative Methoden und Statistik

### 6.1.1 Quantitative Methoden

Lesen Sie bzw. betrachten Sie die beiden Beispiele in Abbildung 6.1. Machen Sie sich Gedanken oder auch Notizen zu folgenden Reflexionsfragen:

1. Warum sind die Abbildungen Beispiele für quantitative Methoden?
2. Worin zeigen sich Gemeinsamkeiten, worin zeigen sich Unterschiede zwischen den beiden Beispielen?
3. Was fällt Ihnen leicht zu verstehen, wo genau haben Sie Verständnisschwierigkeiten?

Die beiden Beispiele in Abbildung 6.1 stammen aus quantitativen Studien der empirischen Schulforschung. Im ersten Fall handelt es sich um die Studie *Adaptation in der Adoleszenz* (AIDA; Valtin, König & Darge 2015), im zweiten Fall um die Studie *Programme for International Student Assessment* (PISA; Prenzel, Sälzer, Klieme & Köller 2013), wie sie im Jahr 2012 zum fünften Mal durchgeführt wurde.

Das erste Beispiel ist eine grafische, das zweite eine tabellarische Darstellung von statistischen Kennwerten, die typisch für die Ergebnisdarstellung quantitativer Studien sind. Die Grafik (Beispiel 1) zeigt *Durchschnittswerte* (*Mittelwerte* bzw. *arithmetische Mittelwerte*, ▶ Kap. 10) der fachspezifischen Lernfreude von Kindern bzw. Jugendlichen der Klassenstufe 2 bis 9. Die Tabelle (Beispiel 2) enthält *prozentuale Häufigkeiten* (▶ Kap. 10) der Zustimmung zu vorgegebenen Unterrichtsmerkmalen (Lehrer:innensteuerung, Rückmeldung, Schüler:innenorientierung) hinsichtlich ihrer erlebten Häufigkeit aus Sicht von 15-jährigen Jugendlichen, der Zielgruppe von PISA.

Beispiel 1: Ergebnisse aus dem Projekt *Adaptation in der Adoleszenz* (AIDA; Valtin et al. 2015)

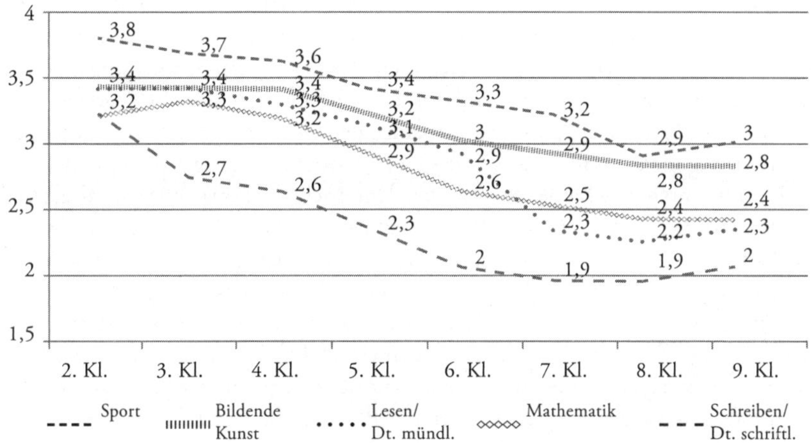


Antwortmöglichkeiten:
„sehr gern“ (4), „gern“ (3), „weder gern noch ungern“ (2), „weniger gern“ (1) und „gar nicht gern“ (0)

Beispiel 2: Ein Ergebnis aus PISA 2012 (Prenzel et al. 2013, 136)

| **Prozentuale Antworthäufigkeiten für Beispielitems der Skalen zu den Unterrichtspraktiken** | | | | | | | | |
|---|---|---|---|---|---|---|---|---|
| **Unterrichtsmerkmal mit Beispielitem** | **Prozentuale Zustimmung** | | | | | | | |
| | In jeder Stunde | | In den meisten Stunden | | In einigen Stunden | | Nie oder fast nie | |
| Lehrersteuerung | % | (*SE*) | % | (*SE*) | % | (*SE*) | % | (*SE*) |
| Die Lehrerin/der Lehrer stellt uns Fragen, um zu überprüfen, ob wir den Unterrichtsstoff verstanden haben. | 30.3 | (1.1) | 39.4 | (0.9) | 23.0 | (0.9) | 7.4 | (0.5) |
| Rückmeldung | % | (*SE*) | % | (*SE*) | % | (*SE*) | % | (*SE*) |
| Die Lehrerin/der Lehrer gibt mir eine Rückmeldung über meine Stärken und Schwächen in Mathematik. | 5.9 | (0.4) | 18.7 | (0.9) | 41.0 | (0.9) | 34.5 | (0.9) |
| Schülerorientierung | % | (*SE*) | % | (*SE*) | % | (*SE*) | % | (*SE*) |
| Die Lehrerin/der Lehrer gibt Mitschülerinnen und Mitschülern, die Lernschwierigkeiten haben, und/oder Mitschülerinnen und Mitschülern, die schneller vorankommen, unterschiedliche Aufgaben. | 9.0 | (0.5) | 15.6 | (0.7) | 21.2 | (09) | 54.2 | (1.1) |

**Abb. 6.1:** Was sind quantitative Methoden? Zwei Beispiele.

Gemeinsam ist den Beispielen, dass die gezeigten Ergebnisse über eine Befragung von Schüler:innen gewonnen wurden – konkret über jeweils einen Fragebogen, der sich als *Erhebungsinstrument* (▶ Kap. 9) an Schüler:innen richtete und von diesen ausgefüllt wurde. Die Art der Befragung ist in beiden Untersuchungen standardisiert: Vorgegebene Antworten bzw. Antwortkategorien sollten von den Schüler:innen bei der Beantwortung genutzt werden. Die fachspezifische Lernfreude sollte – getrennt für verschiedene Fächer wie Sport, Mathematik oder Deutsch – mithilfe vorgegebener Antwortkategorien beantwortet werden (von „sehr gern" bis „gar nicht gern"). Für die Beantwortung, wie häufig das jeweilige Unterrichtsmerkmal auftritt, sollten vorgegebene Kategorien genutzt werden (von „in jeder Stunde" bis „nie oder fast nie").
Ein Unterschied der beiden Beispiele besteht in der Darstellung (grafisch vs. tabellarisch), ein weiterer in der Verwendung unterschiedlicher Kennwerte (Mittelwerte vs. Häufigkeiten). Die beiden Studien besitzen aber auch ein unterschiedliches Forschungsdesign: Während die Forscher:innen der AIDA-Studie an der Entwicklung Heranwachsender interessiert sind, konkret im Zeitraum von der 2. bis zur 9. Jahrgangsstufe, untersuchen die Autor:innen der PISA-Studie 15-Jährige in Deutschland zu einem bestimmten Zeitpunkt, im vorliegenden Beispiel im Jahr 2012. Das erste Beispiel enthält Ergebnisse aus einer Längsschnittuntersuchung, das zweite Ergebnisse einer Querschnittuntersuchung im Jahr 2012. Unterschiedlich ist auch der Gegenstand: Die fachspezifische Lernfreude gilt als motivationales Merkmal von Schüler:innen, während die aus Schüler:innenbefragung ermittelten Merkmale von Unterricht einer Beschreibung des realisierten Unterrichts dienen (vgl. Schiepe-Tiska, Reiss, Obersteiner, Seidel & Prenzel 2013). Kurz gefasst geht es im ersten Beispiel in Abbildung 6.1 also um Schüler:innen, im zweiten um Unterricht. Übrigens: Die Dezimalschreibweise mit Komma (Beispiel 1) ist die europäische, jene mit Punkt (Beispiel 2) die US-amerikanische. Auch in deutschsprachigen erziehungswissenschaftlichen Ergebnisdarstellungen findet sich mal die eine, mal die andere Schreibweise, je nachdem, an welchen Richtlinien sich die Darstellung wissenschaftlicher Befunde orientiert.
Fiel es Ihnen leicht, die Abbildungen zu lesen und die statistischen Kennwerte zu interpretieren? In den nachfolgenden Kapiteln werden wir noch genauer auf Häufigkeiten und Mittelwerte als basale statistische Kennwerte eingehen (▶ Kap. 10), ebenso auf den Standardfehler (im Englischen *standard error*, abgekürzt *SE*), der Ihnen im zweiten Beispiel begegnet. Er steht für die Genauigkeit des jeweils zuvor genannten Kennwertes (z. B. bezieht sich der Wert $SE = 1.1$ in der Tabelle oben links auf die prozentuale Häufigkeit 30.3). Wie er interpretiert werden kann, wird in Kapitel 7 erläutert.
Das Lesen und genauere Verstehen der Abbildung 6.1 ermöglicht erste Einblicke in quantitative Methoden der Erziehungswissenschaft bzw. der empirischen Schulforschung. Auf einer allgemeineren, begrifflichen Ebene lässt sich festhalten, dass die quantitativen Methoden in den empirischen Human- und Sozialwissenschaften, zu denen auch die Erziehungswissenschaften zählen, zunächst alle Vorgehensweisen zur numerischen Darstellung empirischer Sachverhalte umfassen (vgl. Bortz 2005). Ein Teil der erziehungswissenschaftlichen Forschung versteht sich als empirische

Wissenschaft, deren Erkenntnisse durch das Erheben von Daten, etwa mithilfe von Fragebögen, gewonnen werden (vgl. Tachtsoglou & König 2017). Diese Daten werden oftmals mit quantitativen Methoden zusammengefasst und interpretiert – was uns in einem nächsten Schritt zum Begriff der Statistik führt.

### 6.1.2 Statistik

Allgemein kann Statistik beispielsweise definiert werden „als die Lehre von der Beobachtung, Untersuchung und Auswertung von Massenerscheinungen" (Abels & Degen 1981, 9). Gerade wenn es um eine große Anzahl von Daten geht, aus denen Aussagen über Beziehungen und Phänomene geschlossen werden sollen, stellt sich die Frage, wie man zu Entscheidungen der Datenauswertung gelangt. „Die Statistik liefert hierzu ein geeignetes methodisches Instrumentarium" (Clauß, Finze & Partzsch 2002, 2). Neben der Bewältigung großer Informationsmengen bedeutet Datenanalyse „immer Informationsverdichtung und damit gleichzeitig Informationsverlust" (Kühnel & Krebs 2001, 19). Daher sind Entscheidungsregeln, die die Statistik hierzu liefert, von großer Bedeutung: Sie unterstützen Forscher:innen im Forschungsprozess, um passende Schlussfolgerungen aus der Datenanalyse zu ziehen.

In der empirisch arbeitenden Erziehungswissenschaft besteht somit grundsätzlich ein Ziel wissenschaftlichen Arbeitens darin, Einzelinformationen und Beobachtungen zu verdichten, um zu allgemein gültigen theoretischen Aussagen zu gelangen. Zwei Funktionen von Statistik werden üblicherweise dabei unterschieden (vgl. Bortz 2005), die Einblicke geben, was unter Statistik zu verstehen ist:

- Statistik dient zum einen der *Aufbereitung*, *Zusammenfassung* und *Darstellung* von Informationen. Ein zentrales Ziel statistischer Anwendung besteht darin, erhobene Daten statistisch zu beschreiben („Deskriptive Statistik"). Dies geschieht zunächst mit Blick auf *einzelne Merkmale* („Variablen"), die in einer Untersuchung zum Gegenstand gemacht werden können („Univariate Deskriptivstatistik") sowie darauf aufbauend hinsichtlich von zwei oder mehr als zwei Merkmalen, etwa hinsichtlich ihres bzw. ihrer *Zusammenhänge* („Bivariate und Multivariate Deskriptivstatistik").
- Zum anderen dient Statistik der *Bewertung* von Informationen im Hinblick auf theoretische Aussagen. Bei der zweiten Funktion von Statistik stellen Verfahren zur Überprüfung von Hypothesen eine zentrale Rolle: Statistik „ermöglicht empirischen Wissenschaften objektive Entscheidungen über die Brauchbarkeit der überprüften Hypothesen" (Bortz 2005, 1). Dieser zweite Funktionsbereich wird als „Inferenzstatistik" oder auch „schließende Statistik" bezeichnet. Mit ihr verbinden sich *Fragen der Verallgemeinerung*, der Testung wissenschaftlicher Hypothesen und Prüfung statistischer Signifikanz.

Da das vorliegende Studienbuch lediglich einführenden Charakter besitzt, liegt sein Schwerpunkt ausschließlich auf der Deskriptiven Statistik (▶ Kap. 10), wobei nur eine Auswahl basaler Konzepte vorgestellt werden, die in der empirischen Schulforschung üblicherweise angewendet werden. Zur Auseinandersetzung mit der Inferenzstatistik erfolgen lediglich Hinweise an einzelnen Stellen. Zur Vertiefung sei auf andere, umfassendere Lehrbücher verwiesen (z. B. Tachtsoglou & König 2017). Eine Voraussetzung für die Anwendbarkeit statistischer Verfahren ist das Vorliegen von quantitativen („zählbaren“) Informationen. Zum Beispiel stellt die Aussage „Schüler x ist emotional auffällig in der Schule“ zunächst eine qualitative Beschreibung dar (vgl. Goodman 1997). Eine quantitative Beschreibung hingegen gibt an, wie sehr der Schüler x emotional auffällig in der Schule ist, wie stark das Merkmal „emotionale Auffälligkeit“ ausgeprägt ist. Eine solche Quantifizierung wird üblicherweise in einer Abstufung vorgegebener Antwortkategorien ausgedrückt. Dem beispielhaften Fragebogenausschnitt in Abbildung 6.2 können die Kategorien „Nicht zutreffend“, „Teilweise zutreffend“ und „Eindeutig zutreffend“ entnommen werden. Es handelt sich um die deutsche Übersetzung des *Strengths and Difficulties Questionnaire* (SDQ; Goodman 1997).

| | | **Nicht zutreffend** | **Teilweise zutreffend** | **Eindeutig zutreffend** |
|---|---|---|---|---|
| 1. | Ich habe häufig Kopfschmerzen oder Bauchschmerzen; mir wird oft schlecht. | | | |
| 2. | Ich mache mir häufig Sorgen. | | | |
| 3. | Ich bin oft unglücklich oder niedergeschlagen; ich muss häufig weinen. | | | |
| 4. | Neue Situationen machen mich nervös; ich verliere leicht das Selbstvertrauen. | | | |
| 5. | Ich habe viele Ängste; ich fürchte mich leicht. | | | |

**Abb. 6.2:** Quantifizierende Beschreibung – beispielhafter Fragebogenausschnitt (Goodman 1997).

### 6.1.3 Quantitative Methoden und Statistik im Lehramtsstudium?

Quantitative Forschungsmethoden bzw. statistische Analyseverfahren besitzen in den Erziehungswissenschaften bzw. in der empirischen Schulforschung einen bedeutsamen Stellenwert (vgl. Tachtsoglou & König 2017). Grundkenntnisse gelten im Lehramtsstudium als wichtige Voraussetzung, um einschlägige Ergebnisse aus empirischer Forschung lesen, verstehen und beurteilen zu können. Kenntnisse in der Statistik sind unentbehrlich bei der Planung, Durchführung und Auswertung einer eigenen empirischen, mit quantitativen Verfahren arbeitenden Untersuchung, beispielsweise im Kontext forschenden Lernens in verlängerten Schulpraktika wie dem Praxissemester in Nordrhein-Westfalen (vgl. weiterführend Kap. 2). Statistik spielt in der praktischen Arbeit von Lehrer:innen eine zunehmend wichtige Rolle, etwa bei Schulevaluationsmaßnahmen oder der Verwendung diagnostischer Informationen zu den Leistungen von Schüler:innen wie sie von Vergleichsarbeiten bereitgestellt und zur Schul- und Unterrichtsentwicklung genutzt werden sollen (vgl. Ophoff 2012). Darüber hinaus begegnet uns Statistik im Alltag häufig bzw. immer häufiger, sodass die Fähigkeit zum statistischen Denken auch als Basisqualifikation betrachtet wird, die allgemein gesellschaftliche Teilhabe ermöglicht (*statistical literacy*, z. B. bereits Wallman 1993).

Wie im Einleitungskapitel (▶ Kap. 1) bereits dargestellt, steht im vorliegenden Studienbuch das übergeordnete Ziel im Mittelpunkt, Grundkenntnisse darzustellen und die Bedeutung dieser Kenntnisse bei der kritischen Anwendung hervorzuheben. Lernziele umfassen die Nachvollziehbarkeit von Prinzipien und Logiken ausgewählter, basaler statistischer Verfahren, ihre Anwendungsmöglichkeiten, Grenzen und Probleme, die bei der Interpretation von empirischen Befunden beispielhafter Untersuchungen der Schulforschung typischerweise von Bedeutung sind. Mathematische Grundlagen oder auch Einführungen in die Verwendung von Computer-Statistikprogrammen werden hingegen nicht vermittelt, hier sei auf einschlägige Lehrbücher verwiesen, etwa das Lehrbuch von Tachtsoglou und König (2017), das den nachfolgenden Kapiteln überwiegend zugrunde liegt und daher als anschlussfähige Vertiefung dienen kann.

## 6.2 Forschungslogischer Ablauf quantitativer Studien

### 6.2.1 Drei Grundfragen des forschungslogischen Ablaufs

Wie läuft eine quantitative Studie in der Schulforschung üblicherweise ab? Was gehört dazu, was muss ein:e Forscher:in grundsätzlich beachten? Wie bereits in der Einleitung angesprochen: Als angehende:r Lehrer:in stehen Sie möglicherweise im Studium vor der Aufgabe, ein kleines Forschungsprojekt („Studienprojekt") durchzuführen. Von Ihnen wird erwartet, „forschend zu lernen". Forschendes Lernen setzt ein Grundwissen über empirische Forschungsmethoden voraus. Aber auch ein Orientierungswissen ist hilfreich, um erste Antworten auf folgende Fragen zu erhalten:

- Was sind die Bestandteile einer quantitativen Untersuchung in der Schulforschung, die quantitative Zugänge wählt?
- Wie lassen sich die Bestandteile im Kontext des „forschenden Lernens" konkretisieren?
- Wie sehen passende Beispiele oder Anwendungen aus?

Im Folgenden steht die erste dieser Fragen im Mittelpunkt. Vergegenwärtigen Sie sich dazu zunächst die folgende Reflexionsaufgabe: Lesen Sie bzw. betrachten Sie die beiden Beispiele in Abbildung 6.3 und versuchen Sie eigene Antworten auf die folgenden *drei Grundfragen* zu erhalten:

1) *Was* soll jeweils erforscht werden?
2) *Wie* und bei wem soll das erforscht werden?
3) *Für wen* sind die Ergebnisse gedacht?

Beispiel 1: Ein Fragebogenausschnitt (Goodman 1997)

Bitte markiere zu jedem Punkt „Nicht zutreffend“, „Teilweise zutreffend“ oder „Eindeutig zutreffend“. Beantworte bitte alle Fragen so gut Du kannst, selbst wenn du dir nicht ganz sicher bist oder Dir eine Frage merkwürdig vorkommt. Überlege bitte bei der Antwort, wie es dir im letzten halben Jahr ging.

| | | **Nicht zutreffend** | **Teilweise zutreffend** | **Eindeutig zutreffend** |
|---|---|---|---|---|
| 1. | Ich habe häufig Kopfschmerzen oder Bauchschmerzen; mir wird oft schlecht. | | | |
| 2. | Ich mache mir häufig Sorgen. | | | |
| 3. | Ich bin oft unglücklich oder niedergeschlagen; ich muss häufig weinen. | | | |
| 4. | Neue Situationen machen mich nervös, ich verliere leicht das Selbstvertrauen. | | | |
| 5. | Ich habe viele Ängste; ich fürchte mich leicht. | | | |
| 6. | Ich werde leicht wütend; ich verliere oft meine Beherrschung. | | | |
| 7. | Normalerweise tue ich, was man mir sagt. | | | |
| 8. | Ich schlage mich häufig, ich kann Andere zwingen zu tun was ich will. | | | |
| 9. | Andere behaupten oft, dass ich lüge oder mogele. | | | |
| 10. | Ich nehme Dinge, die mir nicht gehören (von zu Hause, in der Schule oder anderswo). | | | |

Beispiel 2: Ein Ausschnitt aus einem Text mit Lösungsschlüssel (Birkel 2007/1994)

**Auf die Plätze! Achtung! Fertig?**

1. Ich denke, wir können [ ], oder?
2. „Wir könnten die Hefte gleich wieder [ ] !“, denkt und wünscht sich vielleicht mancher von euch.
3. Doch hierfür ist es noch ein paar Minuten zu [
4. Ob man nachher auch zu dir wird sagen können: „Prima, du hast dich [ ] ange

Lösungsssschlüssel
Kurzform A

1. beginnen
2. einsammeln
3. früh
4. vorbildlich

**Abb. 6.3:** Zwei Beispiele aus unterschiedlichen quantitativen Untersuchungen

### 6.2.2 Ein Modell zum forschungslogischen Ablauf empirischer Untersuchungen

Die drei Grundfragen stellen sich typischerweise allen Forscher:innen, die eine quantitative Studie im Bereich der Schulforschung durchführen wollen. Aufgrund der wiederkehrenden, typischen Fragen und der damit sich verbindenden Entscheidungen finden sich in der Methodenliteratur modellhafte Vorstellungen zum forschungslogischen Ablauf quantitativer Untersuchungen. In Abbildung 6.4 ist das Modell zum forschungslogischen Ablauf grafisch dargestellt, welches dem vorliegenden Studienbuch zur Darstellung quantitativer Verfahren zugrunde gelegt wird (nach Friedrichs 1990). Es dient der Orientierung und hat strukturierende Funktion für die im Folgenden darzustellenden Inhalte.

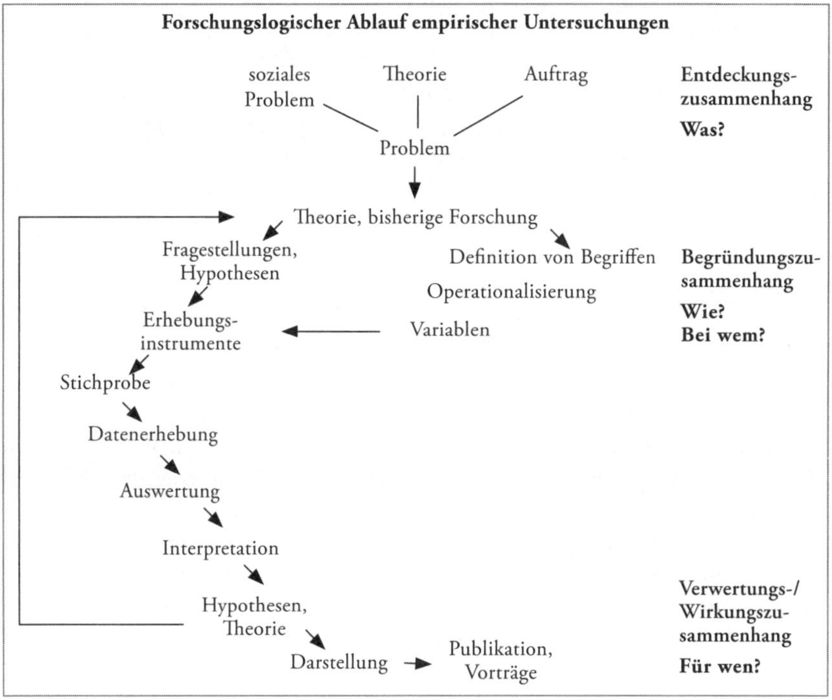


**Abb. 6.4:** Modell zum forschungslogischen Ablauf quantitativer Untersuchungen (nach Friedrichs 1990, 51)

Auf der rechten Seite in Abbildung 6.4 befinden sich drei strukturbildenden Komponenten des Modells: Entdeckungs-, Begründungs- und Verwertungs- bzw. Wirkungszusammenhang. Zu Beginn eines Forschungsprozesses steht im Hinblick auf den Entdeckungszusammenhang die Frage nach dem Gegenstand: *Was* soll erforscht werden? Ausgangspunkt kann ein soziales Problem sein, wie zum Beispiel das häufige Auftreten von Unterrichtsstörungen in einer Schule. Ein zu untersuchendes Problem kann aber auch aus theoretischen Überlegungen entwickelt werden, die sich aus einem einschlägigen wissenschaftlichen Diskurs ergeben, zum Beispiel die Frage, ob Unterricht besser ist, wenn Lehrer:innen über Fachwissen verfügen (vgl. Blömeke, Jentsch, Ross, Kaiser & König 2022). Friedrichs (1990) unterscheidet ferner Auftragsforschung. Wie auch immer die Motivation von Forscher:innen für die Planung und Durchführung einer empirischen Studie letztlich zustande kommt, steht als Ergebnis des Entdeckungszusammenhangs mit dem gewählten Gegenstand ein Problem, das durch empirische Forschung analysiert werden soll, um Lösungen und neue Erkenntnisse zu generieren. Im Begründungszusammenhang, der den größten Teil des Modells zum forschungslogischen Ablauf darstellt, da er die Fragen adressiert, *wie* vorgegangen werden soll, ist es zunächst wichtig, den Forschungsgegenstand begrifflich zu präzisieren. Ferner stellt sich häufig die Herausforderung, den Forschungsgegenstand auch vom Umfang her einzugrenzen. Unter Verwendung bisheriger Forschungsergebnisse wie auch theoretischer Ansätze besteht das Ziel, das Forschungsproblem als *Fragestellung* zu formulieren, die den Forschungsprozess leitet. Je stärker das zu untersuchende Problem aus dem wissenschaftlichen Diskurs heraus generiert wird, kann die Fragestellung möglicherweise eng aus bisheriger Forschung „abgeleitet" (deduziert) werden. Eine in diesem Sinne rein deduktive Vorgehensweise bei der Entwicklung von Fragestellungen ist jedoch in der empirisch arbeitenden Erziehungswissenschaft nicht durchgängig zu beobachten.

Empirische Studien, die mit quantitativen Verfahren arbeiten, konkretisieren ihre Fragestellung als *Hypothesen*, das heißt als Behauptungen oder Annahmen bezüglich eines Sachverhalts, die eine Überprüfung mittels empirischer Analyse benötigen. Hypothesen sind üblicherweise konkreter formuliert als Fragestellungen, wie im nachfolgenden Abschnitt noch weiterführend erläutert wird. Fragestellungen und Hypothesen gleichermaßen setzen jedoch klar definierte Begriffe voraus. Im Beispiel 1 in Abbildung 6.3 soll der Fragebogen dazu dienen, Auffälligkeiten im emotionalen Bereich (Angst, Depression) sowie Auffälligkeiten im Bereich aggressiven bzw. delinquenten Verhalten von Kindern und Jugendlichen zu erfragen. Der Einsatz eines solchen Fragebogens zur Untersuchung einer Forschungsfrage, in welchem Bereich (emotional oder aggressiv/delinquent) Auffälligkeiten stärker vertreten sind (z. B. Bilz 2014), verlangt eindeutige Definitionen der Begriffe Angst, Depression, aggressives und delinquentes Verhalten. Im zweiten Beispiel in Abbildung 6.3 ist ein Ausschnitt aus einem Rechtschreibtest für Grundschüler:innen zu sehen. Auch hier ist eine klare Definition der zu untersuchenden Rechtschreibleistung nötig. Diese Begriffsdefinitionen dienen unmittelbar der *Operationalisierung* (▶ Kap. 8), also der Messung von Merkmalen mithilfe des Fragebogens oder Tests als jeweils gewähltes *Erhebungsinstrument* (▶ Kap. 9). Die Operationalisierung beinhaltet die *Messvorschrift* sowie Definitionsmerkmale der Messung, wie noch weiterführend erläutert werden wird (▶ Kap. 8). Mit ihr sind die Merkmale bzw. *Variablen* des Erhebungsinstruments bestimmbar (▶ Kap. 9).

Neben der Wahl eines geeigneten Erhebungsinstrumentes, wie z. B. eines Fragebogens für Selbstauskünfte oder eines standardisierten Tests zur Erfassung von Leistungsaspekten (Abb. 6.3, Beispiele 1 und 2), stellt sich im Begründungszusammenhang die wichtige Frage, *bei wem* die Untersuchung durchgeführt werden soll. In der Regel zielen quantitative erziehungswissenschaftliche Untersuchungen auf Personen (Schüler:innen, Lehrer:innen etc.) als Untersuchungsteilnehmer:innen. Es können aber auch andere Einheiten gemeint sein, wie Institutionen oder Dokumente, die die Elemente einer *Stichprobe* bilden (▶ Kap. 7). An der gewählten Stichprobe werden Daten erhoben, diese Daten werden ausgewertet und interpretiert (▶ Kap. 10). Im Zuge der Interpretation der Daten können Fragestellungen bearbeitet bzw. Hypothesen geprüft werden. Dieser Schritt fällt bereits in den Verwertungs- und Wirkungszusammenhang des Modells (Abb. 6.4). Es schließen sich Darstellung und Veröffentlichung der erzielten Forschungsergebnisse an, welche wiederum den neuerlichen Ausgangspunkt für eine weitere empirische Untersuchung bilden können. Im Kern muss jedoch stets berücksichtigt werden, *für wen* die Ergebnisse der empirischen Untersuchung von Bedeutung sind (▶ Kap. 10).

## 6.3 Fragestellungen und Hypothesen

### 6.3.1 Definition

Die Fragestellung einer empirischen Untersuchung ist der Dreh- und Angelpunkt im Forschungsprozess. Mit der Fragestellung verbindet sich auch das Ziel einer empirischen Untersuchung, das gewählt wird und das den angestrebten Erkenntnisgewinn anzeigt. Möchte man sich beim Lesen einer Studie schnell mit ihr vertraut machen, so bietet es sich häufig an, zuerst die Fragestellung zur Kenntnis zu nehmen, um einen ersten, meist sehr informativen Einblick zu erhalten. Ist die Fragestellung einer Studie bekannt, so lässt sie sich meist auch leichter lesen. Entsprechend ist für Forscher:innen die Entwicklung einer geeigneten Fragestellung zentraler Teil ihres Forschungsprozesses. Bis zur endgültigen Festlegung ihrer Formulierung werden Fragestellungen im Forschungsprozess üblicherweise mehrfach überarbeitet, verändert, präzisiert und differenziert.

Sofern bezüglich des Untersuchungsgegenstandes bereits Forschungsergebnisse vorliegen oder einschlägige Theorien dies zulassen, können vor diesem Hintergrund Hypothesen abgeleitet werden, die die Fragestellung konkretisieren und ein hypothesenprüfendes Vorgehen ermöglichen. Die mit den Hypothesen formulierten Annahmen oder Behauptungen werden dann mithilfe der empirischen Untersuchung überprüft (vgl. Bortz und Döring 2006).

Zusammenfassend kann eine Hypothese definiert werden als eine Vermutung über einen bestimmten Sachverhalt, dessen Richtigkeit noch nicht bewiesen ist. Sie besteht häufig aus der Verknüpfung von zwei Variablen (Merkmalen) sowie aus der dazugehörigen Verknüpfungsregel. Dabei bestimmt die Verknüpfungsregel die kausale Ordnung und die Struktur des Zusammenhangs. Diese Definition soll anhand der folgenden Beispiele verdeutlicht werden.

### 6.3.2 Beispiele

In seiner Studie ging Bilz (2014, 58) der Frage nach, ob Ängste oder Depressionen bei Kindern und Jugendlichen in der Schule von ihren Lehrer:innen möglicherweise übersehen werden. Die konkrete Frageformulierung lautete: „Bei welcher Beschwerdekategorie ist die Übereinstimmung zwischen dem spontanen Lehrerurteil und den Selbstangaben der Schüler höher und welche Beschwerden werden eher übersehen?" Hierfür wurden die Daten von 345 Schüler:innen verwendet, die einen Fragebogen ausgefüllt hatten, der unter anderem die zehn Fragen (Abb. 6.3, Beispiel 1) zu „Auffälligkeiten im emotionalen Bereich (Angst/Depression)" sowie im Bereich „aggressives Verhalten/Delinquenz" beinhaltete. Die Lehrkräfte dieser Schüler:innen sollten – unabhängig von den Befragungsergebnissen ihrer Schüler:innen – angeben, bei welchen zwei Schüler:innen ihrer Klasse sie „Auffälligkeiten im emotionalen Bereich (Angst/Depression)" und bei welchen zwei Schülern sie „Auffälligkeiten im Bereich aggressives Verhalten/Delinquenz" vermuten.
Bilz (2014, 58) leitete aus der existierenden Forschung die Annahme ab, dass die Angabe der Lehrkräfte zu aggressivem Verhalten/Delinquenz höher mit den Selbstangaben der Schüler:innen zusammenhängen sollten als die Beurteilungen zu Angst/Depression mit den Schülerangaben. Dazu formulierte er die folgende Hypothese: „Auf der Grundlage des beschriebenen Forschungsstandes wird erwartet, dass die Angaben der Lehrkräfte zu externalisierenden Fehlentwicklungen höher mit den Selbstangaben der Schüler korrelieren als die Beurteilungen zu internalisierenden Auffälligkeiten."
In einer anderen Beispielstudie (vgl. Schulte-Körne, Deimel, Hülsmann, Seidler & Remschmidt 2001) stand die Frage im Fokus, ob ein Rechtschreib-Training mit einer Länge von drei Monaten schneller wirkt als ein anderes, weniger intensives und ein sich über einen längeren Zeitraum erstreckendes Training. Zehn Kinder erhielten ein Regeltraining, zehn andere Kinder bildeten die Kontrollgruppe. Rechtschreibtestungen erfolgten mithilfe des in Abbildung 6.3, Beispiel 2, ausschnitthaft dargestellten Tests vor und nach der Intervention. Die konkrete Hypothese lautete: „Die Rechtschreibleistung kann mittels des Marburger Rechtschreibtrainings innerhalb von drei Monaten Kurzzeitintervention im Vergleich zur Kontrollgruppe verbessert werden" (Hülsmann 2005, 38; Schulte-Körne et al. 2001).

### 6.3.3 Kategorisierung von Hypothesen

In der Methodenliteratur finden sich Vorschläge zur Kategorisierung wissenschaftlicher Hypothesen (vgl. Döring & Bortz 2016). Eine solche Kategorisierung erscheint auch für das vorliegende Studienbuch aus didaktischen Gründen sinnvoll – so lassen sich zum Beispiel an späterer Stelle Verfahren der statistischen

Datenanalyse konkret in Bezug auf Forschungsfragen und Hypothesen erläutern (▶ Kap. 10). Unterschieden werden Zusammenhangs-, Unterschieds- und Veränderungshypothesen. Hypothesen können dabei ungerichtet oder gerichtet formuliert werden, das heißt sie sind entweder offen formuliert oder geben die Richtung des postulierten Zusammenhangs, Unterschieds oder der postulierten Veränderung an. Dies sei an folgenden Beispiel-Hypothesen verdeutlicht. Eine weiterführende Betrachtung dieser Hypothesen erfolgt in Kapitel 10.

- Eine *Zusammenhangshypothese* postuliert Zusammenhänge zwischen zwei (oder mehr) Merkmalen, zum Beispiel:

  „Abi-Note und Intelligenz hängen miteinander zusammen."

  „Je höher die Intelligenz, desto besser die Abi-Note."

- Eine *Unterschiedshypothese* postuliert Unterschiede zwischen zwei (oder mehr) Gruppen hinsichtlich eines Merkmals, zum Beispiel:

  „Jungen und Mädchen sind unterschiedlich gut im Lesen."

  „Jungen sind weniger gut im Lesen als Mädchen."

- Eine *Veränderungshypothese* postuliert Veränderungen eines Merkmals bei denselben Personen bzw. Objekten über die Zeit, zum Beispiel:

  „Die Schulfreude verändert sich während der Schulzeit."

  „Die Schulfreude nimmt während der Schulzeit ab."

### 6.3.4 Kriterien von wissenschaftlichen Hypothesen

Wie die vorgenannten Beispiele verdeutlichen, werden Anforderungen an wissenschaftliche Hypothesen gestellt. Nach Bortz und Döring (2006, 4) müssen Aussagen oder Behauptungen folgende vier Kriterien erfüllen, um als wissenschaftliche Hypothese zu gelten:

1. „Eine wissenschaftliche Hypothese bezieht sich auf reale Sachverhalte, die empirisch untersuchbar sind.
2. Eine wissenschaftliche Hypothese ist eine allgemein gültige, über den Einzelfall oder ein singuläres Ereignis hinausgehende Behauptung („All-Satz").
3. Einer wissenschaftlichen Hypothese muss zumindest implizit die Formalstruktur eines sinnvollen Konditionalsatzes („Wenn-dann-Satz" bzw. „Je-desto-Satz") zugrunde liegen.
4. Der Konditionalsatz muss potenziell falsifizierbar sein, das heißt, es müssen Ereignisse denkbar sein, die dem Konditionalsatz widersprechen."

> **Zusammenfassung:** Quantitative Methoden umfassen Vorgehensweisen zur numerischen Darstellung empirischer Sachverhalte. Die Zusammenfassung und Interpretation von Forschungsdaten mit quantitativen Methoden erfordert die statistische Datenanalyse.

Sie hat insbesondere zwei Funktionsbereiche, die Deskriptive Statistik, welche hinsichtlich ihrer basalen Konzepte Gegenstand des vorliegenden Studienbuchs ist, und die Inferenzstatistik, welche nur punktuell im vorliegenden Studienbuch zum Gegenstand gemacht wird. Der forschungslogische Ablauf quantitativer Studien kann modellhaft anhand von drei Grundfragen strukturiert werden, die sich auf den Entdeckungs-, Begründungs- und Verwertungs- bzw. Wirkungszusammenhang beziehen. Diese Strukturierung dient der Orientierung und Gliederung der im vorliegenden Studienbuch behandelten Inhalte quantitativer Forschungsmethoden. Forschungsfragen sind dabei leitend, da sie das Ziel einer empirischen Untersuchung, das gewählt wird und das den angestrebten Erkenntnisgewinn anzeigt, erkennbar machen. Sie werden konkretisiert in Hypothesen. Die mit Hypothesen formulierten Annahmen oder Behauptungen werden mithilfe der empirischen Untersuchung überprüft.

**Fragen zum Textverständnis**

(1.) Erläutern Sie die Begriffe „quantitative Methoden“ und „Statistik“.
(2.) Welche Schritte einer quantitativen Untersuchung beinhalten die Bereiche Entdeckungs-, Begründungs- und Verwertungs- bzw. Wirkungszusammenhang im forschungslogischen Ablauf?
(3.) Erläutern Sie den Unterschied zwischen einer Fragestellung und einer Hypothese.
(4.) Was ist der Unterschied zwischen einer Zusammenhangs-, einer Unterschieds- und einer Veränderungshypothese?

**Forschungspraktische Fragen**

(1.) Warum kann Statistik in der Erziehungswissenschaft eine wichtige Rolle einnehmen?
(2.) Erläutern Sie beispielhaft, warum die Schrittabfolge im Modell zum forschungslogischen Ablauf quantitativer Untersuchungen (Abb. 6.4) eine hilfreiche Orientierung sein kann, um eine eigene empirische Studie zu planen und durchzuführen.
(3.) Welche Vorteile sehen Sie darin, je nach Forschungsfrage ungerichtete und bzw. oder gerichtete Hypothesen zu formulieren?
(4.) Formulieren Sie jeweils Zusammenhangshypothesen, Unterschiedshypothesen sowie Veränderungshypothesen für ein beispielhaftes Thema Ihrer Wahl.

**Weiterführende Literatur**

Bortz, J. & Schuster, C. (2010): Statistik für Human- und Sozialwissenschaftler. 7. Aufl. Berlin & Heidelberg.

Döring, N. & Bortz, J. (2016): Forschungsmethoden und Evaluation in den Sozial- und Humanwissenschaften. 5. Aufl. Heidelberg.

Tachtsoglou, S. & König, J. (Hrsg.) (2017): Statistik für Erziehungswissenschaftlerinnen und Erziehungswissenschaftler. Konzepte, Beispiele und Anwendungen in SPSS und R. Wiesbaden, https://doi.org/10.1007/978-3-658-13437-2.

# 7 Stichprobenwahl

**Erwartungshorizont**
Nach der Lektüre des Kapitels sollten Sie wissen,
- welches Verständnis der Stichprobenwahl in quantitativen Studien der Erziehungswissenschaft zugrunde liegt und
- wie zentrale Begriffe zur Stichprobenwahl mit forschungspraktischen Problemstellungen in Verbindung gebracht werden können.

In vielen empirischen Untersuchungen der erziehungswissenschaftlichen Schulforschung stehen Merkmale von Personen im Mittelpunkt des Forschungsinteresses. So ging es etwa in den beiden Beispielen in Abbildung 6.1 um die fachspezifische Lernfreude von *Schüler:innen* oder um Unterrichtsmerkmale und der Häufigkeit ihres Auftretens im Erleben von *15-Jährigen*. Mit der Frage, wer als Teilnehmer:in in eine empirische Untersuchung einbezogen wird oder bei wem Merkmale empirisch erfasst werden, um die gewählte Forschungsfrage bearbeiten bzw. Hypothesen prüfen zu können, gelangen daher Überlegungen zur Wahl einer geeigneten Untersuchungsstichprobe in den Blick. Im Modell zum forschungslogischen Ablauf befinden wir uns mit diesen Überlegungen im Bereich des Begründungszusammenhangs (Abb. 7.1).

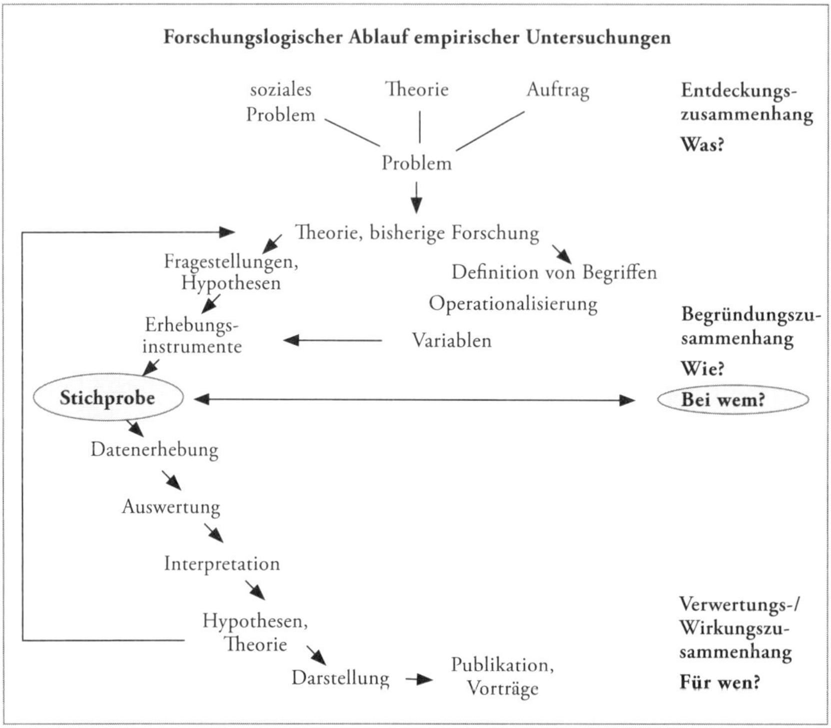


**Abb. 7.1:** Modell zum forschungslogischen Ablauf empirischer Untersuchungen (nach Friedrichs 1990, 51)

## 7.1 Das Begriffspaar Stichprobe und Grundgesamtheit

In quantitativen Untersuchungen der Sozialwissenschaften und damit auch der Erziehungswissenschaft kann die *Stichprobe* definiert werden als die „Auswahl von Personen aus einer bestimmten Gruppe (Grundgesamtheit oder Population), die befragt oder untersucht wird, um Informationen über diese Grundgesamtheit zu erhalten“ (Behrens 1999, 43). Die *Grundgesamtheit* – oder synonym: *Population* – ist somit die eigentliche Zielgruppe, über die in der jeweiligen empirischen Untersuchung Aussagen getroffen werden sollen. Sie liegt der empirischen Untersuchung zugrunde und bedarf einer eindeutigen Definition.
Vergegenwärtigen wir uns dafür erneut die beiden Beispiele in Abbildung 6.1: Zielgruppe der AIDA-Studie (Beispiel 1, Abb. 6.1) waren Schüler:innen des Bundes-

landes Berlin, die erstmals in der 2. Klasse im Schuljahr 1994/1995 als Stichprobe einbezogen wurden, um Aussagen über Merkmale diesen Jahrgangs im Bundesland Berlin zu treffen (vgl. Valtin et al. 2002). Diese Jahrgangskohorte wurde anschließend viele weitere Schuljahre in Folgeuntersuchungen einbezogen (vgl. König et al. 2011). Der Jahrgang von Schüler:innen der 2. Klasse im Bundesland Berlin im Schuljahr 1994/1995 stellte somit die Grundgesamtheit dar. Die Aussagen der Folgeuntersuchungen wurden zugleich auf die einzelne Grundgesamtheit Berliner Schüler:innen des betreffenden Schuljahres bezogen, zum Beispiel Schüler:innen der 9. Klasse im Bundesland Berlin im Schuljahr 2001/2002, in diesem konkreten Fall bestehend aus rund 35.000 Jugendlichen (vgl. König et al. 2011). Zielgruppe der PISA-Studie 2012 (Beispiel 2, Abb. 6.1) waren 15-jährige Jugendliche in Deutschland als eines von insgesamt 65 Ländern weltweit, die an der internationalen Vergleichsstudie PISA 2012 teilnahmen (OECD, 2013). Die Jugendlichen in Deutschland besuchten zum betreffenden Zeitpunkt unterschiedliche Schulen und unterschiedliche Jahrgangsstufen in den 16 Bundesländern. Es handelte sich dabei um knapp 800.000 Personen in Deutschland.

Die beiden Beispiele haben gemein, dass sie ihre jeweils definierte Grundgesamtheit im Umfang von zehntausenden Schüler:innen (AIDA-Studie) bzw. von hunderttausenden Schüler:innen (PISA-Teilnahme in Deutschland) nicht vollständig in ihre Untersuchung als Teilnehmer:innen einbezogen. Stattdessen wurde eine Stichprobe von Schüler:innen dieser Grundgesamtheiten ausgewählt. Diese Teilmenge wurde dann „befragt oder untersucht (…), um Informationen über diese Grundgesamtheit zu erhalten“ (Behrens 1999, 43).

Im Gegensatz zu einer Stichprobe als Teilmenge der Grundgesamtheit ist der Spezialfall einer *Vollerhebung* zu sehen. Dabei ist die anvisierte Stichprobe deckungsgleich mit der definierten Grundgesamtheit. Als Beispiel wäre die Evaluation einer neuen Unterrichtsmethode denkbar, die eine Lehrperson in ihrer Schulklasse durchgeführt hat; alle Schüler:innen ihrer Klasse nehmen an einer Befragung teil und beurteilen die Methode, wobei keine über die Schulklasse – als die Gruppe der Befragten – hinausgehenden Aussagen getroffen werden sollen. Abbildung 7.2 ist eine zusammenfassende Gegenüberstellung dieses Beispiels mit der PISA-Studie zu entnehmen. Bezüglich der PISA-Studie wird konkret Bezug genommen auf die Tabelle (Beispiel 2) aus Abbildung 6.1, in der prozentuale Häufigkeiten der Zustimmung zu vorgegebenen Unterrichtsmerkmalen (Lehrer:innensteuerung, Rückmeldung, Schüler:innenorientierung) hinsichtlich ihrer erlebten Häufigkeit aus Sicht von 15-Jährigen, der Zielgruppe von PISA, dargestellt wurden.

Auf die letzte Zeile zur Verwendung von Verfahren aus der Deskriptiven Statistik bzw. Inferenzstatistik wird im nachfolgenden Kapitel 7.2 noch weiterführend eingegangen.

| | Stichprobe = Grundgesamtheit | Stichprobe ≠ Grundgesamtheit |
|---|---|---|
| Forschungsanliegen: | Wie wird eine neue Unterrichtsmethode in einer bestimmten, einzelnen Schulklasse durch die unterrichteten Schüler:innen beurteilt? | Wie beurteilen 15-Jährige in Deutschland die Unterrichtspraktiken im Jahr 2012? (vgl. Abb. 6.1) |
| Design und Generalisierung: | Evaluationsstudie mit einer kleinen Stichprobe als Vollerhebung, kein Anspruch auf Generalisierung | Stichprobenbasierte Untersuchung mit Ziel der Generalisierung auf eine größere Grundgesamtheit |
| Stichprobe: | Alle Schüler:innen nur dieser Schulklasse, da darüber hinaus keine weiteren Aussagen getroffen werden (anvisierte Vollerhebung) | Eine Zufallsauswahl von 15-Jährigen in Deutschland, die ein repräsentatives Abbild aller 15-Jährigen in Deutschland sind |
| Deskriptive Statistik, Inferenzstatistik: | Deskriptive Statistik reicht aus, Inferenzstatistik erübrigt sich. | Deskriptivstatistik erlaubt nur Aussagen über die konkrete Gruppe an Proband:innen, Inferenzstatistik notwendig, um Aussagen über die Grundgesamtheit zu treffen. |

**Abb. 7.2:** Zwei Beispiele zur (Un-)Gleichheit von Stichprobe und Grundgesamtheit

## 7.2 Von der Grundgesamtheit zur Stichprobe

Wenn nicht die Grundgesamtheit, sondern eine Stichprobe befragt oder untersucht wird, die auch nicht deckungsgleich mit der Grundgesamtheit ist (Vollerhebung), wie kommt man dann von der Grundgesamtheit zur Stichprobe? Gefragt sind Maßnahmen oder Vorgehensweisen, die das Auswahlverfahren bestimmen (Abb. 7.3).

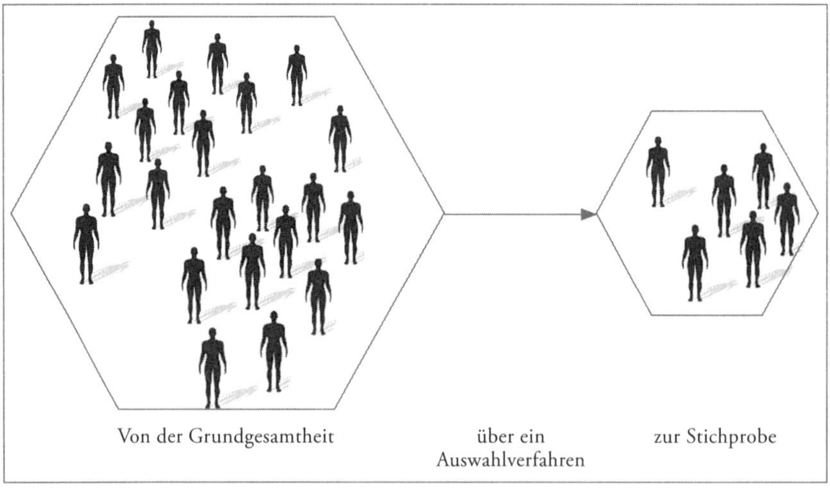


**Abb. 7.3:** Von der Grundgesamtheit zur Stichprobe (Behrens 1999)

Häufig sind Forscher:innen daran interessiert, mit der Stichprobe ein bestmögliches „Miniaturbild“ der Grundgesamtheit zu erhalten. Die kleinere oder deutlich kleinere Gruppe von Personen der Stichprobe soll die Grundgesamtheit von sehr vielen Personen bestmöglich *repräsentieren*.

Gleichzeitig bietet die Reduktion der anvisierten Untersuchungsteilnehmer:innen als Stichprobe erhebungstechnische Vorteile. So ist der organisatorische Aufwand der Datenerhebung reduziert, finanzielle Aufwände sind geringer oder eine Studie ist schneller – vielleicht sogar überhaupt erst bei Verwendung von Stichproben – durchführbar. Sind bestimmte Qualitätsanforderungen an die Stichprobe erfüllt, können Forschungsfragen angemessen bearbeitet und erzielte Ergebnisse auf die betreffende Grundgesamtheit generalisiert werden.

Sofern die Grundgesamtheit eindeutig definiert ist, bedarf es der entsprechenden Statistiken über die relevanten Merkmale der Grundgesamtheit. Mit solchen Statistiken können Entscheidungen über die Auswahl der Stichprobe aus der Grundgesamtheit getroffen werden. In PISA konnten beispielsweise die amtlichen Schulstatistiken ausgewertet werden, um die Gesamtpopulation der 15-Jährigen, welche als Zielgruppe für PISA 2012 in Deutschland definiert wurde, zu bestimmen. Hierbei wurde unter anderem das Merkmal Alter bzw. Geburtsdatum der Jugendlichen verwendet. Die Gesamtpopulation umfasste laut vorliegender Statistiken 798.136 Personen. Hiervon wurden 10.914 auf Schulebene ausgeschlossen (1,37%), sodass die tatsächlich angestrebte Grundgesamtheit aus 787.222 Jugendlichen bestand. Aus dieser Grundgesamtheit wurden 5.424 Jugendliche zufallsbasiert ausgewählt (vgl. dazu detailliert und weiterführend OECD 2013; Prenzel, Sälzer, Klieme & Köller 2013).

Wie der ersten Ergebniszeile in der Tabelle in Abbildung 7.4 entnommen werden kann, besuchten die 5.424 anvisierten Jugendlichen unterschiedliche Schulformen. Die größte Gruppe stellten dabei die Schüler:innen an Gymnasien dar (1.896), die kleinste Gruppe die Jugendlichen an Berufsschulen (116). Nicht alle ausgewählten Untersuchungsteilnehmer:innen konnten in PISA 2012 bei der Befragung bzw. Kompetenztestung auch erreicht werden: Wie den beiden letzten Ergebniszeilen der Tabelle in Abbildung 7.4 entnommen werden kann, nahmen letztlich nicht alle anvisierten 5.424, sondern nur 5.001 Proband:innen teil, was einer Ausschöpfung oder auch einem Rücklauf von 92,2% entspricht

$$(100 \cdot \frac{5001}{5424} = 92{,}2).$$

Betrachtet man den Rücklauf nach Schulform, so zeigt sich, dass im Gymnasium die höchste, in Sonder- und Förderschulen die niedrigste Quote (95,0% vs. 84,2%) vorliegt.

| Klassenstufe | Hauptschule | Schule mit mehreren Bildungsgängen | Integrierte Gesamtschule | Realschule | Gymnasium | Berufsschule | Sonder- und Förderschule | Summe |
|---|---|---|---|---|---|---|---|---|
| Insgesamt gezogen | 611 | 826 | 524 | 1.286 | 1.896 | 116 | 165 | 5.424 |
| 7 | 17 | 6 | 1 | 4 | 0 | | 4 | |
| 8 | 131 | 104 | 40 | 125 | 54 | | 43 | |
| 9 | 327 | 433 | 264 | 641 | 855 | | 86 | |
| 10 und 11 | 75 | 200 | 167 | 426 | 893 | | 6 | |
| Keine Zuordnung | | | | | | 99 | | |
| Insgesamt getestet | 550 | 743 | 472 | 1.196 | 1.802 | 99 | 139 | 5.001 |
| Ausschöpfung in % | 90,0 | 90,0 | 90,0 | 93,0 | 95,0 | 85,3 | 84,2 | 92,2 |

**Abb. 7.4:** Untersuchungsbeteiligung der 15-Jährigen in Deutschland nach Schulart und Klassenstufe in PISA 2012 (Prenzel et al. 2013, Tabelle 1.6)

## 7.3 Das Begriffspaar Deskriptive Statistik und Inferenzstatistik

Bereits bei der Klärung der Frage, was im Zusammenhang mit empirischer erziehungswissenschaftlicher Forschung unter Statistik zu verstehen ist, sind wir auf das Begriffspaar der Deskriptiven Statistik und der Inferenzstatistik zu sprechen gekommen (▶ Kap. 6.1). Wie erläutert wird dabei Bezug genommen auf zwei unterscheidbare Funktionen von Statistik (vgl. Bortz 2005):

- Statistik dient zum einen der *Aufbereitung*, *Zusammenfassung* und *Darstellung* von Informationen. Zentrales Ziel statistischer Anwendung ist es, erhobene Daten statistisch zu beschreiben („Beschreibende Statistik“ bzw. „Deskriptive Statistik“).
- Statistik dient der *Bewertung* von Informationen im Hinblick auf theoretische Aussagen, wobei Verfahren zur Überprüfung von Hypothesen eine zentrale Rolle spielen („Inferenzstatistik“).

Während Verfahren der *Deskriptiven Statistik* auf die Daten angewendet werden, die konkret erhoben wurden und als Datensatz der erreichten Stichprobe vorliegen, dient die Inferenzstatistik mit ihren Verfahren dazu, von den über eine Stichprobe ermittelten und vorliegenden Daten auf die der Stichprobe zugehörigen Grundgesamtheit (Population) zu schließen. Daher wird die Inferenzstatistik auch als „schließende Statistik“ bezeichnet. Im Falle von PISA (Abb. 7.4) geht es also darum, von den Ergebnissen der für die 5.001 erreichten Untersuchungsteilnehmer:innen auf die Grundgesamtheit von 787.222 Jugendlichen (OECD 2013) zu schließen.

Das Prinzip des Schließens vom Speziellen, vom Einzelfall auf das Allgemeine nennt man auch *Induktionsschluss* (Abb. 7.5). Es ist nachvollziehbar, dass die Aussagen der Inferenzstatistik in der Regel einen größeren Geltungsbereich haben als die Aussagen der Deskriptivstatistik. Letztere verbleibt bei der Betrachtung des konkret erhobenen Datenmaterials. Die Inferenzstatistik hingegen zielt mit dem Induktionsschluss auf die Generalisierung dieser, mithilfe der Deskriptiven Statistik erzeugten Ergebnisse auf die zugehörige Grundgesamtheit. Inferenzstatistische Aussagen bauen somit auf die Verfahren der Deskriptivstatistik auf, sie gehen jedoch über das Beobachtbare hinaus. Zugleich sind sie mit Unsicherheit behaftet und bedürfen einer Absicherung. Inferenzstatistische Verfahren arbeiten daher mit Wahrscheinlichkeiten. Dies wird nachfolgend an einem einfachen Anwendungsbeispiel inferenzstatistischer Verfahren, das Lesen des sog. Standardfehlers, konkret erläutert (▶ Kap. 7.4).
Notwendig ist die Anwendung inferenzstatistischer Verfahren allerdings nur, wenn die Stichprobe eine Teilmenge der Grundgesamtheit ist. Im zuvor genannten Beispiel zur Evaluation einer neuen Unterrichtsmethode (Abb. 7.2) würden sich inferenzstatistische Verfahren erübrigen, da durch die erreichte Vollerhebung (Stichprobe und Grundgesamtheit sind deckungsgleich) bereits mithilfe der Deskriptiven Statistik Aussagen über die zugehörige Grundgesamtheit getroffen werden können.

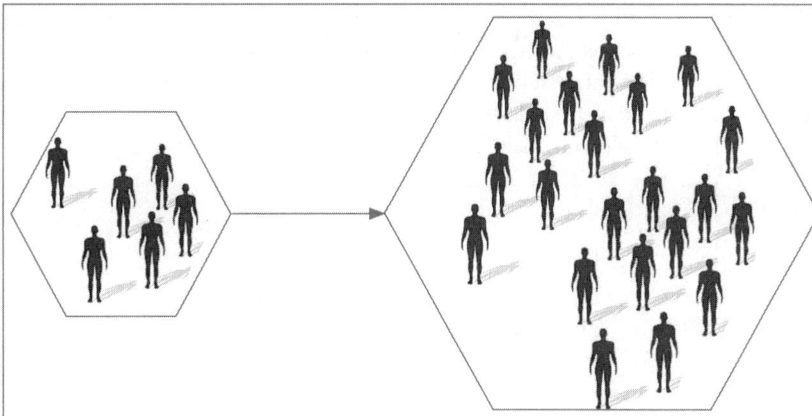


**Abb. 7.5:** Induktionsschluss

## 7.4 Inferenzstatistischer Exkurs: Wie lese ich den Standardfehler?

Ein einfaches Beispiel für die Verwendung inferenzstatistischer Verfahren ist die Ausweisung des *Standardfehlers* für einen deskriptiven Kennwert. Im Beispiel 2 der

Tabelle in Abbildung 6.1 ist uns das Konzept des Standardfehlers bereits begegnet: Zusätzlich zu jeder prozentualen Häufigkeitszustimmung der befragten 15-Jährigen zu vorgegebenen Unterrichtsmerkmalen (Lehrer:innensteuerung, Rückmeldung, Schüler:innenorientierung) wird der Standardfehler angegeben. Wie liest man den Standardfehler (im Englischen *standard error*, abgekürzt als *SE*)?
Es handelt sich um ein Maß für die Genauigkeit der Schätzung des jeweiligen Stichprobenwertes für die Grundgesamtheit. Wir betrachten beispielhaft den prozentualen Anteil der Antwortkategorie „in jeder Stunde“ in Höhe von 30,3%. Dieser ist zunächst ein mithilfe der Deskriptiven Statistik auf Basis der Stichprobe tatsächlich an der PISA-Erhebung teilgenommener Jugendlichen erzeugter statistischer Kennwert (weiterführend zum Konzept der prozentualen Häufigkeit, Kap. 10.1). Die Inferenzstatistik begegnet uns hier also erst in Form der Angabe des Standardfehlers.
Mithilfe des in Klammern angegebenen Standardfehlers ($SE = 1,1$) ist die Berechnung eines Vertrauensbereichs möglich, auch als *Konfidenzintervall* (im Englischen *confidence interval*, abgekürzt als *CI*) bezeichnet. Die Berechnung erfolgt in der Regel, indem der Standardfehler mit dem Faktor 1,96 multipliziert wird (vgl. dazu die nachfolgenden Ausführungen). Der sich daraus ergebende Wert ($1,1 \cdot 1,96 = 2,156 \approx 2,2$) wird sowohl oberhalb als auch unterhalb der prozentualen Zustimmung abgetragen. Dadurch entsteht ein Intervall, im vorliegenden Fall zwischen 28,1% und 32,5% (Abb. 7.6). Die Inferenzstatistik lässt die Interpretation zu, dass mit 95%-iger Wahrscheinlichkeit der Populationswert, also der Anteil θ (griechisch Theta) der Ausprägung in der Grundgesamtheit, in diesem Intervall liegt. Zugleich besteht die Irrtumswahrscheinlichkeit in Höhe von 5%, dass θ nicht in diesem Intervall liegt, sondern sich oberhalb der oberen Grenze von 32,5% oder unterhalb der unteren Grenze von 28,1% befindet.

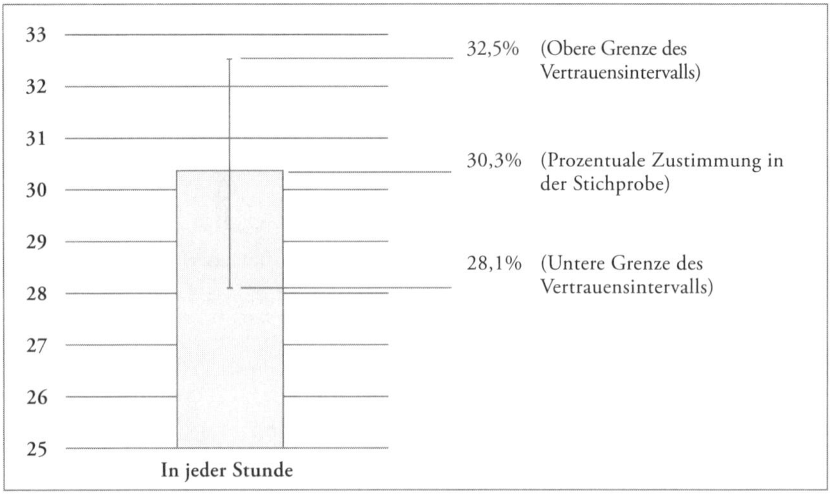


**Abb. 7.6:** Bildung eines Vertrauensintervalls mithilfe des Standardfehlers

Mit der PISA-Studie wird das Interesse verfolgt, den Anteil θ zu ermitteln. Da θ jedoch, unter anderem aufgrund einer fehlenden Vollerhebung der knapp 800.000 15-Jährigen, unbekannt ist und keine Populationsstatistik für dieses Merkmal existiert, bedarf es einer mehr oder weniger genauen Schätzung. Da eine solche Schätzung immer fehlerbehaftet ist, wird mit einer Irrtumswahrscheinlichkeit gearbeitet. Diese ist eine Konvention und liegt in der Regel bei 5%. Die meisten inferenzstatistischen Aussagen in erziehungswissenschaftlichen Studien beanspruchen daher eine Genauigkeit ihrer Schätzung von 95%.
Da der Standardfehler der Verteilungsannahme einer Standardnormalverteilung – einer Normalverteilung („Glockenkurve") mit Mittelwert und Erwartungswert 0 und Varianz sowie Standardabweichung 1 (▶ Kap. 10; vgl. Tachtsoglou & König 2017) – folgt, lässt sich die Irrtumswahrscheinlichkeit über den Flächeninhalt der Standardnormalverteilung ablesen: Die Irrtumswahrscheinlichkeit von 5% wird dabei rechts und links des Flächeninhalts der Glockenkurve jeweils hälftig (also um 2,5% rechts und 2,5% links) „abgezogen", da der Anteil θ nur zu 95%-iger Wahrscheinlichkeit im Konfidenzintervall liegen soll. Damit wird berücksichtigt, dass die Schätzung von θ gleichermaßen ober- und unterhalb des Intervalls in Abbildung 7.6 fehlerbehaftet sein kann. Die so definierten Grenzen des Flächeninhalts, der durch die Kurve der Standardnormalverteilung definiert wird (Abb. 7.7), nach rechts und links können dort auf der *x*-Achse der Standardnormalverteilung als sog. *z*-Werte abgelesen werden. Sie betragen rechts $z = 1{,}96$ und links $z = -1{,}96$. Damit ergibt sich der oben genannte Faktor 1,96, mit dem der Standardfehler multipliziert und zur Bildung eines Konfidenzintervalls einmal oberhalb und einmal unterhalb des Stichprobenkennwertes (im Beispiel 30,3%) abgetragen werden muss (Abb. 7.6).

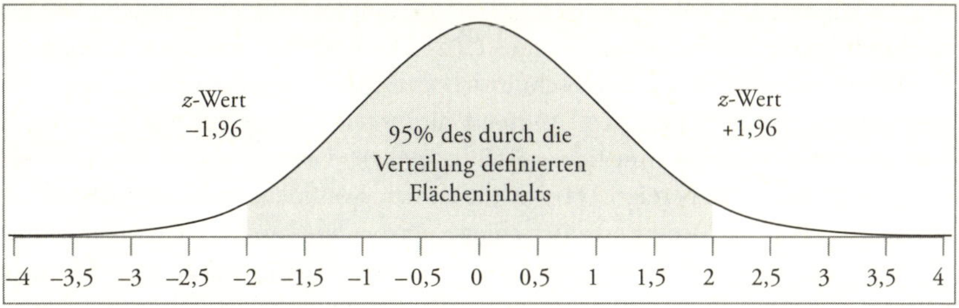


**Abb. 7.7:** Standardnormalverteilung mit Markierung der *z*-Werte ± 1,96

Die hier knapp dargestellte Vorgehensweise zur Schätzung eines Populationsanteils θ ist beispielhaft für inferenzstatistische Fragestellungen. Häufig ist die Schätzung von weiteren Populationsparametern anzutreffen, etwa die Schätzung von Populationsmittelwerten (vgl. Tachtsoglou & König 2017). In PISA sind vor allem die Darstellungen zur Schätzung der durchschnittlichen Kompetenzen von 15-Jährigen im Vergleich der Teilnehmerländer bekannt. Abbildung 7.8 ist ein kleiner beispielhafter Ausschnitt aus der Darstellung der Lesekompetenz im internationalen Vergleich aus PISA 2012 (OECD 2013) zu entnehmen.

| | | Alle Schüler | | | | Geschlechtsspezifische Unterschiede | | | | | |
|---|---|---|---|---|---|---|---|---|---|---|---|
| | | Mittelwert | | Standardabweichung | | Jungen | | Mädchen | | Differenz (J-M) | |
| | | Punktzahl | S.E. | S.D. | S.E. | Mittelwert | S.E. | Mittelwert | S.E. | Punktdiff. | S.E. |
| *OECD-Länder* | **Australien** | 512 | (1.6) | 97 | (1.0) | 495 | (2.3) | 530 | (2.0) | **-34** | (2.9) |
| | **Österreich** | 490 | (2.8) | 92 | (1.8) | 471 | (4.0) | 508 | (3.4) | **-37** | (5.0) |
| | **Belgien** | 509 | (2.3) | 102 | (1.7) | 493 | (3.0) | 525 | (2.7) | **-32** | (3.5) |
| | **Kanada** | 523 | (1.9) | 92 | (0.9) | 506 | (2.3) | 541 | (2.1) | **-35** | (2.1) |
| | **Chile** | 441 | (2.9) | 78 | (1.4) | 430 | (3.8) | 452 | (2.9) | **-23** | (3.3) |
| | **Tschech. Rep.** | 493 | (2.9) | 89 | (1.9) | 474 | (3.3) | 513 | (3.4) | **-39** | (3.7) |
| | **Dänemark** | 496 | (2.6) | 86 | (2.2) | 481 | (3.3) | 512 | (2.6) | **-31** | (2.8) |
| | **Estland** | 516 | (2.0) | 80 | (1.2) | 494 | (2.4) | 538 | (2.3) | **-44** | (2.4) |
| | **Finnland** | 524 | (2.4) | 95 | (1.3) | 494 | (3.1) | 556 | (2.4) | **-62** | (3.1) |
| | **Frankreich** | 505 | (2.8) | 109 | (2.3) | 483 | (3.8) | 527 | (3.0) | **-44** | (4.2) |
| | **Deutschland** | 508 | (2.8) | 91 | (1.7) | 486 | (2.9) | 530 | (3.1) | **-44** | (2.5) |

**Abb. 7.8:** Beispiel Schüler:innenleistungen auf der Gesamtskala Lesekompetenz: Mittelwert, Varianz und geschlechtsspezifische Unterschiede (OECD 2013, 406, Tabellenausschnitt)

Aus der Tabelle lässt sich ablesen, dass die Stichprobe der 15-Jährigen in Deutschland einen Mittelwert (Durchschnittswert, Kap. 10) in Höhe von 508 Punkten erreicht hat. Das Konfidenzintervall (*CI*) bei einem Standardfehler (*SE*) in Höhe von 2,8 lautet: $508 - 1{,}96 \cdot 2{,}8 \leq CI \leq 508 + 1{,}96 \cdot 2{,}8$. Im Falle von Finnland beträgt das Konfidenzintervall: $524 - 1{,}96 \cdot 2{,}4 \leq CI \leq 524 + 1{,}96 \cdot 2{,}4$. Die obere Grenze des Konfidenzintervalls für die durchschnittlich erreichte Lesekompetenz in Deutschland beträgt also gerundet 514, während die untere Grenze für das Konfidenzintervall für die durchschnittlich erreichte, höhere Lesekompetenz in Finnland gerundet 519 Punkte beträgt. Da sich die beiden Konfidenzintervalle nicht überschneiden, sind die Mittelwertunterschiede der beiden Länder Deutschland und Finnland *statistisch signifikant* unterschiedlich. Damit ist gemeint, dass bei einer 95%-igen Wahrscheinlichkeit auch in den Populationen beider Teilnehmerländer unterschiedliche Leistungen in der Lesekompetenz zu erwarten sind (vgl. Tachtsoglou & König 2017).

Darüber hinaus dienen inferenzstatistische Verfahren dem Testen statistischer Hypothesen: Hierfür werden wissenschaftliche Hypothesen, wie wir sie bereits kennengelernt haben (▶ Kap. 6.3) in statistische Hypothesen überführt (vgl. Bortz 2005). Diese könnten zum Beispiel folgende Populationskennwerte adressieren:

- Vergleich zweier Populationsmittelwerte: Sind Schülerinnen und Schüler unterschiedlich gut im Lesen? Diese *Unterschiedshypothese* könnte zum Beispiel anhand der PISA-Ergebnisse in Abbildung 7.8 bearbeitet und geprüft werden (anhand der Spalte „Geschlechtsspezifische Unterschiede").
- Vergleich zweier Populationsmittelwerte: Spielen Kinder besser Memory als junge Erwachsene? (*Veränderungshypothese*)
- Prüfung, ob eine Populationskorrelation von Null verschieden ist: Zusammenhang zwischen „Lernmotivation" und „Lernerfolg" (*Zusammenhangshypothese*)

Diese statistischen Hypothesen werden meist mittels Signifikanztest überprüft (vgl. Tachtsoglou & König 2017). Ein Signifikanztest dient der Überprüfung einer Hypothese, die die Eigenschaften einer oder mehrerer Populationen betrifft. Dabei macht er die Annahme, dass aus einer Population Personen per Zufall gezogen werden. Abhängig von der zufälligen Auswahl der Elemente aus der Population haben bestimmte Werte in der Stichprobe eine bestimmte Wahrscheinlichkeit. Potentiell untersuchbare Elemente, die ein gemeinsames Merkmal oder mehrere gemeinsame Merkmale aufweisen, sind zum Beispiel.

- 15-Jährige in Deutschland (vgl. PISA, OECD 2013; Prenzel et al. 2013),
- Schüler:innen der 4. Jahrgangsstufe in Deutschland (vgl. IGLU, Hußmann et al. 2017),
- Absolvent:innen von Kölner Berufskollegs im Herbst/Winter 2011 (vgl. Zepp & König 2014),
- Erstsemesterstudierende an Universitäten und Pädagogischen Hochschulen, die im Wintersemester 2011/12 ein Lehramtsstudium aufgenommen haben (vgl. König, Rothland, Darge, Lünnemann & Tachtsoglou 2013),
- Schüler:innen einer Schulklasse eines bestimmten Gymnasiums in Köln.

Als weiterführende Lektüre zur Einführung in die Inferenzstatistik in der Erziehungswissenschaft sei Tachtsoglou und König (2017) empfohlen.

## 7.5 Stichprobenarten

Die Stichprobe wurde bisher definiert als eine Teilmenge aus einer Population, die nach bestimmten Regeln gewonnen wird. Für die Elemente der Stichprobe liegen Beobachtungs- bzw. Untersuchungswerte vor. Sofern von inferenzstatistischen Verfahren Gebrauch gemacht wird, sollen diese Werte auf die Population generalisiert werden. Inferenzstatistische Verfahren setzen bestimmte Bedingungen voraus, die Stichproben erfüllen sollen. Daher ist es wichtig, Stichprobenarten zu unterscheiden und mögliche Kriterien zur Beurteilung der Qualität von Stichproben in den Blick zu nehmen (vgl. weiterführend Tachtsoglou & König 2017).

### 7.5.1 Zufallsgesteuerte vs. nicht-zufallsgesteuerte Auswahlverfahren

Es gibt unterschiedliche Verfahren, wie Personen für eine Stichprobe ausgewählt werden. Abbildung 7.9 ist ein Überblick zu entnehmen. Grundsätzlich unterscheidet man *zufallsgesteuerte* und *nicht-zufallsgesteuerte* Auswahlverfahren. In aller Regel sind zufallsgesteuerte Verfahren vorzuziehen, da sie für repräsentative Stichprobenzusammensetzungen nötig sind.

| **Über die Auswahl der Objekte entscheidet der Zufall** | **Nicht-zufallsgesteuert** |
|---|---|
| Zufallsstichprobe<br>Klumpenstichprobe<br>Geschichtete Stichprobe | Ad hoc Auswahl bzw. Gelegenheitsstichprobe<br>Theoriegeleitete Auswahl |

**Abb. 7.9:** Unterscheidung zufallsgesteuerter und nicht-zufallsgesteuerter Verfahren

### 7.5.2 Zufallsstichprobe

Bei einer einfachen *Zufallsstichprobe* handelt es sich um ein Verfahren, bei dem jedes Mitglied einer Population die gleiche Chance hat, in die Stichprobe aufgenommen zu werden. Aus einer Grundgesamtheit von $N$ Objekten wird eine Stichprobe von $n$ Objekten gezogen: „Eine einfache Zufallsstichprobe ist eine Teilmenge aus einer Grundgesamtheit, wenn alle gleich großen Teilmengen, die aus dieser Grundgesamtheit gebildet werden können, gleich wahrscheinlich sind.“ (Bortz 2005, 87).

Ein einfaches Beispiel für eine einfache Zufallsstichprobe kann man sich mit einem Würfel vergegenwärtigen. Ein üblicher Spielwürfel weist eine Population von Objekten $N = 6$ mit den Werten 1, 2, 3, 4, 5 und 6 auf. Dabei hat jeder Wert (1, 2, 3, 4, 5, 6) die gleiche Wahrscheinlichkeit $p$ (engl. *probability*) des Auftretens $p = \frac{1}{6}$. Eine einfache Zufallsstichprobe von $n = 2$ ergibt zum Beispiel die Werte 2 und 5.

Eine erziehungswissenschaftliche Studie ist demgegenüber üblicherweise deutlich komplexer. In der empirischen Schulforschung wird in der Regel bei der Befragung oder Testung von Proband:innen auf administrative Personenregister zurückgegriffen, die alle Personen der Population umfassen. Relevante Populationsstatistiken können dann darüber informieren, wie groß die Grundgesamtheit von $N$ Objekten ist und, anhand grundlegender Merkmale, etwa sozio-demographischer Merkmale wie Alter oder Geschlecht, wer zu dieser Grundgesamtheit zählt. Wie bereits oben erwähnt, wurde zum Beispiel in PISA auf Schüler:innen-Register der Ministerien und Schulämter zurückgegriffen (OECD 2013; Prenzel et al. 2013). Diese informierten beispielsweise anhand des Geburtsdatums über das Alter der in Frage kommenden Jugendlichen, sodass eine Definition von 15-Jährigen zum Befragungszeitpunkt entsprechend genutzt werden konnte. Um aus solchen Registern anschließend eine Zufallsstichprobe zu ziehen, kommen in der Regel Computerverfahren unterstützend zum Einsatz. Diese wählen eine bestimmte Anzahl von

Proband:innen aus den Registern aus, wobei die Register zuvor als Matrix von einer entsprechenden Software (z. B. SPSS oder Excel) eingelesen wurden.
Komplexere Auswahlverfahren, die auf dem Prinzip der einfachen Zufallsstichprobe aufbauen, sind beispielsweise die *Klumpenstichprobe* und die *geschichtete Stichprobe* (vgl. weiterführend Tachtsoglou & König 2017). Bei der Klumpenstichprobe sind die Untersuchungsobjekte in mehreren Klumpen, also Gruppen oder Cluster, gefasst, die dann zufallsbasiert gezogen werden. Möchte man beispielsweise Grundschulkinder in eine Untersuchung einbeziehen, diese aber nicht direkt erreichbar sind, könnte man über eine Auswahl von Grundschulen gehen, die dann die Klumpen darstellen, innerhalb derer Grundschulkinder zufällig gezogen werden würden. Eine geschichtete Stichprobe berücksichtigt die hierarchische Schachtelung bei der Zufallsauswahl. In PISA stellten beispielsweise unter anderem das Bundesland, Schulformen, Einzelschulen geschachtelte „Schichten“ des Stichprobendesigns dar (vgl. weiterführend OECD 2013). Ob eine einfache Zufallsauswahl bereits ausreicht oder aber ein komplexeres Auswahlverfahren im Zuge eines Stichprobendesigns zur Anwendung kommt, muss im Zusammenhang weiterer Überlegungen und Bedingungsfaktoren der zur planenden empirischen Untersuchung wie der interessierenden Fragestellung, der anvisierten Reichweite der zu erzielenden Befunde oder auch vorhandene organisatorische, finanzielle oder sonstige Möglichkeiten der Datenerhebung bzw. des Feldzugangs entschieden werden.

### 7.5.3 Rücklauf

Der *Rücklauf* gilt als ein wichtiger Indikator zur Beurteilung der Repräsentativität einer Stichprobe. Wie viele der durch die Stichprobenziehung eingeplanten („gezogenen“) Personen haben tatsächlich an der Studie teilgenommen? Meist wird der Rücklauf in Prozent angegeben („Rücklaufquote“ oder auch „Ausschöpfungsquote“, Abb. 7.4). Grundsätzlich besteht die Gefahr einer Stichprobenverzerrung durch systematische Nicht-Teilnahme (*non-response bias*) von Proband:innen. Wenn zum Beispiel bei quantitativen Studien mit einem Leistungstest von den ausgewählten Teilnehmenden eher die leistungsschwächeren Proband:innen eine Teilnahme ablehnen, kann das durchschnittliche Testergebnis der erreichten Stichprobe insgesamt besser ausfallen (nach oben systematisch verzerrt sein) als es in der Population wie auch in einer unverzerrten Stichprobe hätte erwartet werden können. Die hohen Rücklaufquoten in PISA stellen einen hohen Standard dar – in der empirischen Schulforschung werden in der Regel deutlich niedrigere Rücklaufquoten berichtet.

### 7.5.4 Nicht-zufallsgesteuerte Verfahren

Bei *nicht-zufallsgesteuerten Auswahlverfahren* ist die Repräsentativität immer fraglich. Zumindest bleibt die Frage offen, inwieweit von der Stichprobe auf die Grundgesamtheit geschlossen werden kann. Streng genommen sind dann inferenzstatistische Verfahren nicht oder nur eingeschränkt anwendbar. Besonders problematisch ist es, wenn die Grundgesamtheit nicht oder nicht präzise definiert werden kann. In der Folge können zum Beispiel Varianzen (▶ Kap. 10.1) erhobener Variablen eingeschränkt sein. Nicht-zufallsgesteuerte Auswahlverfahren sind die *Ad hoc Auswahl* bzw. die *Gelegenheitsstichprobe*. Dabei werden Personen ausgewählt, die zum Untersuchungszeitpunkt einfach zu erreichen sind. Zum Beispiel möchte eine Dozentin ein kurzes Experiment durchführen und beauftragt dafür die Assistent:innen ihrer Abteilung zur Teilnahme, da diese direkt im Nebenraum sitzen. Oder ein Interviewer befragt eine Gruppe von Freund:innen im Rahmen seiner Untersuchung, weil er diese gleichzeitig aus anderen, privaten Gründen am gleichen Tag antrifft. Während die Ad hoc Auswahl und die Gelegenheitsstichprobe als *willkürliche* nicht-zufallsgesteuerter Verfahren betrachtet werden, kann die theoriegeleitete Auswahl ein *bewusst* nicht-zufallsgesteuertes Vorgehen darstellen. Bei einer *theoriegeleiteten Auswahl* steht im Vordergrund, dass die Auswahl der Stichprobe nach theoretischen Gesichtspunkten erfolgt. Dies kann bedeutsam sein, wenn zur Population keine oder kaum Informationen vorliegen, um eine zufallsbasierte Stichprobe auswählen zu können. Denkbar wäre zum Beispiel, dass für eine Evaluation zum Thema Nachhilfeunterricht solche Schüler:innen ausgewählt werden, die angeben, Nachhilfeunterricht in den letzten Wochen erhalten zu haben.

**Zusammenfassung:** Die Grundgesamtheit (oder Population) ist die eigentliche Zielgruppe, über die eine empirische Untersuchung Aussagen trifft. Die Stichprobe ist eine Teilmenge aus der Grundgesamtheit. Sie wird nach bestimmten Regeln gewonnen. Die Deskriptive Statistik umfasst Verfahren zur Analyse der Stichprobe als konkreten Datensatz. Bei einer Vollerhebung wird die Grundgesamtheit vollständig in die Stichprobe aufgenommen. Findet hingegen eine Auswahl statt, dann bietet die Inferenzstatistik Techniken zur Verallgemeinerung der Stichprobendaten auf die Grundgesamtheit. Ein Beispiel dafür ist der Standardfehler für einen deskriptiven Kennwert, der die Genauigkeit der Schätzung eines Stichprobenwertes für die Grundgesamtheit angibt. Es werden verschiedene Stichprobenarten unterschieden. Zusammenfassend ergeben sich folgende Merkmale von Stichproben quantitativer Studien in der Schulforschung. Diese können bei der Rezeption und kritischen Beurteilung von empirischen Studien oder aber auch bei der Durchführung einer eigenen empirischen Studie von Bedeutung sein:

- Möglichst präzise Definition der Grundgesamtheit bzw. Population
- Angabe zur anvisierten Stichprobe (z. B. Definition der Stichprobe, Angaben zum Vorgehen bei der Erzeugung einer Zufallsstichprobe)
- Angaben zur erreichten Stichprobe
- Angabe der Rücklaufquote bzw. Ausschöpfungsquote
- Informationen zur Verteilung von Merkmalen der Stichprobe im Vergleich zu Merkmalen in der Population (z. B. Alter oder Geschlecht von Proband:innen)

**Fragen zum Textverständnis**

(1.) Erläutern Sie das Begriffspaar Stichprobe und Grundgesamtheit.
(2.) Worin liegen die zentralen Unterschiede zwischen der Deskriptiven Statistik und der Inferenzstatistik?
(3.) Wie kann man den Standardfehler in einer Ergebnisdarstellung wie zum Beispiel in Abbildung 6.1 lesen?
(4.) Welche Stichprobenarten kann man unterscheiden?
(5.) Was sind Kriterien zur Beurteilung der Qualität von Stichproben in empirischen Untersuchungen der Schulforschung?

**Forschungspraktische Fragen**

(1.) Angenommen, Sie möchten eine eigene empirische Untersuchung durchführen und entscheiden sich dabei für eine Vollerhebung: Wie lautet die – möglichst präzise – Definition der Stichprobe/Grundgesamtheit Ihrer Untersuchung? Welche deskriptivstatistischen Verfahren (▶ Kap. 10) werden Sie bei der statistischen Datenanalyse benötigen?
(2.) Angenommen, Sie möchten in Ihrer eigenen Untersuchung Ihre Ergebnisse generalisieren und verwenden eine Stichprobe, um von dieser auf die zugehörige Grundgesamtheit zu schließen. Welche Art von Stichprobe können Sie realisieren? Wie hoch ist der Rücklauf nach der Datenerhebung? Welche inferenzstatistischen Verfahren (vgl. weiterführende Lektüre) werden Sie bei der statistischen Datenanalyse benötigen?

**Weiterführende Literatur**

Bortz, J. & Schuster, C. (2010): Statistik für Human- und Sozialwissenschaftler. 7. Aufl. Berlin & Heidelberg.

Döring, N. & Bortz, J. (2016): Forschungsmethoden und Evaluation in den Sozial- und Humanwissenschaften. 5. Aufl. Heidelberg.

Tachtsoglou, S. & König, J. (Hrsg.) (2017): Statistik für Erziehungswissenschaftlerinnen und Erziehungswissenschaftler. Konzepte, Beispiele und Anwendungen in SPSS und R. Wiesbaden, https://doi.org/10.1007/978-3-658-13437-2.

# 8 Grundlagen der Messung

**Erwartungshorizont**
Nach der Lektüre des Kapitels sollten Sie wissen,
- welches Verständnis der Messtheorie quantitativen Studien der Erziehungswissenschaft zugrunde liegt und
- wie zentrale Begriffe und Konzepte der Messtheorie in Verbindung mit forschungspraktischen Problemstellungen gebracht werden können.

Bei der Erhebung von Daten in empirischen Untersuchungen der erziehungswissenschaftlichen Schulforschung geht es grundsätzlich darum, bestimmte Eigenschaften, das heißt *Merkmale*, der untersuchten Personen oder Objekte, das heißt *Merkmalsträger*, zu erfassen. Dass Merkmale von Personen und nicht die Personen an sich im Mittelpunkt des Forschungsinteresses stehen, haben bereits die Beispiele in Abbildung 6.1 verdeutlicht: Im ersten Beispiel steht die *fachspezifische Lernfreude* als Merkmal der Merkmalsträger *Schüler:innen* im Fokus, während das zweite Beispiel *Unterrichtsmerkmale* und die Häufigkeit ihres Auftretens im Erleben von *15-Jährigen* als Merkmalsträger in den Blick nehmen. Die beiden Beispiele in Abbildung 6.3 befassen sich ferner mit den Merkmalen *Emotionale Probleme und Verhaltensprobleme* bei den Merkmalsträgern *Schüler:innen* der 6. und 10. Klasse (vgl. Bilz 2014) sowie mit dem Merkmal getesteter *Rechtschreibleistung* bei den Merkmalsträgern *Grundschüler:innen* (vgl. Schulte-Körne, Deimel, Hülsmann, Seidler & Remschmidt 2001). Die aufgezählten Beispiele verdeutlichen, dass mit dem Einsatz entsprechender Fragebögen oder Tests kein Anspruch auf eine ganzheitliche Erfassung von Personen verfolgt wird. Vielmehr zielen quantitative Forschungszugänge auf eine analytisch differenzierte Erhebung von Informationen zu einzelnen, möglichst klar definierten Merkmalen bei Trägern dieser Merkmale.
Während im vorausgegangenen Kapitel der Frage nachgegangen wurde, wer als Teilnehmer:in, also als Merkmalsträger, in eine empirische Untersuchung einbezogen wird, geht es im vorliegenden Kapitel nun um die Frage, *wie Merkmale bei Merkmalsträgern empirisch erfasst werden können.* Wiederum befinden wir uns im Modell zum forschungslogischen Ablauf mit diesen Überlegungen im Bereich des Begründungszusammenhangs (Abb. 7.1). Das vorliegende Kapitel zielt dabei auf eine Einführung in die Grundlagen des Messens in quantitativen erziehungswissenschaftlichen Untersuchungen. Es folgt ausführlicheren Darstellungen, die üblich

für die Sozial- und Humanwissenschaften sind (vgl. Döring & Bortz 2016; Bortz 2005), bezieht diese jedoch stärker auf Anliegen der empirischen Schulforschung (vgl. Tachtsoglou & König 2017). An das vorliegende Kapitel wird mit dem nachfolgenden Kapitel 9 angeschlossen, in dem es um eine Systematisierung konkreter Erhebungsinstrumente der Schulforschung geht.

Dem forschungslogischen Ablauf empirischer Untersuchung (Abb. 8.1) ist unter anderem mit dem Begriff der „Auswertung" zu entnehmen, dass quantitative Untersuchungen verschiedene Vorgehensweisen der statistischen Datenanalyse umfassen (▶ Kap. 10). Bevor allerdings mit einer solchen Analyse begonnen werden kann, müssen sich Forschende zunächst einen Zugang verschaffen zu jenen Merkmalen bzw. Eigenschaften, die in ihrer empirischen Untersuchung eine Rolle spielen und für die sie sich interessieren, das heißt sie müssen sie erfassen oder auch: messen. Die *Messung* geht daher im Ablauf empirischer Untersuchungen der statistischen Datenanalyse voraus.

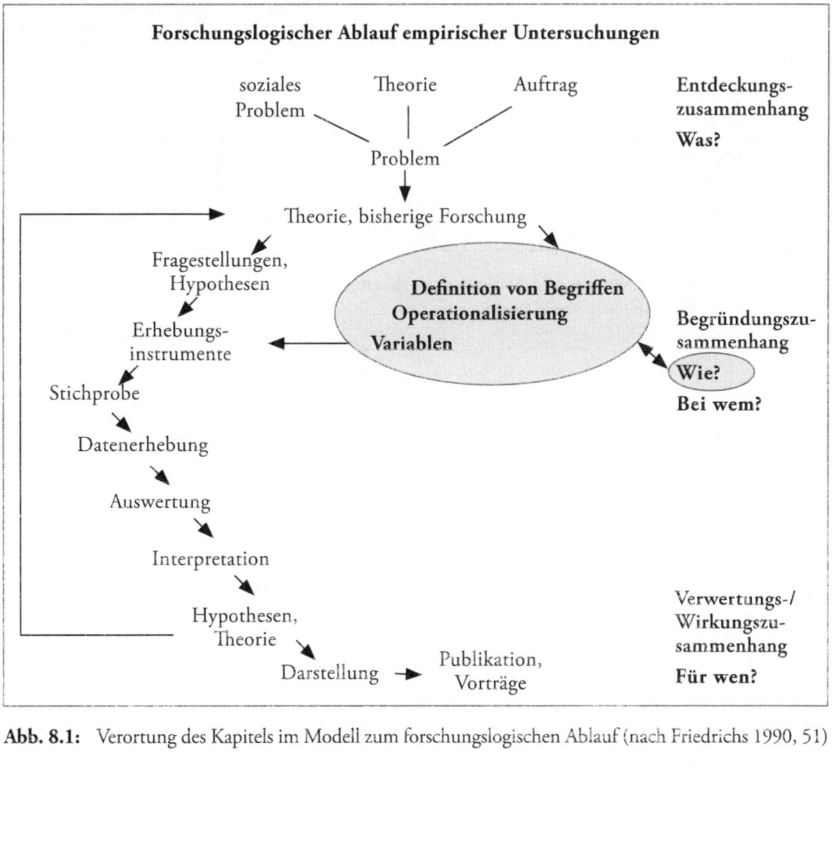


**Abb. 8.1:** Verortung des Kapitels im Modell zum forschungslogischen Ablauf (nach Friedrichs 1990, 51)

## 8.1 Was ist „Messen“ in der Erziehungswissenschaft? Ein Beispiel zu Beginn

Füllen Sie den folgenden Fragebogen in Abbildung 8.2 für sich aus. Versuchen Sie dabei bzw. anschließend auf folgende Fragen Antworten zu finden:

1. Welche Merkmale werden erfragt?
2. Wie werden die Merkmale „gemessen“?

1. Welches Geschlecht haben Sie?

   ☐ weiblich ☐ männlich ☐ divers

2. Wie alt sind Sie? _______ Jahre

3. Wie groß sind Sie? _______ cm

4. Wie ist es bei Ihnen?
   Im Studium geht es mir darum, …

*Kreuzen Sie ein Kästchen pro Zeile an*

| | | stimmt gar nicht | stimmt eher nicht | weder noch | stimmt eher | stimmt genau |
|---|---|---|---|---|---|---|
| A. | …etwas Interessantes zu lernen. | ☐ | ☐ | ☐ | ☐ | ☐ |
| B. | …zum Nachdenken angeregt zu werden. | ☐ | ☐ | ☐ | ☐ | ☐ |
| C. | …ein tiefes Verständnis für die Inhalte zu erwerben. | ☐ | ☐ | ☐ | ☐ | ☐ |

5. Wie schätzen Sie Ihre Englisch-Sprachkenntnisse ein?
   Geben Sie sich eine Schulnote.

*Kreuzen Sie ein Kästchen an.*

| 1 | 2 | 3 | 4 | 5 | 6 |
|---|---|---|---|---|---|
| ☐ | ☐ | ☐ | ☐ | ☐ | ☐ |

6. Wie lautet das Auto-Kennzeichen Ihres Wohnortes (z. B. K für Köln)?

   ___________

**Abb. 8.2:** Beispiel-Fragebogen für Studierende

Mit dem Ausfüllen des Fragebogens sind Sie möglicherweise zu folgenden Überlegungen gelangt: Frage 1 erfasst das Merkmal „Geschlecht“ mit den Kategorien „weiblich“, „männlich“ und „divers“.[62] Frage 2 fragt nach dem Alter in Jahren, Frage 3 nach der Körpergröße in Zentimeter. Frage 4 gliedert sich in drei Merkmale (A, B, C), um die Lernmotivation im Studium[63] zu erfragen, wobei jeweils ein Zustimmungs- bzw. Ab-

62 Zur Diskussion weiterer Kategorien vgl. z.B. Muschalik, Otten, Breuer & von Rüden (2021).

63 Es handelt sich um einen Ausschnitt aus einem Fragebogen von Spinath, Stiensmeier-Pelster, Schöne & Dickhäuser (2002).

lehnungsformat zum Tragen kommt. Frage 5 fragt nach einer Selbsteinschätzung der eigenen Englisch-Sprachkenntnisse in Form einer Schulnote. Frage 6 schließlich fragt nach dem Wohnort, der über das zugehörige Auto-Kennzeichnen erfasst werden soll. Werden die im Fragebogen identifizierten Merkmale (Geschlecht, Alter, Körpergröße, Lernmotivation, Englisch-Sprachkenntnisse, Wohnort) auch „gemessen"? In der Erziehungswissenschaft wird – wie im Allgemeinen in den Human- und Sozialwissenschaften – ein Messvorgang damit charakterisiert, dass *„nach gewissen Regeln einem Objekt bezüglich der Ausprägung einer Eigenschaft eine Zahl zugeordnet wird"* (Bortz & Schuster 2010, 13).
Um diesen Vorgang des „Messens" genauer zu verstehen, betrachten Sie die Abbildung 8.3. Nehmen wir an, es wurden mit dem Fragebogen (Abb. 8.2) neun Personen befragt. Ihre Antworten wurden in numerische Werte überführt und in einer Datenmatrix (Abb. 8.3) angeordnet: Jede Zeile stellt eine Person, jede Spalte eine Variable dar. Das Anfertigen einer solchen Datenmatrix, unterstützt durch entsprechende PC-Software wie Excel oder SPSS, ist sehr üblich in quantitativen Untersuchungen. Die numerischen Werte lassen sich im Anschluss datentechnisch weiterverarbeiten und erlauben verschiedene statistische Auswertungen (▶ Kap. 10).

| Geschlecht | Alter | Größe | Motivation A | Motivation B | Motivation C | Englisch | Wohnort |
|---|---|---|---|---|---|---|---|
| 1 | 21 | 165 | 5 | 4 | 3 | 1 | 0 |
| 1 | 21 | 168 | 4 | 4 | 4 | 2 | 0 |
| 1 | 21 | 175 | 5 | 5 | 4 | 1 | 0 |
| 1 | 22 | 171 | 3 | 4 | 3 | 3 | 1 |
| 1 | 22 | 170 | 4 | 4 | 4 | 3 | 1 |
| 0 | 20 | 169 | 3 | 3 | 2 | 4 | 0 |
| 0 | 23 | 174 | 4 | 3 | 3 | 3 | 0 |
| 0 | 24 | 180 | 4 | 3 | 2 | 3 | 0 |
| 0 | 24 | 181 | 4 | 3 | 4 | 2 | 0 |

**Abb. 8.3:** Beispiel-Datenmatrix, generiert aus Angaben zum Fragebogen (Abb. 8.2) von neun fiktiven Personen

## 8.2 Was ist eine Variable?

Um entsprechend von einem Merkmal (z. B. Geschlecht) zu einer Variable zu gelangen, sind unter anderem die folgenden Schritte nötig (Tachtsoglou & König 2017, 10):

- Die Erfassung eines Merkmals setzt eine präzise Messvorschrift (sog. *Operationalisierung*) voraus. Diese beinhaltet zum Beispiel, dass die Erhebung von Informationen im vorliegenden Beispiel mithilfe eines Fragebogens (Abb. 8.2) durchgeführt wurde und im Falle des Merkmals „Geschlecht" nur drei Antwortkategorien vorgesehen sind, zwischen denen sich Befragte entscheiden sollen. Generell geht es um die Angabe der Operationen, die zur Erfassung des bezeichneten Sachverhalts notwendig sind.

- Die Operationalisierung definiert, wie unterschiedliche Ausprägungen eines Merkmals in Zahlen übertragen werden. So erhält im vorliegenden Beispiel eine Person mit der gewählten Antwortkategorie „männlich“ den Wert 0, eine Person mit der gewählten Kategorie „weiblich“ den Wert 1 zugeordnet (Abb. 8.3). Für die im Datenbeispiel nicht auftretende, jedoch vorgesehene Kategorie „divers“ ist der Wert 2 vorgesehen.
- Die Übertragung nennt man *Kodierung*.
- Die daraus entstehende Einheit – in einer Datenmatrix üblicherweise als Spalte repräsentiert (Abb. 8.3) – bezeichnet man anschließend als *Variable*.

Die im Rahmen der Operationalisierung vorgenommene Zuweisung kann auf unterschiedliche Weise erfolgen, muss aber stets eindeutig definiert sein: Diese *Operationalisierungsregeln* (Art der Erfassung z. B. des Geschlechts und numerische Zuweisung von 0, 1 und 2) müssen für alle Befragten einer Untersuchung identisch sein. Im vorliegenden Beispiel muss also eine Person, die die Kategorie „weiblich“ im Fragebogen angekreuzt hat, immer den Wert 1 aufweisen; eine Person, die die Kategorie „männlich“ gewählt hat, immer den Wert 0; eine Person, die die Kategorie „divers“ ausgewählt hat, immer den Wert 2. Erst mit der auf diese Weise (nach bestimmten Operationalisierungsregeln) vorgenommenen Messung von Objekten gelangt man zu einer *Variablen*. Im Unterschied zu einer *Konstanten* (alle Personen hätten denselben, einen Wert, z. B. 1) kommt eine Variable in mindestens zwei Abstufungen vor (vgl. Bortz & Schuster 2010) und stellt die Basis für jede statistische Datenanalyse dar.
Ferner lassen sich im Zuge der Kodierung qualitative und quantitative Merkmale unterscheiden (vgl. Benninghaus 1998). *Qualitative Merkmale* beschreiben die Zugehörigkeit einer Person oder eines Objektes zu einer *Kategorie*. Neben dem Merkmal Geschlecht mit den Kategorien [männlich, weiblich, divers] und der Kodierung [0, 1, 2] enthält der Fragebogen in Abbildung 8.2 auch als Beispiel für ein qualitatives Merkmal den Wohnort [Köln, Bonn, …] mit der Kodierung [0, 1, …]. Aus der Datenmatrix lässt sich somit ablesen, dass sich unter den Befragten zwei Student:innen mit Bonn und sieben Student:innen mit Köln als Wohnort befinden. *Quantitative Merkmale* beschreiben die *Ausprägung* eines Merkmals auf einem Kontinuum. Beispiele hierfür sind das Alter in Jahren [0, 1, 2, 3, …], die Körpergröße in Zentimeter [0, 1, 2, 3, …], drei Variablen A, B, und C zur Erfassung der Lernmotivation mit den Antwortkategorien [stimmt gar nicht, …, stimmt genau] und der Kodierung [1, …, 5] sowie die Schulnoten [1, 2, 3, 4, 5, 6].

## 8.3 Messen – eine Definition aus der Messtheorie

Die Messtheorie beschäftigt sich mit der Frage, wie man zu den Zahlen kommt, die in der Statistik verarbeitet werden und welche Aussagekraft diese Zahlen haben (vgl. Bortz & Schuster 2010; Bortz 2005). Sie ist kein Teilgebiet der Statistik, sondern dieser vorgeschaltet. Die übliche Kategorisierung empirisch erfasster Variablen basiert auf den Ausführungen des Psychophysikers Stevens von 1946 (vgl. Bortz & Schuster 2010). Nach Stevens (1946) besteht *Messen* in der Zuordnung von Zahlen zu Objekten oder Ereignissen gemäß Regeln, sodass bestimmte Relationen zwischen den Zahlen analoge Relationen zwischen den Objekten oder Ereignissen reflektieren (vgl. Benninghaus 1998). Zentrale Begriffe der Messtheorie sind das *empirische Relativ*, das die Menge an Objekten, zwischen denen beobachtbare Relationen bestehen, bezeichnet sowie das *numerisches Relativ*, das die Menge von Zahlen, für die bestimmte Relationen definiert sind, bezeichnet. *Relationen* zeigen die Beziehungen zwischen Objekten bezüglich bestimmter Eigenschaften an. Unterscheidungsgesichtspunkte von Relationen sind einerseits die Anzahl der in Relation stehenden Objekte sowie die Art der Relation (Äquivalenz, Ordnung oder Größe des Abstands). Als Definition des Messens kann angeführt werden:

> Das Messen ist eine Zuordnung von Zahlen zu Objekten oder Ereignissen, sofern diese Zuordnung eine homomorphe Abbildung eines empirischen Relativs in ein numerisches ist (Orth 1983, 138, zit. nach Bortz 2005, 17).

Um die Bedeutung einer homomorphen (strukturerhaltenden) Abbildung an einem einfachen Beispiel zu illustrieren, stellen Sie sich eine Gruppe von zehn Holzbrettern vor (Abb. 8.4, Bild A). Sie bilden das empirische Relativ. Im zu bildenden numerischen Relativ, für das die Bretter von links nach rechts von eins bis zehn durchgezählt werden, sollen Aussagen getroffen werden wie „das fünfte Brett ist kürzer als das sechste Brett“, „das erste Brett ist genauso lang wie das fünfte Brett“, „das sechste Brett ist doppelt so lang wie das fünfte Brett“, „das zehnte Brett ist genauso lang wie das sechste Brett“ usw.

A – Empirisches Relativ | B – Nicht-homomorphe Abbildung | C – Homomorphe Abbildung

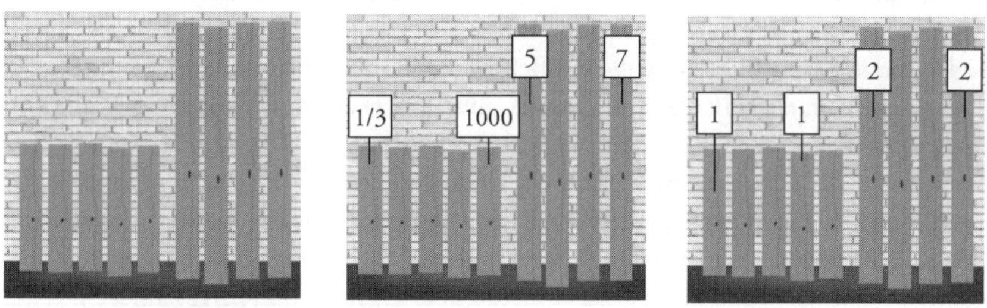


**Abb. 8.4:** Holzbretter-Beispiel

Nun stellt sich die Frage, welche Zahlen das zu generierende numerische Relativ enthalten soll und dem empirischen Relativ so zugeordnet werden können, dass solche Aussagen mithilfe der verwendeten Zahlen möglich sind. Die Bilder B und C in Abbildung 8.4 zeigen zwei unterschiedliche Vorgehensweisen der Zuordnung

von Zahlen zu den Holzbrettern als Objekte. Das numerische Relativ in Abbildung B ermöglicht *keine* strukturerhaltende Abbildung des empirischen Relativs. Die gewünschten Aussagen (z. B. „das fünfte Brett ist kürzer als das sechste Brett" und „das sechste Brett ist doppelt so lang wie das fünfte Brett") können nicht im numerischen Relativ getroffen werden. Abbildung 8.4, Bild C hingegen ist eine strukturerhaltende (homomorphe) Abbildung und ermöglicht das Treffen der gewünschten Aussagen im numerischen Relativ. Die Kodierung [1; 2] ist dabei nur eine von vielen Möglichkeiten, ein numerisches Relativ zu wählen. Als homomorphe Abbildung des empirischen in das numerische Relativ wäre auch zum Beispiel [50; 100] naheliegend, um die Länge der Bretter in Zentimeter zu benennen.
Die Aufgabe der Messtheorie ist demnach die Benennung *relationaler Regeln*, die im empirischen Relativ erfüllt sein müssen, damit es durch ein numerisches Relativ homomorph (strukturerhaltend, analog) repräsentiert werden kann. Üblicherweise umfasst dies erstens ein zu messendes Merkmal bzw. eine zu messende Eigenschaft festzulegen, zweitens die Messbarkeit dieses Merkmals bzw. dieser Eigenschaft (Operationalisierung) zu bestimmen sowie drittens ein geeignetes Messinstrument zu verwenden oder zu entwickeln (z. B. Fragebogen, Test, Untersuchungsmaterialien). Mit den Eigenschaften von Mess- bzw. Erhebungsinstrumenten setzt sich daher das nachfolgende Kapitel 9 auseinander.

## 8.4 Skalenniveaus

Die mit der Definition des Messens einhergehenden Überlegungen – numerische Werte können unter bestimmten Bedingungen von Regeln zu Objekten zugeordnet werden – führen zu verschiedenen Formen der Messung: Es entstehen sog. *Skalen*, die bestimmte statistische Operationen ermöglichen: *Eine Skala ist eine Zuordnungsvorschrift, die die Regeln angibt, nach der empirischen Beobachtungen (Merkmalsausprägungen) Zahlen zugeordnet werden.* Damit geht auch einher, welche Aussagen mit der jeweiligen Variable inhaltlich sinnvoll getroffen werden können. Grundlegende empirische Operationen sind die Bestimmung von Äquivalenz, einer Rangfolge, der Bildung von Differenzwerten sowie der Bestimmung von Verhältnissen (vgl. Stevens 1946). Eine so verstandene Skala ist eine Zuordnungsvorschrift, die die Regeln angibt, nach der empirische Beobachtungen (Merkmalsausprägungen) Zahlen zugeordnet werden. Man unterscheidet verschiedene *Skalenniveaus*. Die Niveaus sind hierarchisch zu verstehen, beginnend von Nominalskalenniveau über Ordinal- und Invervallskalenniveau bis zum Verhältnisskalenniveau (Synonym: Ratio-, Proportionalskalenniveau) als das höchste Skalenniveau (Abb. 8.5). Das erreichte Niveau hängt vom Merkmalsgegenstand ab sowie von der getroffenen Operationalisierung. Bei Vorliegen einer homomorphen Abbildung des empirischen Relativs in ein numerisches Relativ weist eine Variable mindestens Nominalskalenniveau auf. Die Frage ist also stets, welches darüberhinausgehende Niveau zusätzlich erreicht wird.

- Eine nominalskalierte Variable zeigt *Äquivalenz* an: Erstens werden unterschiedliche Merkmalsausprägungen unterschiedlichen Zahlen zugeordnet (Annahme der *Exklusivität*) und zweitens wird jeder beobachtbaren Merkmalsausprägung eine Zahl zugeordnet (Annahme der *Exthaustivität*). Die Variable „Geschlecht“ mit der Kodierung 0, 1 und 2 für die erfragten Kategorien „männlich“, „weiblich“ und „divers“ (Abb. 8.2 und 8.3) ist hierfür ein Beispiel.
- Ordinalskalierte Variablen unterliegen zusätzlich der Annahme, dass die zugeordneten Zahlen eine Rangreihe der Merkmalsausprägungen repräsentieren. Sie zeigen also *Ordnung* an. Ein passendes Beispiel ist die Vergabe von Siegerplätzen an Sportler:innen (erster, zweiter, dritter Platz).
- Bei intervallskalierten Variablen repräsentieren gleich große Intervalle zwischen Zahlenwerten der Variable auch gleich große Abstände in der Merkmalsausprägung. Sie zeigen somit *Differenz* an. Diese Annahme ist zum Beispiel in Intelligenztests erfüllt, wenn mit ihnen beispielsweise angenommen wird, dass der Abstand zwischen $x_1 = 100$ und $x_2 = 110$ Punkten genauso groß ist wie der Abstand zwischen $x_3 = 110$ und $x_4 = 120$ Punkten ($x_2 - x_1 = x_4 - x_3$). Auch bei der Interpretation von zum Beispiel Abiturnoten wird Intervallskalenniveau üblicherweise unterstellt.
- Variablen mit Verhältnisskalenniveau weisen schließlich auch einen definierten Nullpunkt auf, etwa die in Abbildung 8.2 und 8.3 erfassten Variablen Körpergröße und Alter. Sie lassen Aussagen zum *Verhältnis* zu, etwa eine Person mit der Größe von zwei Metern ist doppelt so groß wie eine Person mit der Größe von einem Meter, eine 60 Jahre alte Person ist dreimal so alt wie eine Person im Alter von 20 Jahren usw.

Das Skalenniveau entscheidet darüber, wie die empirischen Sachverhalte durch die Zahlen abgebildet werden; welche Transformationen der Zahlen erlaubt sind; welche Aussagen über Zahlenverhältnisse und welche Operationen mit den Zahlen sinnvoll (bedeutungsvoll) sind und welche statistischen Verfahren angemessen sind (vgl. Tachtsoglou & König 2017).

| **Skalenniveau** | **Beschreibung/Annahmen** | **Beispiele** |
|---|---|---|
| **Nominal** | 1. *Exklusivität*: Unterschiedliche Merkmalsausprägungen werden unterschiedlichen Zahlen zugeordnet.<br>2. *Exhaustivität*: Es wird jeder beobachteten Merkmalsausprägung eine Zahl zugeordnet.<br>→ Homomorphe Abbildung | **Geschlecht** (z. B. 0 = männlich, 1 = weiblich, 2 = divers) |
| **Ordinal** | 3. Die zugeordneten Zahlen repräsentieren eine *Rangreihe* der Merkmalsausprägung. | **Rangfolge von Sportler:innen** |
| **Intervall** | 4. *Differenz*: Gleich große Intervalle zwischen Zahlenwerten der Variable repräsentieren gleich große Abstände in der Merkmalsausprägung. | **IQ-Test** |
| **Verhältnis** | 5. *Verhältnis*: Die Skala hat einen definierten Nullpunkt. | **Körpergröße** |

**Abb. 8.5:** Skalenniveaus

Lesen Sie den Fragebogen-Ausschnitt in Abb. 8.6., er stammt aus einer Studie zu Absolvent:innen der Kölner Berufskollegs (Zepp & König 2014). Bestimmen Sie für jede Frage das höchste Skalenniveau.
Vergleichen Sie Ihre Antworten mit den vorgeschlagenen Lösungen in Tachtsoglou und König (2017, 367).

19. Wie viel Bücher gibt es bei Ihnen zu Hause (normalerweise stehen etwa 40 Bücher in einem Meter Regal)? Zählen Sie Schulbücher nicht mit.

- ☐ 0 – 10
- ☐ 11 – 25
- ☐ 26 – 100
- ☐ 101 – 200
- ☐ 201 – 500
- ☐ mehr als 500 Bücher
- ☐ weiß ich nicht

20. Welchen Schulabschluss haben Sie?

- ☐ Keinen Schulabschluss
- ☐ Mittlerer Schulabschluss (Fachoberschulreife, Realschulabschluss)
- ☐ Abschluss Förderschule Lernen
- ☐ Mittlerer Schulabschluss (Fachoberschulreife) mit Qualifikation zur gymnasialen Oberstufe
- ☐ Hauptschulabschluss nach Klasse 9
- ☐ Fachhochschulreife (Fachabitur)
- ☐ Hauptschulabschluss nach Klasse 10
- ☐ Allgemeine Hochschulreife (Abitur)

21. In welchem Jahr haben Sie die allgemeinbildende Schule verlassen?

- ☐ 2005
- ☐ 2006
- ☐ 2007
- ☐ 2008
- ☐ 2009
- ☐ 2010
- ☐ 2011

74. Wie viele schriftliche Bewerbungen für einen Arbeitsplatz haben Sie jetzt am Ende Ihrer Ausbildung insgesamt verschickt?

______

75. An wie vielen Vorstellungsgesprächen haben Sie jetzt am Ende Ihrer Ausbildung insgesamt teilgenommen?

______

*Wie sehen Ihre beruflichen Zukunftspläne aus?*

76. Ich möchte einen Schulabschluss/mehrere Schulabschlüsse nachholen

☐ ja ☐ vielleicht ☐ nein

77. Wenn ja, welchen Abschluss?

____________________

**Abb. 8.6:** Fragebogen-Ausschnitt der *Studie zu Kölner Berufskolleg-Absolventinnen und -Absolventen* (KOEBA; König & Zepp 2014)

**Fragen zum Textverständnis**

(1.) Wie lauten mögliche Beispiele für Merkmale und Merkmalsträger?
(2.) Welche Merkmale werden im Fragebogen in Abbildung 8.2 erfragt?
(3.) Wie lautet eine quantifizierende Beschreibung im Fragebogen in Abbildung 8.2?
(4.) Was ist der Unterschied zwischen qualitativen und quantitativen Merkmalen?
(5.) Wie gelangt man von einem Merkmal zu einer Variable?
(6.) Was versteht man unter einer „Operationalisierung"?
(7.) Was ist eine „Variable"?
(8.) Welches Anliegen verfolgt die Messtheorie?
(9.) Was ist Messen?
(10.) Welche Voraussetzungen gibt es für das Messen?
(11.) Was ist eine Skala?
(12.) Welche Skalenniveaus werden unterschieden?
(13.) Worin unterscheiden sich die Skalenniveaus?

**Forschungspraktische Fragen**

(1.) Warum verwendet man den Begriff des „Messens" in quantitativen Untersuchungen der empirischen Schulforschung?
(2.) In welcher Beziehung stehen die Begriffe „Variable" und „Operationalisierung"?
(3.) Warum kann die Einteilung von Variablen anhand von „Skalenniveaus" für die Durchführung einer empirischen Untersuchung hilfreich sein?

**Weiterführende Literatur**

Bortz, J. & Schuster, C. (2010): Statistik für Human- und Sozialwissenschaftler. 7. Aufl. Berlin & Heidelberg.

Döring, N. & Bortz, J. (2016): Forschungsmethoden und Evaluation in den Sozial- und Humanwissenschaften. 5. Aufl. Heidelberg.

Tachtsoglou, S. & König, J. (Hrsg.) (2017): Statistik für Erziehungswissenschaftlerinnen und Erziehungswissenschaftler. Konzepte, Beispiele und Anwendungen in SPSS und R. Wiesbaden, https://doi.org/10.1007/978-3-658-13437-2.

# 9 Erhebungsinstrumente

**Erwartungshorizont**
Nach der Lektüre des Kapitels sollten Sie wissen,

- welche Bedeutung und Funktion Erhebungsinstrumente in quantitativen Studien der Erziehungswissenschaft besitzen und übernehmen und
- wie zentrale Begriffe und Konzepte zur Beschreibung und Bewertung von Erhebungsinstrumenten in forschungspraktischen Zusammenhängen genutzt werden können.

Entsprechend der messtheoretischen Definition werden zur Erhebung von Daten in empirischen Studien Erhebungsinstrumente benötigt. Abbildung 9.1 verweist mit „Erhebungsinstrumenten" auf die Funktion eines Bindeglieds zwischen *Fragestellungen und Hypothesen* (▶ Kap. 6), der *Operationalisierung und Variablen* (▶ Kap. 8) und weiteren Schritten wie der *Stichprobenwahl* (▶ Kap. 7) sowie der *Erhebung und Auswertung von Forschungsdaten* (▶ Kap. 10).

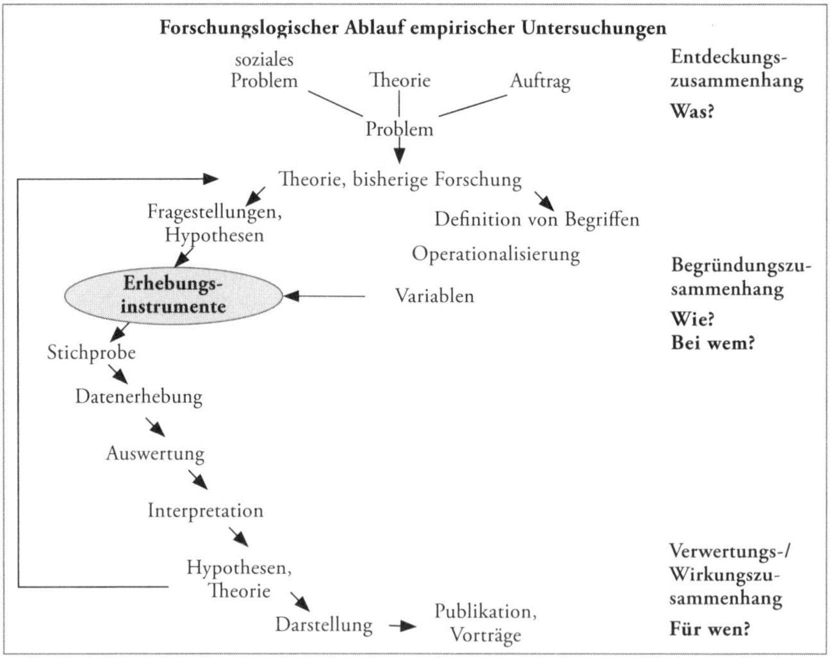


**Abb. 9.1:** Verortung des Kapitels im Modell zum forschungslogischen Ablauf (nach Friedrichs 1990, 51)

## 9.1 Welche Informationen werden wie erfasst? Zwei Beispiele als Einstieg

Mit Erhebungsinstrumenten verbindet sich die Frage, *welche Informationen wie erfasst werden*. Dies kann auf unterschiedliche Weise erfolgen. Betrachten wir dazu im Folgenden zwei Beispiele (Abb. 9.2).

Im ersten Beispiel soll die schulische Leistung eines Schülers (8. Jahrgangsstufe, Gymnasium, Fach Deutsch) erfasst werden. Hierfür gibt es verschiedene Möglichkeiten. Als Information könnte die Schulnote im Zeugnis, erfasst über die Schulakte, herangezogen werden. Eine Testleistungsinformation könnte ferner aus den Ergebnissen der *Vergleichsarbeiten* (VERA; vgl. Tarkian, Maritzen, Eckert & Thiel 2019) bezogen werden. Schließlich könnte der Schüler befragt werden, um die Information zu seiner Leistung als Selbsteinschätzung einzuholen.

Im zweiten Beispiel soll das Aufkommen von Störungen im Unterricht empirisch erfasst werden. Denkbar sind hier Informationen aus unterschiedlichen Quellen (vgl. Wettstein et al. 2017): Es könnten Urteile von beteiligten Schüler:innen oder Lehrer:innen verwendet werden, Informationen könnten auch durch die Beobachtung und Bewertung von externen Personen eingeholt werden. Die Erfassung kann im Rahmen von Befragungen der Schüler:innen bzw. der Lehrer:innen stattfinden, während Externe den Unterricht im Unterricht beobachten oder mittels Videoaufnahmen des Unterrichts zeitlich versetzt und wiederholt analysieren könnten.

| Beispiel | Forschungsgegenstand | Information | | Erfassung |
|---|---|---|---|---|
| 1 | Schulische Leistung eines Schülers, 8. Jahrgangsstufe, Gymnasium, Fach Deutsch | Schulnote im Zeugnis | → | Schulakte |
| | | Testleistung | → | Vergleichsarbeiten (VERA) |
| | | Selbsteinschätzung | → | Befragung des Schülers |
| 2 | Störungen im Unterricht | Schüler:innen-Urteile | → | Befragung der Schüler:innen |
| | | Lehrpersonen-Urteile | → | Befragung der Lehrperson |
| | | Beobachtung durch Externe | → | Beobachtung im Unterricht<br>Analyse von Videoaufnahmen des Unterrichts |

**Abb. 9.2:** Verschiedene Ansätze der Erfassung eines Forschungsgegenstands

Die beiden Beispiele in Abbildung 9.2 verdeutlichen, dass quantitative Studien einen Forschungsgegenstand über verschiedene Ansätze der Erfassung untersuchen können. Je nach gewähltem Ansatz der Erfassung werden unterschiedliche Informationen verwendet. Die Wahl des Erhebungsinstrumentes, also die Entscheidungen darüber, welche Informationen wie erfasst werden, kann Konsequenzen für die spätere Verwertung der Daten haben (vgl. Abb. 9.1: „Verwertungs- und Wirkungszusammenhang"). Auch ist es nicht ausgeschlossen, dass, je nachdem, welches Erhebungsinstrument verwendet wird, Forschende zu unterschiedlichen

Ergebnissen, Interpretationen und Schlussfolgerungen gelangen (vgl. für die Beispiele in Abb. 9.2 weiterführend z. B. Graf, Harych, Wendt, Emmrich & Brunner 2016; Clausen 2002).

Mit dieser Problemstellung befasst sich das vorliegende Kapitel. Forschende sind bei der Planung und Durchführung einer empirischen Untersuchung stets mit der Herausforderung konfrontiert, ein für ihr Vorhaben geeignetes Erhebungsinstrument zu wählen – oder auch neu zu entwickeln, sofern es noch nicht existiert. Sind die Forschungsdaten einmal erhoben, dann sind die Eigenschaften des verwendeten Erhebungsinstrumentes und die damit verbundenen Konsequenzen im Rahmen der durchgeführten Studie üblicherweise kaum revidierbar.

## 9.2 Merkmale von Erhebungsinstrumenten

Erhebungsinstrumente nehmen in empirischen Untersuchungen eine wichtige Rolle ein. Gelegentlich erhält eine empirische Studie geradezu ihren „Charakter“ durch die von ihr verwendeten *zentralen* Erhebungsinstrumente. Die PISA-Erhebungen beispielsweise sind maßgeblich geprägt durch die umfangreiche und aufwändige Testung von Lesekompetenz, mathematischer Kompetenz und naturwissenschaftlicher Kompetenz (vgl. Prenzel, Sälzer, Klieme & Köller 2013), wobei die Tests zielgerichtet für den (ausschließlichen) Einsatz in PISA entwickelt wurden.

### 9.2.1 Verfügbarkeit und Dokumentation

Andere empirische Studien greifen auf bereits existierende Erhebungsinstrumente zurück, die aus der Literatur bekannt sind und als Dokumentationen oder Handreichungen für die weitere Nutzung in der Forschung zur Verfügung stehen. Beispielsweise dokumentiert das *Forschungsdatenzentrum* (FDZ) *Bildung* über seine öffentlich zugängliche Datenbank quantitative Erhebungsinstrumente der empirischen Schulforschung (https://www.fdz-bildung.de/zugang-instrumente). Bei der Planung einer empirischen Untersuchung ist daher eine Recherche existierender Erhebungsinstrumente, die sich in vorhergehenden Untersuchungen bereits bewährt haben, stets sinnvoll. Aufwände bei der Durchführung einer empirischen Untersuchung können durch die direkte Verwendung bereits vorliegender Erhebungsinstrumente erheblich reduziert werden. Zugleich können sich weitere forschungsmethodische Vorteile ergeben: So kann der Anschluss einer neuen Untersuchung an den bisherigen Forschungsstand erleichtert oder neue Ergebnisse konkreter eingeordnet werden. Forschende sind im Falle von Replikationsstudien üblicherweise darauf angewiesen, die bereits existierenden Erhebungsinstrumente unverändert einsetzen zu können. Schließlich können studentische Forschungen in der (Praktikums-)Schule ebenfalls von vorhandenen und bewährten Erhebungsinstrumenten profitieren.

### 9.2.2 Formate

In quantitativen Studien der empirischen Erziehungswissenschaft werden häufig Fragebögen (in möglichst standardisierter Form) sowie Papier-Bleistift-Tests (d. h. Tests mit schriftlichem Frage- und Antwortformat) eingesetzt, wobei die Darbietung zunehmend in digitalen Formaten (über Internetbrowser oder spezielle digitale Applikationen) erfolgt. Ferner werden qualitativ gewonnene Informationen quantifiziert. Beispielsweise werden Videoaufnahmen analysiert, indem diese mithilfe eines Kategoriensystems bewertet werden. Üblich sind auch weitere Ansätze der statistischen Datenverarbeitung von Kodierungskategorien aus Interviews, Beobachtungen oder Textdokumenten. Bei der Erstellung von Kategorien kommt häufig die qualitative Inhaltsanalyse zur Anwendung (Mayring 1991; Kap. 5).

### 9.2.3 Gütekriterien

Leitend für die Bewertung von Erhebungsinstrumenten sind drei Hauptgütekriterien, die auf die bereits genannten Überlegungen der Messtheorie (▶ Kap. 8) aufbauen:

- Mit dem Gütekriterium der *Objektivität* verbindet sich allgemein die Frage, ob ein Erhebungsinstrument eine Messung erlaubt, die (möglichst) unabhängig ist von den Untersucher:innen, die jeweils im Forschungsprozess einer konkreten Studie involviert sind. So sollte ein standardisierter Test nicht zu unterschiedlichen Ergebnissen gelangen, wenn er von verschiedenen Testleiter:innen (d. h. die Datenerhebung administrierenden Personen) den Proband:innen einer Studie dargeboten und anschließend ausgewertet wird.
- Das Gütekriterium der *Reliabilität* bezieht sich auf die Frage, wie zuverlässig bzw. wie genau die Messung eines Erhebungsinstruments ist. Der Vorgang der Messung ist voraussetzungsreich – und grundsätzlich immer mehr oder weniger ungenau, also messfehlerbehaftet. Daher stellt sich mit der Frage der Reliabilität häufig die Notwendigkeit, den Messfehler eines Erhebungsinstruments so gut wie möglich zu reduzieren (Kap 9.3).
- Mit dem Gütekriterium der *Validität* stellt sich die Frage, ob mit einem bestimmten Erhebungsinstrument das gemessen wird, was gemessen werden soll. So könnte man fragen, ob im ersten Beispiel in Abbildung 9.2 die über eine Befragung des Schülers eingeholte, selbsteingeschätzte Schulleistung nicht nur Informationen über seine tatsächliche Fachleistung, sondern auch über seine Motivation für das Fach Deutsch beinhaltet.

### 9.2.4 Weitere Auswahlkriterien

Neben den drei Gütekriterien gibt es weitere Kriterien, die möglicherweise die Auswahl von Erhebungsinstrumenten oder weitere Entscheidungen zu ihrem Einsatz in einer konkreten empirischen Untersuchung beeinflussen können. Ein Erhebungsinstrument muss zu bestimmten Eigenschaften der zu untersuchenden Personen passen (z. B. Alter der zu befragenden Schüler:innen). Die bei der Datenerhebung mit einem Erhebungsinstrument einhergehende und geforderte Verhaltensmodalität der Proband:innen (z. B. Test vs. Selbsteinschätzung, Abb. 9.2, Beispiel 1) kann entscheidend sein. Hinzu kommen Erwägungen hinsichtlich praktischer Einschränkungen wie beispielsweise logistische Aufwände der Datenerhebung, die ein bestimmtes Erhebungsinstrument verursacht (z. B. Druckkosten für Fragebögen, Internetzugang für die Teilnahme an Online-Befragungen oder zeitliche Belastung von Proband:innen bei langen Fragebögen). Mit der benötigten Länge eines Erhebungsinstruments (z. B. eines Tests) können Ansprüche an die Genauigkeit der Messung einhergehen – je mehr Zeit zur Verfügung steht und je mehr Dateninformationen gewonnen werden können, umso höher kann die Zuverlässigkeit eines Erhebungsinstruments häufig sein (▶ Kap. 9.3). Demgegenüber stehen oft Begrenzungen der für eine Befragung oder Testung verfügbaren Zeit. Schließlich sind forschungsethische Überlegungen zu berücksichtigen (z. B. Zumutbarkeit einer Testsituation für Proband:innen).

## 9.3 Modellhafter Zugang zu Erhebungsinstrumenten

Die Auswahl und Entscheidung für den Einsatz eines Erhebungsinstruments in einer empirischen Studie geschieht nicht allein mithilfe der drei genannten Gütekriterien (Objektivität, Reliabilität und Validität) oder mithilfe pragmatischer Erwägungen wie jene zur verfügbaren Befragungszeit. Ausgehend von der gewählten Forschungsfrage kommen in vielen quantitativen Untersuchungen der Schulforschung auch *Modelle* zum Einsatz, die – stark vereinfachend gesagt – ein „Werkzeug“ sind, „um die Welt zu repräsentieren“ (Dreier 2013, 126). Modelle können für den Einsatz eines Erhebungsinstruments inhaltlich leitend sein und zugleich eine Orientierung der Verortung des einzelnen Erhebungsinstruments in einer Untersuchung bieten. Damit verbinden sich oft auch zentrale theoretische Annahmen, die nicht allein mit einem einzelnen Erhebungsinstrument dargelegt werden können. Auch ist ein modellhafter Zugang zu Erhebungsinstrumenten bedeutsam, wenn die Anordnung oder Relation mehrerer Erhebungsinstrumente in einer Untersuchung berücksichtigt werden sollen.

### 9.3.1 Schematisches Modell institutionalisierten Lehrens und Lernens

Um dies zunächst allgemein zu verdeutlichen, ist in Abbildung 9.3 ein Modell institutionalisierten Lehrens und Lernens schematisch dargestellt, wie es unter anderem aus der Schuleffektivitätsforschung bekannt ist (vgl. Ditton 2000; Scheerens & Bosker 1997). Dieses beziehen wir hier beispielhaft auf eine Lehrveranstaltung im Lehramtsstudium (vgl. Scheerens & Blömeke 2016), die Vorlesung des Moduls *Innovation und Profession* im *Master of Education* der Universität zu Köln: Als „Input“ liegen der Vorlesung zum einen die bundesweiten *Standards für Bildungswissenschaften der Kultusministerkonferenz* zugrunde (KMK 2019/2004), konkretisiert

über die Modulbeschreibung in der Studienordnung für den *Master of Education* der Universität zu Köln. Zum „Prozess" gehört unter anderem die Vermittlung der in der Modulbeschreibung ausgewiesenen Inhalte im Rahmen der Vorlesung des Moduls, während der Lernertrag auf Seiten von Studierenden der Vorlesung, angezeigt zum Beispiel über das erfolgreiche Bestehen in einer Klausur als Teil der Modulabschlussprüfung als „Output" gewertet werden kann. Das Schema *Input – Prozess – Output* zur Beschreibung von institutionalisierten Lehr- und Lernprozessen ist zusätzlich durch den *Kontext* bedingt, etwa die Lern- und Eingangsvoraussetzungen der Studierenden im Modul (z. B. ein vorliegender Bachelor-Abschluss Lehramt) sowie Merkmale der Universität, in der die Vorlesung stattfindet (z. B. Größe der Studierendenzahlen, Vorlesungsraum, Qualifikation der Dozierenden).
Anhand des vereinfachten Modells, wie es schematisch in Abbildung 9.3 dargestellt ist, wird bereits deutlich: Ein Erhebungsinstrument, das zur Messung des Lernertrags eingesetzt wird, bedarf weiterführender Überlegungen dazu, wie die dann gemessene Leistung möglicherweise zustande kommt und in der Folge interpretiert werden kann oder soll (vgl. AERA/APA/NCME 2014). Hierfür wären im vorliegenden Beispiel Faktoren in den Bereichen Input, Prozess und Kontext zu suchen.

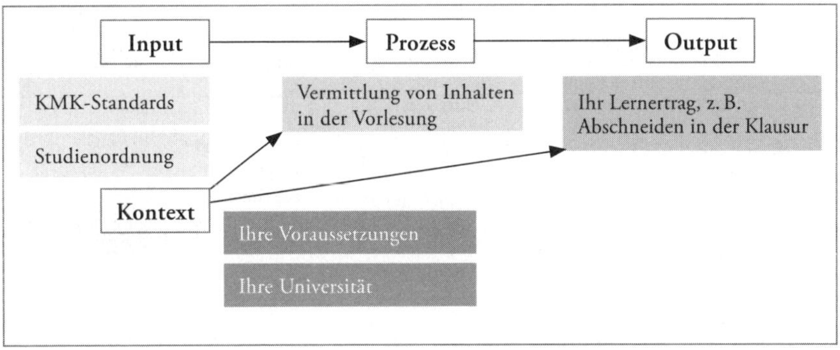


**Abb. 9.3:** Prozesse des institutionalisierten Lehrens und Lernens – am Beispiel einer Lehrveranstaltung im Lehramtsstudium (vgl. z. B. Scheerens &Blömeke, 2016)

### 9.3.2 Angebots-Nutzungs-Modell von Unterricht

Im Bereich der empirischen Schulforschung sind Modelle formuliert worden, die deutlich differenzierter modellhafte Vorstellungen aufzeigen, zugleich aber auch in ihren Grundzügen, die in Abbildung 9.3 schematisch abgebildeten Komponenten aufgreifen. Für die empirische Unterrichtsforschung im deutschsprachigen Raum kann hierfür beispielhaft das von Andreas Helmke (2003) formulierte Angebots-Nutzungs-Modell von Unterricht genannt werden (Abb. 9.4).
Grundzüge seines Modells finden sich auch in Modellen anderer Studien oder Überblicksbeiträgen der Unterrichtsforschung wieder (vgl. Gräsel, Decristan &

König 2017; Klieme & Rakoczy 2008). Das dabei verwendete, sog. *Angebots-Nutzungs-Konzept* verweist auf die Funktion von Unterricht als Angebot von Lerngelegenheiten für Schüler:innen, welches maßgeblich von der Lehrperson bereitgestellt wird. Wie ein so verstandener Unterricht als Angebot auf Schüler:innen wirkt, ist nicht allein von der Qualität des Angebotes abhängig – es kommt auch darauf an, wie die Schüler:innen das Angebot *nutzen*. Schüler:innen bringen stets bestimmte Lernvoraussetzungen mit, zum Beispiel Motivation für das Unterrichtsfach oder bereichsspezifisches Vorwissen. Vermittelnde Prozesse auf Seiten der Lernenden (sog. *Mediationsprozesse*) bedingen außerdem ihre Lernaktivitäten. Helmke (2003) bezeichnet sein Modell als *Wirkungsmodell*, da Ergebnisse von Unterricht (fachliche und überfachliche Lernfortschritte) letztlich als Auswirkungen von Angebot und Nutzung des Unterrichts verstanden werden.

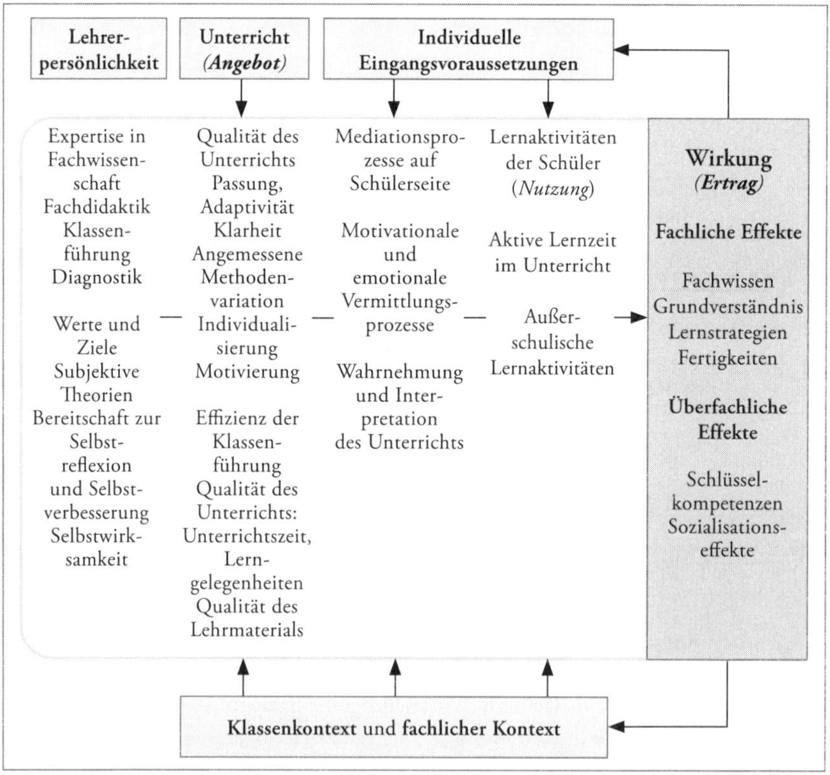


**Abb. 9.4:** Angebots-Nutzungs-Modell von Unterricht (Helmke 2003, 42)

In der nachfolgenden Darstellung in Kapitel 9.4 sollen beispielhafte Erhebungsinstrumente der empirischen Schulforschung vorgestellt werden. Dies geschieht vor dem Hintergrund des Modells von Helmke (Abb. 9.4) zu der Untersuchung von Merkmalen der Lernenden („Eingangsvoraussetzungen“, „Mediationsvariablen“, „Wirkungen“) und zur Untersuchung von Merkmalen des Unterrichts als Angebot („Qualität des Unterrichts“). Weitere Erläuterungen des Modells von Helmke (2003), etwa mit Blick auf die Bedeutung von Lehrpersonen, finden sich beispielsweise in Herzmann und König (2016).

## 9.4 Instrumente zur Erfassung der Merkmale von Lernenden (Beispiele)

An zumindest drei Stellen des Modells von Helmke (Abb. 9.4) geraten Merkmale der Lernenden in den Blick, nämlich wenn es um Lern- und Eingangsvoraussetzungen, Mediationsprozesse und Lernergebnisse auf der Wirkungs- oder Ertragsebene von Unterricht geht. Lernvoraussetzungen von Schüler:innen können zum einen als Hintergrundmerkmale beschrieben werden. Hierzu zählen demographische Merkmale oder Herkunftsmerkmale der Schüler:innen, wie zum Beispiel ihr Geschlecht, ihr Migrationshintergrund oder Indikatoren für ihre soziale Herkunft. Mediationsprozesse können bedingt sein durch die Lern- und Leistungsmotivation von Schüler:innen. Die Wirkungs- oder Ertragsebene von Unterricht wiederum wird in vielen empirischen Studien der Schulforschung über standardisierte Leistungstests erfasst, wie zum Beispiel ein Test zu Rechtschreibleistung von Grundschüler:innen.

### 9.4.1 Fragebogen und Dokumentation von Erhebungsinstrumenten

Um einen konkreten Einblick in Erhebungsinstrumente einer aktuellen Studie zu ermöglichen, seien im Folgenden beispielhafte Operationalisierungen aus der *Studie zur Entwicklung von Ganztagsschulen* (vgl. SteG, Klieme & Rauschenbach 2011) aufgezeigt. SteG sah unter anderem einen Fragebogen für Schüler:innen der Sekundarstufe vor (im Original erhältlich über das *Forschungsdatenzentrum* (FDZ) *Bildung*, www.fdz-bildung.de), aus dem die folgenden Beispiele stammen. Eine Dokumentation der Erhebungsinstrumente (vgl. Quellenberg 2009) gibt nicht nur die einzelnen Fragen des Fragebogens wieder, sondern enthält die weiteren Informationen zur Operationalisierung wie auch Basisstatistiken.
In Abbildung 9.5 ist der entsprechende Ausschnitt der Dokumentation des Merkmals Geschlecht zu entnehmen. Die Frage im Fragebogen lautete: „Bist du ein Mädchen oder Junge? Zutreffendes bitte ankreuzen!“, und es standen zwei Antwortoptionen zum Ankreuzen zur Verfügung, nämlich „Mädchen“ und „Junge“, jeweils versehen mit einem Antwortkästchen. In der Skalendokumentation wird nun die Kodierung [1, 2] angegeben, aber auch die Anzahl der gültigen Antworten in der Erhebung sind dokumentiert: Die Kategorie „Fehlend“ gibt an, dass letztlich knapp 1% der Befragten keine (gültige) Antwort auf die Frage gegeben haben.

**7 Befragung der Schülerinnen und Schüler der Sekundarstufe I**

**7.1 Ausgewählte Hintergrundvariablen**

**7.1.1 Geschlecht**

Frage 1: Bist du ein Mädchen oder Junge?
Variable: as01

| Gültig | [Wert] Label | Anzahl | % | Gültig | Kumul. |
|---|---|---|---|---|---|
| | [1] Mädchen | 13.339 | 48,44 | 48,90 | 48,90 |
| | [2] Junge | 13.941 | 50,62 | 51,10 | 100,00 |
| | Gesamt | 27.280 | 99,06 | 100,00 | |
| Fehlend | Gesamt | 259 | 0,94 | | |
| Gesamt | | 27.539 | 100,00 | | |

**Abb. 9.5:** Ausschnitt aus der SteG-Skalendokumentation zur Variable Geschlecht (Quellenberg 2009, 95)

Abbildung 9.6 enthält die entsprechenden Fragen zur Erfassung des Migrationshintergrunds der Schüler:innen. Im Gegensatz zur Frage nach dem Geschlecht wurden dafür drei Teilfragen gestellt, nämlich zur Schülerin bzw. zum Schüler selbst, aber auch zu seiner bzw. ihrer Mutter wie auch zu seinem bzw. ihrem Vater. Wie die Skalendokumentation (vgl. Quellenberg 2009) nun aufzeigt, werden für die Operationalisierung der Variable „Migrationshintergrund" diese drei erfragten Informationen datentechnisch so verarbeitet, dass *eine* nominalskalierte Variable entsteht, die die Schüler:innen in vier Gruppen einteilt (Abb. 9.7): Die größte Gruppe sind die Schüler:innen, die laut dieser Operationalisierung keinen Migrationshintergrund aufweisen (Kodierung 1). Im Falle ein:e Schüler:in wie auch beide Eltern im Ausland geboren sind, erfolgt eine Zuordnung als „1. Generation – zugewandert" (Kodierung 4). Zwei weitere Gruppen weisen Schüler:innen der zweiten Generation aus: A – mit einem im Ausland geborenen Elternteil (Kodierung 2), B – mit beiden Eltern im Ausland geboren (Kodierung 3). Dieses Beispiel zeigt die Bedeutung einer solchen Dokumentation auf, denn die Konzeption der Variable „Migrationshintergrund" erschließt sich nicht allein auf Basis des Fragebogens, der sich an die Schüler:innen richtete.

**6. Sind du und deine Eltern in Deutschland geboren?**

*Mach bitte in jeder Zeile ein Kreuz!*

| | Nein | Ja | Weiß ich nicht |
|---|---|---|---|
| Ist dein **Vater** in Deutschland geboren? | ☐ | ☐ | ☐ |
| Ist deine **Mutter** in Deutschland geboren? | ☐ | ☐ | ☐ |
| Bist **du** in Deutschland geboren? | ☐ | ☐ | ☐ |

**Abb. 9.6:** Erfragung des Migrationshintergrunds (Ausschnitt aus dem SteG-Fragebogen für Schüler:innen, verfügbar über *Forschungsdatenzentrum (FDZ) Bildung*)

**7.1.6 Migrationshintergrund**
Variable: as_mig1

| | [Wert] Label | Anzahl | % | Gültig | Kumul. |
|---|---|---|---|---|---|
| | [1] Deutsch: Kinder ohne Migrationshintergrund | 20.424 | 74,16 | 76,29 | 76,29 |
| | [2] 2. Generation A: Kinder mit einem im Ausland geborenen Elternteil | 1.777 | 6,45 | 6,64 | 82,93 |
| | [3] 2. Generation B: Kind in Deutschland geboren, beide Eltern im Ausland | 2.458 | 8,93 | 9,18 | 92,11 |
| | [4] 1. Generation - Zugewandert: Eltern & Kind im Ausland geboren | 2.111 | 7,67 | 7,89 | 100,00 |
| Gültig | Gesamt | 26.770 | 97,21 | 100,00 | |
| Fehlend | | 769 | 2,79 | | |
| Gesamt | | 27.539 | 100,00 | | |

**Abb. 9.7:** Ausschnitt aus der SteG-Skalendokumentation zur Variablen Migrationshintergrund (Quellenberg 2009, 97)

Um die soziale Herkunft der Schüler:innen in SteG zu erfragen, wurde unter anderem eine Frage gestellt, die sich auf den Bücherbestand im Elternhaus bezieht (vgl. SteG-Fragebogen für Schüler:innen, verfügbar über *Forschungsdatenzentrum (FDZ) Bildung*): „Wie viele Bücher gibt es bei dir zu Hause ungefähr? (ohne Zeitschriften, Zeitungen, Kinderbücher, Schulbücher)". Das geschlossene Antwortformat bot folgende Kategorien an: „0–10", „11–25", „26–100", „101–200", „Über 200". Um die Lern- und Leistungsmotivation von Schüler:innen zu erfragen, wurde in SteG ein bereits existierendes Erhebungsinstrument eingesetzt (Abb. 9.8), das als „Skalen zur Lern- und Leistungsmotivation" bekannt ist (vgl. Spinath, Stiensmeier-Pelster, Schöne & Dickhäuser 2002).

**Mit den jetzt folgenden Fragen wollen wir noch einmal ein paar Dinge über dich selbst erfahren.**

**31. Was ist dir persönlich in der Schule wichtig?**

*Mach bitte in jeder Zeile ein Kreuz!*

| In der Schule geht es mir darum, ... | Stimmt gar nicht | Stimmt eher nicht | Weder noch | Stimmt eher | Stimmt genau |
|---|---|---|---|---|---|
| neue Ideen zu bekommen. | ☐ | ☐ | ☐ | ☐ | ☐ |
| zu zeigen, dass ich bei einer Sache gut bin. | ☐ | ☐ | ☐ | ☐ | ☐ |
| dass andere Schülerinnen und Schüler nicht denken, ich sei dumm. | ☐ | ☐ | ☐ | ☐ | ☐ |
| etwas Interessantes zu lernen. | ☐ | ☐ | ☐ | ☐ | ☐ |
| mich nicht zu blamieren (z.B. durch falsche Ergebnisse oder dumme Fragen). | ☐ | ☐ | ☐ | ☐ | ☐ |
| später knifflige Probleme lösen zu können. | ☐ | ☐ | ☐ | ☐ | ☐ |
| Arbeiten besser zu schaffen als andere. | ☐ | ☐ | ☐ | ☐ | ☐ |
| dass niemand merkt, wenn ich etwas nicht verstehe. | ☐ | ☐ | ☐ | ☐ | ☐ |

**Abb. 9.8:** Erfragung der Lern- und Leistungsmotivation (Ausschnitt aus dem SteG-Fragebogen für Schüler:innen, verfügbar über *Forschungsdatenzentrum (FDZ) Bildung*)

### 9.4.2 Items und Skalenbildung

Mit dem Erhebungsinstrument in Abbildung 9.8 werden den befragten Schüler:innen insgesamt mehrere, teils ähnliche Aussagen vorgelegt („…neue Ideen zu bekommen.", „…etwas Interessantes zu lernen." etc.). Eine einzelne Fragebogen-Aussage, der zugestimmt bzw. die abgelehnt werden soll, wird auch mit dem englischen Wort *Item* (Stück, Einzelheit, Teil eines Ganzen etc.) bezeichnet. Üblicherweise liefert ein Item einen Datenpunkt. Das Erhebungsinstrument besteht aus insgesamt 23 Items, die drei Dimensionen von Lern- und Leistungsmotivation zugeordnet werden (Quellenberg 2009, 128): *Lernziele* (Schüler:innen verfolgen beim Lernen eine Orientierung, um Wissen und Kompetenzen zu erwerben), *Vermeidungsleistungsziele* (Schüler:innen verfolgen beim Lernen eine Orientierung, um nicht negativ aufzufallen), *Annäherungsleistungsziele* (Schüler:innen verfolgen beim Lernen eine Orientierung, um positiv aufzufallen). Die Dimension Lernziele wird beispielsweise über die Items aus Abbildung 9.8 „…neue Ideen zu bekommen.", „…etwas Interessantes zu lernen.", „…später knifflige Probleme lösen zu können." sowie fünf weiterer ähnlicher Items (Abb. 9.9) erfasst. Bei einem solchen Vorgehen werden die Items auch als manifeste Variablen, die Dimension Lernziele als latente Variable oder Konstrukt bezeichnet:

- *Manifeste Variablen* zeichnen sich dadurch aus, dass sie direkt beobachtbar und vergleichsweise einfach zu messen sind: Sie können zum Beispiel über die Zustimmung zu der Aussage im ersten Item (Abb. 9.8) in Form der vorgegebenen Aussage „In der Schule geht es mir darum, neue Ideen zu bekommen." in einem Fragebogen für Schüler:innen zielgruppenadäquat und verständlich dargeboten werden.
- *Latente Variablen* hingegen sind nicht direkt erfassbar. So wäre es zum Beispiel schwierig, Schüler:innen eine Frage zu stellen wie „Liegt bei dir eine Lernzielorientierung vor?". Man versucht daher, über beobachtbare Indikatoren (*Fragebogen-Items*) indirekt auf ein latentes Merkmal zu schließen. Üblicherweise bilden mehrere Items ein Konstrukt und werden zu sog. *Fragebogen-Skalen* zusammengefasst. Dies geschieht in der Regel, indem die Items aufsummiert werden und anschließend dieser Summenwert durch die Anzahl der Items geteilt wird. Der dadurch entstehende „Score" wird auch häufig als *(Fragebogen-)Skalenwert* bezeichnet. Besteht eine Skala aus Items wie die in Abbildung 9.8 mit einem mehrstufigen Zustimmungs- bzw. Ablehnungsformat so wird sie auch häufig als *Likert-Skala* bezeichnet – zurückgehend auf die Entwicklung dieses Skalentyps von Rensis Likert im Jahr 1932 (vgl. Bortz & Döring 2007). Ein solches Vorgehen setzt streng genommen Intervallskalenniveau (▶ Kap. 8) der einbezogenen Items voraus bzw. beruht auf der Annahme, dass den Items Intervallskalenniveau unterstellt werden kann. Von dieser Annahme wird in der Forschungspraxis häufig ausgegangen (vgl. Bortz & Döring 2007).

In SteG erhielten die befragten Schüler:innen beispielsweise durch die Beantwortung von acht Items (manifeste Variablen) zur Erfassung des Konstrukts Lernziele im Zuge der Kodierung für jedes Item einen Wert zwischen [1] „Stimmt gar nicht" und [5] „Stimmt genau“ (Abb. 9.9). Die Aufsummierung erteilte den Schüler:innen einen Punktwert zwischen 8 (im Falle, dass alle 8 Items mit „Stimmt gar nicht“ beantwortet wurden, die Skala also vollständig abgelehnt wurde) und 40 (im Falle, dass alle 8 Items mit „Stimmt genau“ beantwortet wurden, der Skala also vollständig zugestimmt wurde). Die anschließende Division der Summenpunkte der Schüler:innen durch die Anzahl der Items (also 8) ermöglicht die Interpretation der daraus resultierenden Skalenwerte wieder mit der Kodierungsmetrik, die durch die Antwortkategorien von [1] „Stimmt gar nicht“ bis [5] „Stimmt genau“ bei der Befragung ursprünglich vorgegeben war. Die in SteG befragten 26.542 Schüler:innen stimmten im Durchschnitt dieser Skala zu (Abb. 9.9). Der arithmetische Mittelwert ($AM = 3{,}91$) liegt nahe der Antwortkategorie [4] „Stimmt eher“, was auf das durchschnittliche Vorliegen einer Orientierung an Lernzielen in der Stichprobe schließen lässt.

Statistik: N = 26.542 | AM = 3.91 | SD = 0.77
α = 0.86 | MIN = 1.00 | MAX = 5.00

Ursprung: Schüler/innen der Sekundarstufe I, Frage 31

Fragetext: Was ist dir persönlich in der Schule wichtig?
*Mach bitte in jeder Zeile ein Kreuz!*

Codierung: [1] Stimmt gar nicht, [2] Stimmt eher nicht, [3] Weder noch, [4] Stimmt eher, [5] Stimmt genau

Items:

| Item (Variable) | AM | SD | $r_{it}$ |
|---|---|---|---|
| In der Schule geht es mir darum... | | | |
| 1. neue Ideen zu bekommen. (as31a) | 3.60 | 1.20 | 0.54 |
| 2. etwas Interessantes zu lernen. (as31d) | 4.11 | 1.02 | 0.68 |
| 3. später knifflige Probleme lösen zu können. (as31f) | 3.98 | 1.10 | 0.59 |
| 4. komplizierte Inhalte zu verstehen. (as31i) | 3.87 | 1.11 | 0.66 |
| 5. dass das Gelernte für mich Sinn ergibt. (as31l) | 4.16 | 0.96 | 0.66 |
| 6. zum Nachdenken angeregt zu werden. (as31o) | 3.54 | 1.19 | 0.50 |
| 7. so viel wie möglich zu lernen. (as31r) | 3.87 | 1.13 | 0.61 |
| 8. die Unterrichtsinhalte wirklich zu verstehen. (as31u) | 4.14 | 0.96 | 0.67 |

**Abb. 9.9:** Ausschnitt aus der SteG-Skalendokumentation zur latenten Variable Lernziele (Quellenberg 2009, 129)

Zumindest zwei Vorteile hat eine solche *Skalenbildung* auf Basis von Items: Die Messung eines Konstrukts über mehrere Indikatoren ermöglicht erstens eine *inhaltlich* breit angelegte Erfassung mithilfe des Erhebungsinstruments. Im genannten Beispiel wird zum Beispiel aus Gründen des Gütekriteriums der Validität davon ausgegangen, dass eine Lernzielorientierung facettenreich ist und somit besser über acht verschiedene Aussagen („…neue Ideen bekommen.“, „…etwas Interessantes lernen.“ usw.) abgebildet werden sollte (vgl. Spinath et al. 2002). Durch das wiederholte Stellen von inhaltlich ähnlichen Fragen und Einholen von Antworten entstehen mehrere Datenpunkte pro befragter Person, die als Beitrag zu einem zusammenfassenden Skalenwert zweitens die *Qualität der Messung* erhöhen können. Das Verfahren der Skalenbildung erlaubt genauere Aussagen hinsichtlich des Gütekriteriums der Reliabilität zur Bewertung von Erhebungsinstrumenten (vgl. Tachtsoglou & König 2017). Der Einsatz mehrere Items zur Bildung einer Skala soll üblicherweise der Genauigkeit der Messung eines Konstrukts dienlich sein.

Die Skalenbildung von Fragebogenitems lässt sich in der Regel nicht über den Fragebogen einer Studie, sondern erst mit der Dokumentation der Erhebungsinstrumente nachvollziehen. Da die zentralen Konstrukte von empirischen Studien der Schulforschung nach Möglichkeit mit mehr als einem einzelnen Item erfasst werden, übernimmt eine Dokumentation von Erhebungsinstrumenten die zentrale Funktion, über die Skalenbildung relevante Informationen zur Nachvollziehbarkeit oder auch für zukünftige Forschung bereitzustellen. Aus diesem Grund wird eine Dokumentation von Erhebungsinstrumenten häufig auch als „Skalendokumentation“ bezeichnet (vgl. Helmke, Helmke, Heyne, Hosenfeld, Schrader & Wagner 2007).

## 9.5 Instrumente zur Erfassung der Merkmale von Unterricht (Beispiele)

Seit Jahrzehnten verfolgt die empirische Unterrichtsforschung das Ziel, Merkmale von Unterricht zu identifizieren, die zur Erreichung von Zielen der angestrebten (intendierten) unterrichtlichen Lehr-Lernprozesse beitragen. Helmke, Helmke, Heyne, Nordheider und Schrader (2006, 538) formulieren dies wie folgt: „In der empirischen Unterrichtsforschung charakterisiert man Unterricht im Hinblick auf bestimmte Qualitätsdimensionen (z. B. Strukturiertheit, Verständlichkeit, Motivierung), die nachweislich (belegt durch vorangegangene Untersuchungen) eine Rolle für den Lernerfolg spielen. Es handelt sich um eine ‚variablenorientierte‘ Betrachtungsweise, die davon ausgeht, dass sich der Unterricht verschiedener Lehrpersonen hinsichtlich bestimmter Merkmale (Variablen), die von Lehrkraft zu Lehrkraft, aber auch bei der gleichen Lehrkraft in verschiedenen Situationen (Fächer, Klassen, Zeitpunkte) variieren können (z. B. hohe Ausprägung der Variable ‚Verständlichkeit‘ bei Lehrperson A, niedrige Ausprägung der Variable bei Lehrperson B). Die empirische Unterrichtsforschung untersucht, ob unterschiedliche Ausprägungen solcher Variablen mit Unterschieden im Lernerfolg (z. B. Leistungszuwachs, Verbesserung der Lernfreude) einhergehen (…).“

Entsprechende empirische Untersuchungen folgen dem sog. *Prozess-Produkt-Paradigma* (vgl. Gräsel 2020). Dieses ist vor allem geprägt durch die Suche nach Beziehungen zwischen Merkmalen des Unterrichtsprozesses und Effektvariablen, wobei als Zielkriterium meist die fachlichen Leistungen von Lernenden im Mittelpunkt stehen. Trotz Kritik am Vorgehen (z. B. bezüglich der Tendenz zur isolierten Betrachtung von Einzelmerkmalen des Unterrichts) besteht die Leistung der diesem Paradigma zugeschriebenen empirischen Untersuchungen unter anderem darin, über Jahrzehnte zu einer Reihe von stabilen Ergebnissen gelangt zu sein: So lassen sich Qualitätsmerkmale von Unterricht hervorheben wie Klarheit und Verständlichkeit, Sequenzierung und Strukturiertheit des Unterrichts, (positive) Verstärkung, Zeit- bzw. Klassenmanagement (*classroom management*), Motivierungsqualität, Adaptivität (u. a. Individualisierung, Differenzierung) (vgl. Gräsel 2020).

Drei ausgewählte Dimensionen, die in der deutschsprachigen Diskussion wiederkehrend als relevant herausgestellt wurden und als „Basisdimensionen“ der Unterrichtsqualität bezeichnet werden, sind (vgl. Praetorius, Klieme, Herbert & Pinger 2018): *effektive Klassenführung* (im Englischen classroom management) und *kognitive Aktivierung*, welche insbesondere Zuwächse in den fachspezifischen Lernfortschritten von Schüler:innen bedingen, sowie ein die Lernenden *unterstützendes Sozialklima*, welches positive Auswirkungen auf motivationale Merkmale von Schüler:innen besitzt und daher auch indirekt zum Erwerb von Fachleistungen der Schüler:innen beitragen kann.

Eine standardisierte Erfassung von Unterrichtsmerkmalen bzw. Basisdimensionen der Unterrichtsqualität kann über unterschiedliche Quellen erfolgen, wie bereits eingangs mit dem zweiten Beispiel in Abbildung 9.2 angesprochen wurde (vgl. Baumert, Kunter, Brunner, Krauss, Blum & Neubrandt 2004; Helmke 2003): Als Ansätze zur standardisierten Erfassung von Unterrichtsmerkmalen sind in der Literatur vor allem anzutreffen: Befragung von Schüler:innen (vgl. Helmke et al. 2016) und Lehrer:innen (vgl. Helmke et al. 2007) sowie Beobachtung über (meist trainierte) Externe (vgl. Jentsch, Casale, Schlesinger, Kaiser, König & Blömeke 2020) und die (meist zeitversetzte) Analyse von videographiertem Unterricht (vgl. Hugener, Pauli & Reusser 2006). Nachfolgend werden beispielbezogen zwei Quellen näher betrachtet: Die Befragung von Schüler:innen zu ihrer Wahrnehmung von Unterricht sowie die Analyse und Beurteilung von videographiertem Unterricht.

### 9.5.1 Befragung von Schüler:innen zur Unterrichtsqualität

Die Befragung von Schüler:innen zur Qualität des von ihnen erlebten Unterrichts ist ein sehr häufig genutzter methodischer Zugang der empirischen Unterrichtsforschung. Abbildung 9.10 ist ein beispielhafter Fragebogen für Schüler:innen der Sekundarstufe zu entnehmen, der typische Dimensionen der Unterrichtsqualität erfragt (vgl. Helmke, Helmke, Lenske, Pham, Praetorius & Ade-Thurow 2016). Mit insgesamt 22 Items werden die vier Fragebogenskalen *Klassenmanagement*, *Lernförderliches Klima und Motivierung*, *Klarheit und Strukturiertheit* sowie *Aktivierung und Förderung* gebildet. Das methodische Vorgehen der Skalenbildung erfolgt analog zu der geschilderten Verfahrensweise in Kapitel 9.4.2.

| | | stimme nicht zu | stimme eher nicht zu | stimme eher zu | stimme zu |
|---|---|---|---|---|---|
| | **Klassenmanagement** | | | | |
| 1. | Die gesamte Unterrichtsstunde wurde für den Lernstoff verwendet. | ☐ | ☐ | ☐ | ☐ |
| 2. | Die Lehrerin hat alles mitbekommen, was in der Klasse passiert ist. | ☐ | ☐ | ☐ | ☐ |
| 3. | Mir war jederzeit klar, was ich tun sollte. | ☐ | ☐ | ☐ | ☐ |
| 4. | Ich konnte ungestört arbeiten. | ☐ | ☐ | ☐ | ☐ |
| 5. | Ich war die ganze Stunde über aktiv bei der Sache. | ☐ | ☐ | ☐ | ☐ |
| | **Lernförderliches Klima und Motivierung** | | | | |
| 6. | Die Lehrerin war in dieser Unterrichtsstunde freundlich zu mir. | ☐ | ☐ | ☐ | ☐ |
| 7. | Es gab Aufgaben, die etwas mit meinen Interessen oder meinen Erfahrungen im Alltag zu tun haben. | ☐ | ☐ | ☐ | ☐ |
| 8. | Fehler wurden von der Lehrerin nicht kritisiert, sondern als Lerngelegenheit betrachtet. | ☐ | ☐ | ☐ | ☐ |
| 9. | Die Lehrerin hat mich ausreden lassen, wenn ich dran war. | ☐ | ☐ | ☐ | ☐ |
| 10. | Wenn die Lehrerin eine Frage oder Aufgabe gestellt hat, hatte ich ausreichend Zeit zum Überlegen. | ☐ | ☐ | ☐ | ☐ |
| 11. | Die Hinweise und Rückmeldungen der Lehrerin habe ich als hilfreich empfunden. | ☐ | ☐ | ☐ | ☐ |
| | **Klarheit und Strukturiertheit** | | | | |
| 12. | Mir ist klar, was ich in dieser Stunde lernen sollte. | ☐ | ☐ | ☐ | ☐ |
| 13. | Die Lehrerin hat so erklärt, dass ich alles verstanden habe. | ☐ | ☐ | ☐ | ☐ |
| 14. | Der Lernstoff wurde sichtbar gemacht, zum Beispiel durch Schaubild, Mindmap, Poster oder Zeichnung. | ☐ | ☐ | ☐ | ☐ |
| 15. | Die Lehrerin hat darauf geachtet, dass jeder klar und deutlich spricht. | ☐ | ☐ | ☐ | ☐ |
| 16. | Die wichtigsten Punkte wurden zusammengefasst. | ☐ | ☐ | ☐ | ☐ |
| | **Aktivierung und Förderung** | | | | |
| 17. | Ich habe mich in dieser Unterrichtsstunde mit eigenen Beiträgen am Unterrichtsgespräch beteiligt. | ☐ | ☐ | ☐ | ☐ |
| 18. | Ich habe anderen etwas erklärt, ihnen Fragen gestellt oder ihnen Rückmeldung gegeben. | ☐ | ☐ | ☐ | ☐ |
| 19. | Ich habe mich mit Aufgaben und Fragen beschäftigt, bei denen ich richtig nachdenken musste. | ☐ | ☐ | ☐ | ☐ |
| 20. | Ich konnte zwischen Aufgaben mit unterschiedlichen Schwierigkeitsstufen wählen und unterschiedliche Hilfen nutzen. | ☐ | ☐ | ☐ | ☐ |
| 21. | Ich habe mich mit Aufgaben beschäftigt, bei denen ich selbst entscheiden konnte, auf welche Weise ich sie bearbeite. | ☐ | ☐ | ☐ | ☐ |
| 22. | Die Lehrerin hat darauf geachtet, dass alle den Lernstoff des Unterrichts sicher beherrschen. | ☐ | ☐ | ☐ | ☐ |

**Abb. 9.10:** Fragebogen zur Unterrichtsqualität aus Schüler:innensicht (aus Projekt *Evidenzbasierte Methoden der Unterrichtsdiagnostik* (EMU), Helmke et al. 2016; http://www.unterrichtsdiagnostik.de)

In verschiedenen Untersuchungen der Unterrichtsforschung wird Schüler:innen als Quelle der Unterrichtsbeschreibung und -beobachtung tatsächlich eine hohe Bedeutung zugschrieben. Verwiesen wird auf ihren Status als Expert:innen, den sie sich durch jahrelanges, intensives und wiederkehrendes Beobachten von verschiedenen Lehrpersonen in variierenden Unterrichtssituationen aneignen können („15.000 Stunden", vgl. Rutter 1979). Urteile von Schüler:innen zur Unterrichtsqualität gelten als hoch valide mit Blick auf ihr subjektives Erleben im Unterricht und die möglichen Auswirkungen auf ihre affektiven und sozialen Merkmale (z. B. Lernmotivation) sowie auch für die Beschreibung von Unterrichtsroutinen (z. B. im Bereich der Klassenführung). Validität von Urteilen des Unterrichts aus Sicht der Schüler:innen ist hingegen eingeschränkt, im Falle eine differenzierte Beschreibung des Unterrichtsgeschehens erfolgen soll. Validität von Schüler:innen-Urteilen gilt eher als gering, wenn es darüber hinaus um die Beurteilung didaktischer Konzepte und ihre Implementation geht (vgl. Baumert et al. 2004).
Wesentlich ist ferner die Unterscheidung einer *individuellen Wahrnehmung* des einzelnen Schülers bzw. der einzelnen Schülerin in der Schulklasse (Lerngruppe) von der *geteilten Wahrnehmung der Schulklasse bzw. Lerngruppe*. Hierfür werden die Befragungsdaten der einzelnen Schüler:innen pro Klasse zusammengefasst (*aggregiert*) – meistens wird der arithmetische Mittelwert der Klasse berechnet und interpretiert (vgl. König 2009).

### 9.5.2 Beurteilung von videographiertem Unterricht

In der empirischen Unterrichtsforschung wurde in zahlreichen Untersuchungen Unterricht videographiert, um das Videomaterial anschließend einer Analyse durch – meist geschulte – Beobachter:innen zu unterziehen. Bei Erhebungsinstrumenten zur Erfassung von Merkmalen des Unterrichts über Videographie ist die Unterscheidung in hoch- und niedrig-inferente Vorgehensweisen zentral:

- *Niedrig-inferente Verfahren* verwenden Beobachtungskategorien, die nur kleine Interpretationsspielräume vorsehen. Hier geht es meist um spezifische Aspekte von beobachtbarem Unterricht, also Merkmale die gut *sichtbar* sind. Wenn beispielsweise erfasst werden soll, ob Einzelarbeit als Sozialform während der Erarbeitungsphase im Unterricht beobachtbar ist, kann eine Bewertung über ein einfaches Ja/Nein-Format erfolgen. Solche Merkmale werden in der empirischen Unterrichtsforschung auch der *Sichtstruktur* von Unterricht zugeordnet (vgl. Oser & Baeriswyl 2001). Niedrig-inferente Beurteilungen sind relativ verlässlich auch durch eine einzelne Person beobachtbar und benötigen daher nur selten eine zusätzliche Kontrolle durch eine weitere, unabhängige Beobachtung.
- *Hoch-inferente Verfahren* lassen den Beobachter:innen hingegen relativ große Interpretationsspielräume. Ihre Anwendung ist dann sinnvoll, wenn es um übergreifende Aspekte von Unterricht geht, zum Beispiel größere Zweck-Mit-

tel-Relationen im Unterrichtsprozess oder sog. *Tiefenstrukturen* (vgl. Oser & Baeriswyl 2001). Hier ist üblicherweise eine Kontrolle sinnvoll (Prüfung der Intersubjektivität, Interrater-Reliabilität). Abbildung 9.11 ist ein Beispiel für ein hoch-inferentes Erhebungsinstrument zur Erfassung unterrichtlicher Störungen zu entnehmen. Das Konstrukt „Störungen im Unterricht" soll über drei Items hoch-inferent erfasst werden, um anschließend über die gewonnenen Datenpunkte eine Fragebogen-Skala zu bilden. Auch hier wird methodisch in Analogie zu der geschilderten Verfahrensweise in Kapitel 9.4.2 vorgegangen.

| | **ja, trifft zu** | **trifft eher zu** | **trifft eher nicht zu** | **nein, trifft nicht zu** |
|---|---|---|---|---|
| 1. Im Unterricht wird andauernd Blödsinn gemacht (z. B. Umherwerfen von Gegenständen, Schülerinnen und Schüler rempeln sich an, tauschen Gegenstände oder Zettel aus, machen Faxen hinter dem Rücken der Lehrperson usw.). | ☐ | ☐ | ☐ | ☐ |
| 2. Der Unterricht wird sehr gestört (z. B. durch andauerndes lautes Gequatsche der Schülerinnen und Schüler). | ☐ | ☐ | ☐ | ☐ |
| 3. Im Unterricht wird fortwährend laut gequatscht. | ☐ | ☐ | ☐ | ☐ |

**Abb. 9.11:** Beispiele für fächerübergreifend einsetzbare (ereignisbezogene) Items zu Störungen im Unterricht (nach Hugener et al. 2006, 230f.)

Erhebungsinstrumenten, die die Erfassung von Merkmalen der Sicht- und Tiefenstruktur von videographiertem Unterricht über geschulte Beobachter:innen vorsehen, wird eine hohe Bedeutung in der empirischen Unterrichtsforschung zugeschrieben. Ihnen wird eine hohe Validität bescheinigt für die Beschreibung didaktischer und methodischer Aspekte des Unterrichts im Quervergleich und entlang von didaktischen Leitlinien sowie für die Beschreibung von Interaktionen in der Gesamtgruppe (Klassenunterricht) (vgl. Baumert et al. 2004). Nachteilhaft ist unter anderem, dass mit dem videographierten Material lediglich ein Ausschnitt von Unterricht vorliegt, der möglicherweise nur geringen Aufschluss über seine Kontextualisierung zum Beispiel bezüglich der spezifischen Lerngruppe zulässt. Ferner können Unterrichtsvideographien relativ hohe Aufwände in der Datenerhebung und der Datenanalyse nach sich ziehen, sodass entsprechende Erhebungsinstrumente sehr gezielt eingesetzt werden sollten.

**Zusammenfassung:** Mit einem Erhebungsinstrument verbindet sich die Entscheidung von Forschenden, welche Informationen wie erfasst werden. Fragebögen und Tests sind häufige Verfahren in der quantitativen Forschung. Verschiedene Kriterien dienen der Bewertung von Erhebungsinstrumenten. Oft werden in empirischen Untersuchungen der Schulforschung modellhafte Vorstellungen entwickelt, in denen Erhebungsinstrumente eine bestimmte Funktion übernehmen, um die gewählten Forschungsfragen zu bearbeiten. Konstrukte werden über manifeste Variablen erhoben, Fragebogen-Items werden durch Skalenbildung in Fragebogen-Skalen zusammengefasst. Entsprechende Informationen werden üblicherweise in Dokumentationen zu Fragebögen bzw. Tests festgehalten. Die empirische Unterrichtsforschung im Sinne des Prozess-Produkt-Paradigmas nutzt unterschiedliche methodische Zugänge zur Erfassung von Unterrichtsqualität, unter anderem Befragung von Schüler:innen oder Videographie von Unterrichtsstunden, mit denen sich unterschiedliche Vor- und Nachteile verbinden können.

**Fragen zum Textverständnis**

(1.) Erläutern Sie Begriff, Verfahren, Bewertungskriterien in Bezug auf „Erhebungsinstrument".

(2.) Wie lauten Komponenten (und Beispiele) in einer schematischen Darstellung von institutionalisierten Lehr-Lern-Prozessen – allgemein und am Beispiel von Unterrichtsqualität?

(3.) Erläutern Sie Unterschiede zwischen einem Fragebogen und einer Dokumentation des Fragebogens („Skalendokumentation") am Beispiel Merkmalen von Lernenden.

(4.) Was ist unter einer Skalenbildung zu verstehen, welche Vorteile hat sie?

(5.) Was ist das Prozess-Produkt-Paradigma in der empirischen Unterrichtsforschung und welche Erhebungsinstrumente werden mit welchen Vor- und Nachteilen genutzt zur Erfassung von Merkmalen von Unterrichtsqualität?

**Forschungspraktische Fragen**

(1.) Wie beurteilen Sie die Operationalisierung der beispielhaft dargelegten Erhebungsinstrumente (z. B. zur Erfassung des Merkmals „Geschlecht" im Forschungsprojekt SteG) anhand der drei Gütekriterien Objektivität, Reliabilität, Validität?

(2.) Warum gibt es verschiedene, teils sehr unterschiedliche Erhebungsinstrumente in der empirischen Unterrichtsforschung zur Erfassung von typischen Qualitätsmerkmalen (z. B. Klassenführung, vgl. z. B. Abb. 9.10 und 9.11)?

(3.) Wie bewerten Sie die konzeptionelle Zuordnung der einzelnen Items im Zuge der Skalenbildung zu den Oberbegriffen Klassenmanagement, Lernförderliches Klima und Motivierung, Klarheit und Strukturiertheit, Aktivierung und Förderung in Abbildung 9.10?

### Weiterführende Literatur

American Educational Research Association (AERA), American Psychological Association (APA), and National Council on Measurement in Education (NCME) (2014): Standards for Educational and Psychological Testing. 6. Aufl. Washington DC.

Bortz, J. & Schuster, C. (2010): Statistik für Human- und Sozialwissenschaftler. 7. Aufl. Berlin & Heidelberg.

Bühner, M. (2021): Einführung in die Test- und Fragebogenkonstruktion. 4. Aufl. München.

Döring, N. & Bortz, J. (2016): Forschungsmethoden und Evaluation in den Sozial- und Humanwissenschaften. 5. Aufl. Heidelberg.

Helmke, A. (2007): Unterrichtsqualität und Unterrichtsentwicklung: Wissenschaftliche Erkenntnisse zur Unterrichtsforschung und Konsequenzen für die Unterrichtsentwicklung. Bertelsmann.

Rost, J. (2004): Lehrbuch Testtheorie – Testkonstruktion. 2. Aufl. Bern.

Tachtsoglou, S. & König, J. (Hrsg.) (2017): Statistik für Erziehungswissenschaftlerinnen und Erziehungswissenschaftler. Konzepte, Beispiele und Anwendungen in SPSS und R. Wiesbaden, https://doi.org/10.1007/978-3-658-13437-2.

# 10 Statistische Datenanalyse

**Erwartungshorizont**
Nach der Lektüre des Kapitels sollten Sie wissen,

- welche Bedeutung und Funktion basale Konzepte der univariaten und bivariaten Deskriptivstatistik in quantitativen Studien der Erziehungswissenschaft haben und
- wie basale Konzepte der univariaten und bivariaten Deskriptivstatistik in forschungspraktischen Zusammenhängen zu nutzen sind.

Das vorliegende Kapitel bietet eine Einführung in basale Konzepte der univariaten und bivariaten Deskriptivstatistik. Es baut damit auf den vorhergehenden Kapiteln quantitativer Forschungsmethoden auf, denn erst mit dem Vorliegen von Forschungsdaten, die zu einer *Fragestellung* (▶ Kap. 6), an einer *Stichprobe* (▶ Kap. 7) mithilfe geeigneter *Operationalisierung und Variablen* (▶ Kap. 8) sowie *Erhebungsinstrumente* (▶ Kap. 9) gewonnen wurden, wird eine *statistische Datenanalyse* möglich. Das bedeutet zugleich: Im wissenschaftlichen Erkenntnisprozess der empirischen Schulforschung ist die statistische Datenanalyse nicht isoliert zu betrachten. Vielmehr ist sie Teil eines umfänglichen forschungslogischen Prozesses, der eine Reihe von theoretischen, konzeptionellen, inhaltlichen Fragen hervorruft und den Forschenden bestimmte Entscheidungen abverlangt, die die konkrete statistische Analyse erheblich beeinflussen können. Leitend für die Datenanalyse sind insbesondere die Fragestellungen und Hypothesen einer Untersuchung. Die Datenanalyse hat nicht nur Konsequenzen für die mögliche Interpretation und Diskussion von erzielten Ergebnissen, sondern auch für die weiterführende Verwertung und Wirkung einer empirischen Untersuchung.

Es existieren zahlreiche Lehrbücher für Statistik und quantitative Forschungsmethoden in den Human- und Sozialwissenschaften, die Einführungen und vertiefende Darstellungen zu statistischen Datenanalysen bieten. Daher beschränkt sich die folgende Darstellung auf solche basalen Konzepte, die üblicherweise bei der Durchführung von Datenanalysen als eine der ersten Schritte angewendet werden, zum Beispiel Häufigkeitsauszählungen als Teil der univariaten Deskriptivstatistik (▶ Kap. 10.1) und Berechnung von Korrelationen zweier Variablen als Teil der bivariaten Deskriptivstatistik (▶ Kap. 10.2). Es erfolgen jeweils Querverweise auf weiterführende Literatur zur statistischen Datenanalyse. Darüber hinaus wird anschließend ein zusammenfassender Ausblick auf weiterführende Verfahren der statistischen Datenanalysen gegeben (▶ Kap. 10.3). Eine Zusammenfassung (▶ Kap. 10.4) nimmt schließlich Bezug auf den Verwertungs- und Wirkungszusammenhang als letzte Komponente des Modells zum forschungslogischen Ablauf (Abb. 10.1).

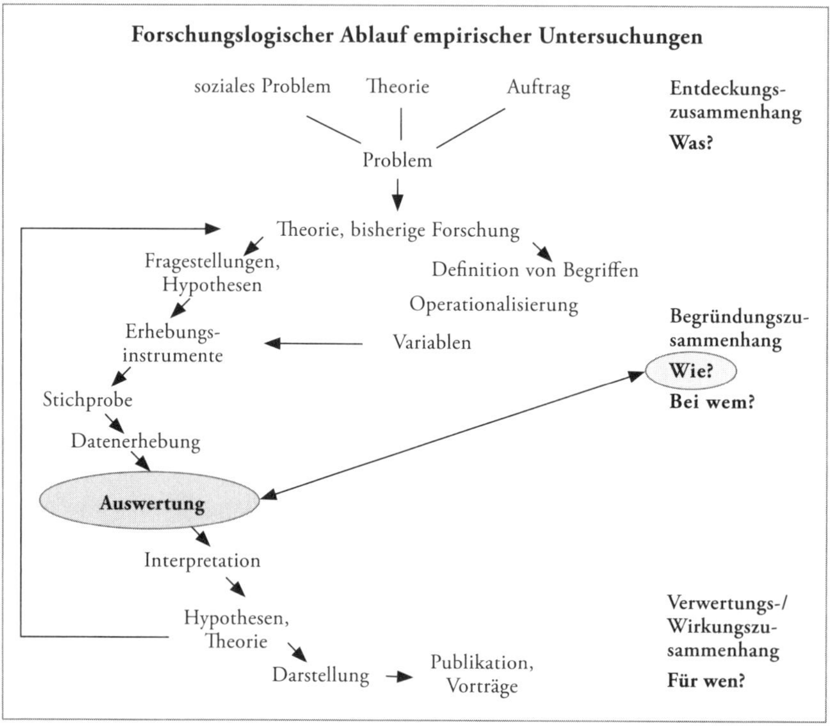


**Abb. 10.1:** Schwerpunkt des Kapitels 10 im Modell zum forschungslogischen Ablauf (nach Friedrichs 1990, 51)

## 10.1 Der Blick auf die einzelne Variable: Univariate Deskriptivstatistik

Die beschreibende Statistik (Deskriptivstatistik) dient der Organisation, Zusammenfassung und Darstellung von Forschungsdaten, um sie für Adressat:innen leichter verständlich zu machen (Bortz & Schuster 2010). Als ein erster Schritt bei der Durchführung einer empirischen Untersuchung gilt es, Daten einzelner Variablen aufzubereiten und darzustellen. Als Möglichkeiten dazu bieten sich die Erstellung von Tabellen und Grafiken sowie die Berechnung einzelner statistischer Kennwerte an.

### 10.1.1 Erster Schritt: Analyse von Häufigkeiten

Sobald die Datenerhebung – etwa mithilfe eines Fragebogens oder Tests als *Erhebungsinstrumente* (▶ Kap. 9) – abgeschlossen ist, stellt sich die Frage: Wie kommt man von den nun vorliegenden Rohdaten zu einer ersten zusammenfassenden Darstellung? Der elementare, erste Schritt ist üblicherweise die Darstellung von Häufigkeiten (engl.: *frequencies*); diese liefern ein Bild der Verteilung der Werte.
Ein einfaches, allgemein bekanntes Datenbeispiel aus der Schulpraxis ist die Ermittlung und Bekanntgabe eines Notenspiegels für eine Klassenarbeit. In Abbildung 10.2 ist der Fall skizziert, wie eine Lehrerin die mit Noten bewertete Mathematikarbeit an ihre 26 Schüler:innen zurückgibt. Der Notenspiegel, den sie an die Tafel schreibt, ist eine Häufigkeitsverteilung der Variable Schulnote mit sechs Kategorien [1; 2; 3; 4; 5; 6].

Rückgabe einer Mathematikarbeit, 9. Klasse Realschule, 26 Schüler:innen.
Die Lehrerin schreibt den Notenspiegel an die Tafel:

| **Note** | **1** | **2** | **3** | **4** | **5** | **6** |
|---|---|---|---|---|---|---|
| Anzahl der Schüler:innen | 3 | 6 | 9 | 5 | 2 | 1 |

**Abb. 10.2:** Schulnoten-Beispiel

Auch bei empirischen Studien der Schulforschung werden aus den Rohdaten individuelle Messwerte der untersuchten Personen bzw. Objekte gewonnen. Diese Messwerte werden üblicherweise in eine digitale Datenmatrix überführt; in der Regel werden die Messwerte mithilfe einer Statistik-Computer-Software (z. B. Excel, SPSS) eingegeben und verarbeitet (▶ Kap. 8.1). Die tabellarische Beschreibung der Merkmalsverteilung kann nun mithilfe einer Computer-Software durch eine Häufigkeitsverteilung (bzw. -tabelle) erfolgen. Darauf aufbauend kann eine grafische Darstellung dieser Häufigkeitsverteilung vorgenommen werden (z. B. in der Form eines Diagramms).
In Abbildung 10.3 ist mithilfe des Schulnoten-Beispiels skizziert, wie Rohdaten schematisch in eine solche Datenmatrix üblicherweise überführt werden: Links in der Abbildung 10.3 liegen die Hefte in zwei Stapeln in zufälliger Reihenfolge auf- bzw. nebeneinander auf dem Tisch der Lehrerin. Zur Erstellung der Matrix werden nun für jede der 26 Personen (Schüler:innen) eine *Zeile*, für jede Variable (Schüler:in-Nummer, Schulnote) eine *Spalte* angelegt. In der Regel erhalten die Spalten eine Kurzbezeichnung der Variable als Überschrift („Person", „Schulnote").

**Beispiel für Eingabe in PC-Software (Excel, SPSS)**

Urliste/Rohdaten

| 4 | 3 |
|---|---|
| 2 | 2 |
| 1 | 3 |
| 3 | 1 |
| 3 | 5 |
| 6 | 4 |
| 1 | 4 |
| 4 | 3 |
| 4 | 2 |
| 2 | 5 |
| 3 | 3 |
| 2 | 3 |
| 3 | 2 |

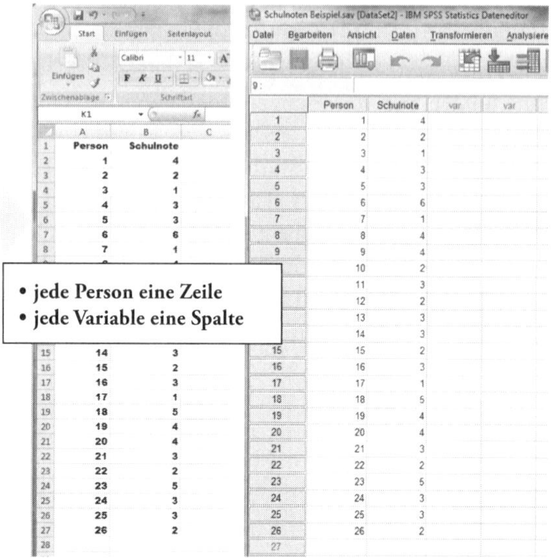


**Abb. 10.3:** Überführung der Rohdaten in eine Datenmatrix, illustriert am Schulnoten-Beispiel

Der Notenspiegel in Abbildung 10.2 enthält die *absoluten Häufigkeiten* ($f_{abs}$) der Variable Schulnote für ihre sechs Kategorien ($k$) für $n = 26$ Schüler:innen. Neben den absoluten Häufigkeiten werden in empirischen Untersuchungen vielfach die *prozentualen Häufigkeiten* ($f_{\%}$) berichtet. Hierfür werden zuerst die *relativen Häufigkeiten* ($f_{rel}$) berechnet, indem die absoluten Häufigkeiten durch die Anzahl der Personen bzw. Objekte der Stichprobe ($n$) geteilt werden. Daraufhin werden die relativen Häufigkeiten mit 100 multipliziert. Abbildung 10.4 enthält die Formeln zur Berechnung dieser Häufigkeiten, Abbildung 10.5 die absoluten, relativen und prozentualen Häufigkeiten für das Schulnoten-Beispiel. Aufbauend auf der tabellarischen Darstellung von Häufigkeiten bietet es sich an, die Werte grafisch aufzubereiten. Die *Säulendiagramme* (bzw. bei schmalen „Säulen" auch *Stabdiagramme* genannt) in Abbildung 10.6 sind typische Beispiele zur Veranschaulichung absoluter und prozentualer Häufigkeiten, illustriert am Schulnoten-Beispiel. Pro Kategorie ist eine „Säule" (bzw. ein „Stab") in dieser Diagrammform vorgesehen, sie „stehen" auf der $x$-Achse des verwendeten Koordinatensystems, während auf der $y$-Achse die jeweiligen Häufigkeiten (Anzahl von Personen bzw. prozentualer Anteil von Personen in der Stichprobe) abgetragen sind.

| Häufigkeit | Kurzbeschreibung | Formel | Abkürzungen |
|---|---|---|---|
| Absolute Häufigkeit | Häufigkeit eines Merkmals einer Kategorie | $f_{abs}(k)$ | $k$ Kategorie<br>$f$ Häufigkeit (*frequency*) |
| Relative Häufigkeit | Absolute Häufigkeit geteilt durch die Anzahl der Fälle | $f_{rel}(k) = \frac{f_{abs}}{n}$ | abs absolut<br>rel relativ |
| Prozentuale Häufigkeit | Relative Häufigkeit multipliziert mit 100 | $f_{\%}(k) = f_{rel}(k) \cdot 100$ | $n$ Anzahl der Personen/ Objekte in der Stichprobe |

**Abb. 10.4:** Formeln zur Berechnung von Häufigkeiten

| Schulnoten ($k$) | $f_{abs}(k)$ | $f_{rel}(k)$ | $f_{\%}(k)$ |
|---|---|---|---|
| „sehr gut" (1) | 3 | 0,115 | 11,5% |
| „gut" (2) | 6 | 0,231 | 23,1% |
| „befriedigend" (3) | 9 | 0,346 | 34,6% |
| „ausreichend" (4) | 5 | 0,192 | 19,2% |
| „mangelhaft" (5) | 2 | 0,077 | 7,7% |
| „ungenügend" (6) | 1 | 0,038 | 3,8% |

Anmerkung: $f_{rel}(k)$ auf die dritte Dezimalstelle gerundet.

**Abb. 10.5:** Absolute, relative, und prozentuale Häufigkeiten für das Schulnoten-Beispiel

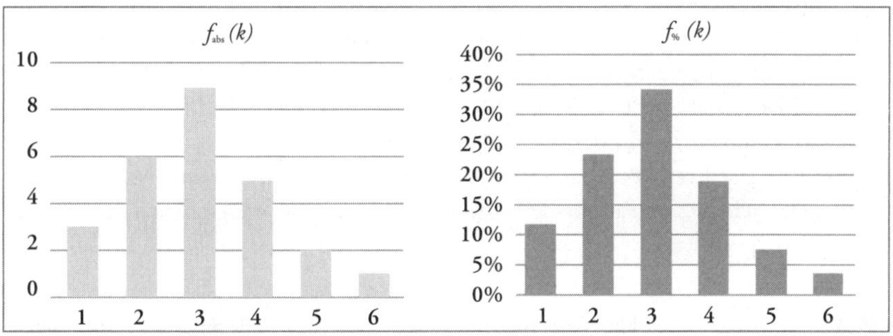


**Abb. 10.6:** Grafiken zur Darstellung absoluter und prozentualer Häufigkeiten, illustriert am Schulnoten-Beispiel

### 10.1.2 Durchschnittswert & Co: Maße der zentralen Tendenz

In der statistischen Datenanalyse dienen Mittelwerte der Darstellung einer wichtigen Eigenschaft von Häufigkeitsverteilungen mithilfe eines einzigen Kennwertes. Daher werden sie auch als *Maße der zentralen Tendenz* bezeichnet (vgl. Abb. 10.7). Welche Maße gibt es?

- Am bekanntesten ist der *arithmetische Mittelwert*, oft als „Durchschnittswert" oder auch – weil er besonders häufig verwendet wird – der Einfachheit halber als „Mittelwert" bezeichnet. Er ist definiert als die Summe der einzelnen Personenwerte auf einer Variablen, geteilt durch die Anzahl der Fälle (d. h. Personen bzw. Objekte in der Stichprobe). Vorausgesetzt wird mindestens Intervallskalenniveau (▶ Kap. 8). Im

Schulnoten-Beispiel – in dem wir Schulnoten Intervallskalenniveau unterstellen – summieren wir also alle Noten der Rohdaten bzw. individuellen Messwerte der Variable Schulnote in Abbildung 10.3 auf zu dem Summenwert 78, anschließend teilen wir diesen durch die Anzahl aller 26 Schüler:innen. Wir erhalten den Mittelwert $M = \frac{78}{26} = 3$.

- Der *Modalwert* (auch: *Modus*) ist definiert als die Kategorie (Wert) mit der größten Häufigkeit, er wird aus der Häufigkeitsverteilung einer Variablen ermittelt und ist ab Nominalskalenniveau einsetzbar. Abbildung 10.5 können wir entnehmen, dass die Note 3 am häufigsten von allen Noten vertreten ist, sie wurde von 34,6% aller Schüler:innen erreicht. Im Schulnoten-Beispiel hat der Modalwert also den Wert $Mo = 3$.
- Der *Median*, verwendbar ab Ordinalskalenniveau, ist definiert als der Wert, der die in eine Rangfolge gebrachten Messwerte in zwei gleich große Hälften teilt. Zur Ermittlung müssen also alle individuellen Messwerte in eine aufsteigende Rangfolge gebracht werden (beginnend beim kleinsten Wert). Anschließend wird der Wert bestimmt, unterhalb dessen 50% aller Werte liegen (diesen Wert bezeichnet man daher auch als 50. Prozentrang oder 50. Perzentil, vgl. weiterführend Tachtsoglou & König 2017). Falls die Anzahl der Fälle *ungerade* ist, so gilt es, genau den Wert zu identifizieren, der in der Mitte steht. Bei einer Stichprobe von zum Beispiel fünf Schüler:innen mit den in eine Rangfolge gebrachten Schulnoten 1, 2, 3, 4, 5 hätte der zu ermittelnde Median also den Wert $Md = 3$. Im Schulnoten-Beispiel haben wir es jedoch mit einer *geraden* Anzahl von 26 Schüler:innen zu tun. Hier müssen zunächst die beiden mittleren Werte identifiziert werden, also in diesem Fall die 13. Position und 14. Position, wenn alle 26 Schüler:innen in der Rangfolge ihrer erreichten Noten aufgereiht sind. Für diese zwei mittleren Positionen wird anschließend der arithmetische Mittelwert berechnet. Da in diesem Falle beide Positionen die Note 3 aufweisen, lautet der Median: $Md = \frac{3+3}{2} = 3$.

| **Maß** | **Abkürzung** | **Kurzbeschreibung** | **Benötigtes Skalenniveau** | **Schulnoten-Beispiel** |
|---|---|---|---|---|
| Modalwert (auch: Modus) | *Mo* | Kategorie (Wert) mit der größten Häufigkeit | Nominal | $Mo = 3$ |
| Median | *Md* | Wert, der die in eine Rangfolge gebrachten Messwerte in zwei gleich große Hälften teilt | Ordinal | $Md = 3$ |
| Arithmetischer Mittelwert (auch „Mittelwert", „Durchschnittswert") | *M* oder *AM* oder $\bar{x}$ | Summe der einzelnen Personenwerte auf einer Variablen, geteilt durch die Anzahl der Fälle | Intervall | $M = 3$ |

**Abb. 10.7:** Maße der zentralen Tendenz

An dieser Stelle sei auch das bei der formalen Darstellung von statistischen Formeln häufig genutzte Summenzeichen $\sum$ (Sigma) kurz eingeführt. Die Darstellung mithilfe von Sigma (Abb. 10.8) hat den Vorteil, umfangreiche Summenausdrücke in einer kurzen und übersichtlichen Form darzustellen. So kann man zum Beispiel die Summe der reellen Zahlen $x_1, x_2, \ldots, x_n$ in der Form darstellen: $\sum_{i=1}^{n} x_i$ (sprich: „Summe der $x_i$ von $i = 1$ bis $n$“).

| **Formeln und Schreibweisen für die Berechnung des arithmetischen Mittelwerts** | **Kurzbeschreibung und Abkürzungen** |
|---|---|
| $\overline{x} = \frac{x_1 + x_2 + x_3 + \ldots + x_n}{n}$ | $x$ ist die Summe der einzelnen Personenwerte ($x_1, x_2, x_3, \ldots, x_n$) auf einer Variablen $x$, geteilt durch die Anzahl der Fälle ($n$). |
| $\overline{x} = \frac{x_1 + x_2 + x_3 + \ldots + x_n}{n} = \frac{1}{n} \cdot \sum_{i=1}^{n} x_i$ | $\sum$ Summenzeichen Sigma mit:<br>$i$ Laufindex<br>1 unterer Summationsindex<br>$n$ oberer Summationsindex |

**Abb. 10.8:** Formel zur Berechnung des arithmetischen Mittelwertes

Schließlich sollen die beiden komplexeren Maße der zentralen Tendenz, Median und arithmetischer Mittelwert, vergleichend gegenübergestellt werden. In die Berechnung des arithmetischen Mittelwertes gehen alle individuellen Messwerte einer Variablen ein, in jene des Medians lediglich die Anzahl aller Werte sowie die aus der Rangfolge resultierenden Informationen zur mittleren Position (falls $n$ ungerade ist) bzw. zu den beiden mittleren Positionen (falls $n$ gerade ist). Extremwerte werden bei der Ermittlung des Medians nicht berücksichtigt. Im Falle des arithmetischen Mittelwertes beeinflussen sie die Berechnung (Sensitivität gegenüber Ausreißern). Der Median kann ab Ordinalskalen-, der arithmetische Mittelwert erst ab Intervallskalenniveau eingesetzt werden. Insgesamt schöpft der arithmetische Mittelwert die in den Daten enthaltenen Informationen bezüglich der zentralen Tendenz einer Verteilung besser aus als der Median. Daher besitzt der arithmetische Mittelwert auch für weiterführende statistische Analyseverfahren insgesamt eine größere Bedeutung als der Median.

### 10.1.3 Homogenität und Heterogenität von Messwerten: Dispersion (Streuung)

#### 1. Unterschiedlichkeit der Messwerte einer Verteilung

*Dispersion* (auch: *Streuung*) bezieht sich auf die Unterschiedlichkeit der Werte der Verteilung einer Variablen. Warum ist die Betrachtung der Dispersion (Streuung) einer Variablen nötig? Vergegenwärtigen wir uns hierzu das folgende Beispiel.

In zwei Studien – Studie 1 und Studie 2 – wurden jeweils $n = 100$ Schüler:innen der Sekundarstufe zu ihrer schulbezogenen Hilflosigkeit befragt. Damit ist „ein psychologischer Zustand der subjektiven Unkontrollierbarkeit in schulischen Handlungssituationen“ gemeint (König 2009, 41): Ein:e Schüler:in, der bzw. die durch wiederholte Erfahrungen die generelle Vorstellung entwickelt hat, dass das eigene Leistungshandeln im schulischen Kontext ohne Einfluss auf erwünschte Folgen bleibt – etwa die Bemühung um gute Schulnoten, die ihm bzw. ihr nicht zuteilwerden –, kann als

„hilflos" bezeichnet werden. Bei der Befragung diente im Fragebogen (Abb. 10.9) das folgende Item: „Auch wenn ich genau weiß, wann wir eine Arbeit schreiben, weiß ich nicht, wie ich eine gute Note erreichen soll." Die befragten Schüler:innen wurden gebeten, ihre Einschätzung auf einem vierstufigen Antwortformat (Likert-Skala, vgl. Kap. 9) anzugeben – von „ja, trifft voll und ganz zu" (kodiert mit dem Wert 4) bis „nein, trifft überhaupt nicht zu" (kodiert mit dem Wert 1).

| **Wie geht es dir, wenn du an die Schule denkst?** | | | | |
|---|---|---|---|---|
| | ja, trifft voll und ganz zu | trifft eher zu | trifft eher nicht zu | nein, trifft überhaupt nicht zu |
| Auch wenn ich genau weiß, wann wir eine Arbeit schreiben, weiß ich nicht, wie ich eine gute Note erreichen soll. | ☐ | ☐ | ☐ | ☐ |
| **Kodierung:** | **4** | **3** | **2** | **1** |

**Abb. 10.9:** Erfassung der schulbezogenen Hilflosigkeit (Ausschnitt aus König 2009)

In Abbildung 10.10 sind die prozentualen Häufigkeiten beider Studien zu sehen. Während die Schüler:innen in Studie 1 der Aussage zur schulbezogenen Hilflosigkeit entweder relativ stark zustimmten oder diese relativ stark ablehnten, nutzten die Schüler:innen in Studie 2 bei der Beantwortung vorwiegend die beiden mittleren Antwortkategorien. Die Einschätzungen der Schüler:innen fielen also in Studie 1 heterogener, in Studie 2 homogener aus.

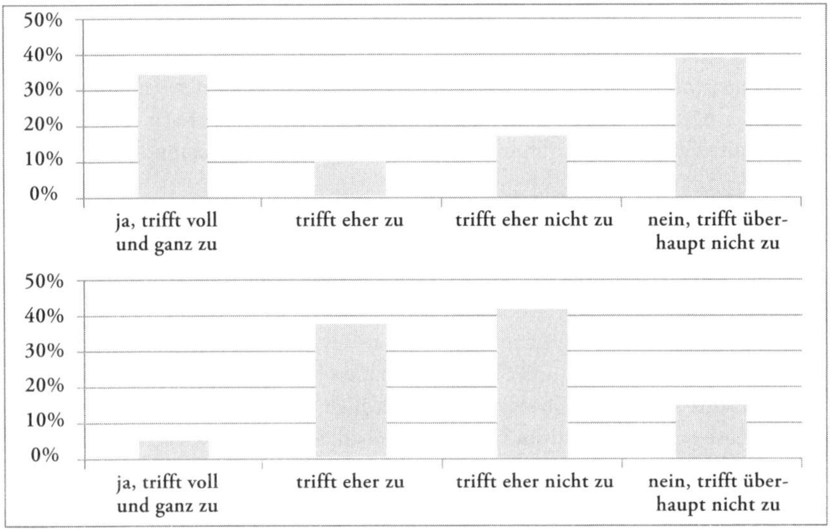


**Abb. 10.10:** Prozentuale Häufigkeiten der Zustimmung zur schulbezogenen Hilflosigkeit (Abb. 10.9) in Studie 1 und Studie 2

Unterstellt man der vierstufigen Likert-Skala Intervallskalenniveau, so lassen sich für beide Studien die arithmetischen Mittelwerte berechnen (Studie 1: $M = 2{,}39$; Studie 2: $M = 2{,}33$). Die Mittelwerte unterscheiden sich also lediglich in der zweiten Nachkommastelle, beide Mittelwerte liegen nahe der Antwortkategorie „trifft eher nicht zu“ (kodiert mit 2). Abgetragen in einem Säulendiagramm (Abb. 10.11) könnte man zu einer Einschätzung wie der folgenden gelangen: „In beiden Studien zeigte sich, dass die befragten Schüler:innen im Durchschnitt der Frage eher nicht zustimmten, denn die Differenz der Mittelwerte ist sehr klein (0,06)“.

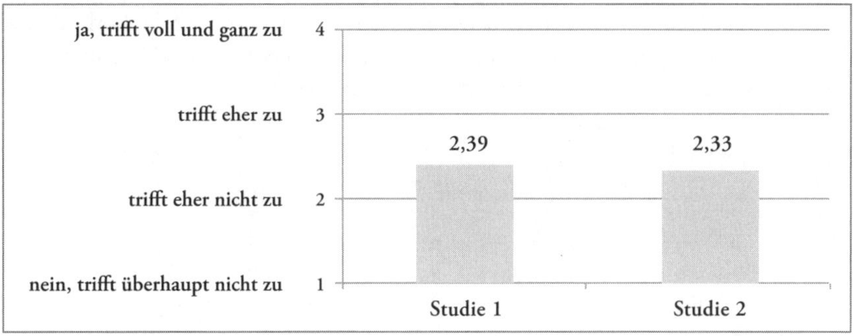


**Abb. 10.11:** Arithmetische Mittelwerte in der schulbezogenen Hilflosigkeit

Dieses Beispiel verdeutlicht, dass der Bildung eines Mittelwertes sehr unterschiedliche Verteilungen individueller Messwerte zugrunde liegen können. Betrachtet man lediglich Mittelwerte (Abb. 10.11) ohne die Information zur Dispersion (Streuung) zusätzlich zur Kenntnis zu nehmen (Abb. 10.10), könnte dies zu einer unvollständigen Interpretation der Daten führen. Jedenfalls wäre im vorliegenden Beispiel – zusätzlich zur Interpretation der zwei sehr ähnlichen Mittelwerte aus Studie 1 und 2 – ein Hinweis nötig, dass die Zustimmung der Schüler:innen zur Fragebogen-Aussage in Studie 1 deutlich heterogener als in Studie 2 ausfiel.

In der empirischen Schulforschung ist Dispersion bzw. Streuung von Variablen von großer Relevanz, da viele Forschungsfragen grundsätzlich darauf abzielen, Unterschiedlichkeit einer Merkmalsausprägung zu beschreiben und auch zu erklären. So zieht zum Beispiel eine Forschungsfrage wie „Unterscheiden sich Jungen und Mädchen in der schulbezogenen Hilflosigkeit?“ eine Analyse von Verteilungen individueller Messwerte in der schulbezogenen Hilflosigkeit unter Bezug auf die Unterscheidung in Jungen und Mädchen nach sich. Benötigt wird also nicht nur ein Erhebungsinstrument (▶ Kap. 9), das mögliche oder zu erwartende Unterschiedlichkeit messen kann. Es werden auch Verfahren der statistischen Datenanalyse benötigt, Dispersion in den Forschungsdaten zu beschreiben und zu quantifizieren. Hierfür bestehen grundsätzlich zwei Möglichkeiten: grafische Darstellungen (u. a. für einen ersten Einblick in die Daten) sowie insbesondere die Berechnung von Maßen (Kennwerten) für die Verteilung.

**2. Beispiele für grafische Darstellungen**

Das *Säulendiagramm* haben wir am Schulnoten-Datenbeispiel bereits kennengelernt. Die Daten lassen sich auch über andere Diagrammtypen darstellen, die zur Aufbereitung von Daten häufig genutzt werden (Abb. 10.12). So kann das Säulendiagramm in ein *Liniendiagramm* überführt werden. Wie bei Säulendiagrammen werden auch bei Liniendiagrammen die Kategoriengrenzen auf der *x*-Achse und die (absoluten bzw. prozentualen) Häufigkeiten auf der *y*-Achse abgetragen. Der Linienpunkt pro Kategorie zeigt die (absoluten bzw. prozentualen) Häufigkeiten. Ein *Histogramm* (griech. „aufrechter Graph") wird ebenfalls zur Darstellung von Häufigkeiten einzelner Variablen verwendet. In diesem Fall schließen die Kategoriengrenzen auf der horizontalen Achse lückenlos aneinander an. Bei einem *Balkendiagramm* sind die Häufigkeiten auf der *x*-Achse, die Kategorien auf der *y*-Achse angeordnet.

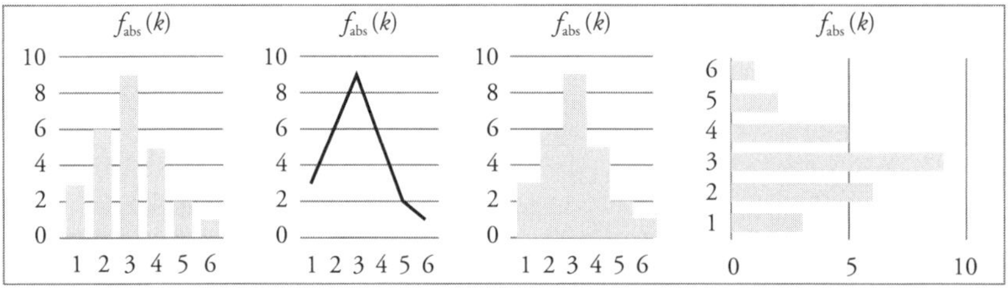


**Abb. 10.12:** Absolute Häufigkeiten dargestellt in einem Säulendiagramm, Liniendiagramm, Histogramm und Balkendiagramm, illustriert am Schulnoten-Beispiel

Weiterführend kann aus einem Histogramm das sog. *Polygon* (griech. Vieleck) entwickelt werden, „indem man die Mittelpunkte der oberen Rechteckseiten miteinander verbindet" (Benninghaus 1998, 118). Ein Polygon eignet sich zur grafischen Veranschaulichung einer stetigen (kontinuierlichen) Häufigkeitsverteilung. Sofern die Stichprobe sehr groß und die Kategorien eng sind, kann – mithilfe entsprechender Grafiksoftware – auch eine Rundung des Kurvenverlaufs erzeugt werden, sodass keine „Knicke" mehr im Kurvenverlauf auftreten (Abb. 10.13).

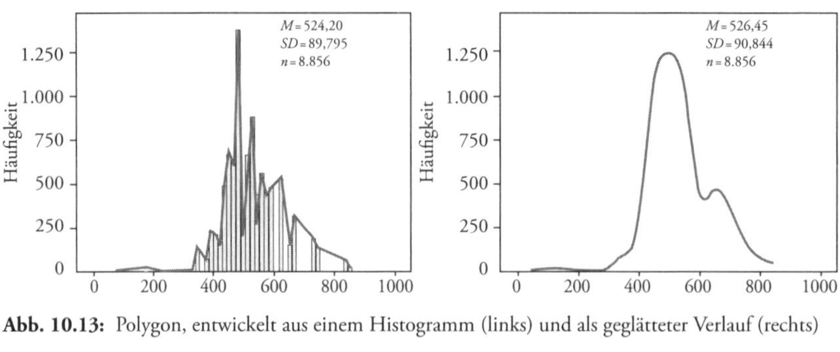


**Abb. 10.13:** Polygon, entwickelt aus einem Histogramm (links) und als geglätteter Verlauf (rechts)

**3. Begriffe und Begriffspaare zur Beschreibung von Verteilungen**
Zur Beschreibung von Verteilungen der Werte einer Variablen werden verschiedene Begriffspaare herangezogen, die in Abbildung 10.14 schematisch dargestellt sind: *symmetrisch – asymmetrisch, unimodal – bimodal, schmalgipflig – breitgipflig, linkssteil – rechtssteil.* Hinzu kommen weitere Bezeichnungen wie *u-förmig* oder *abfallend.* Eine symmetrische Verteilung setzt voraus, dass die drei Maße der zentralen Tendenz zusammenfallen (vgl. Tachtsoglou & König 2017). Dies ist bei dem Beispiel in Abbildung 10.13 nicht der Fall. Von einer bimodalen (multimodalen) Verteilung spricht man, wenn nicht nur ein besonders erkennbares Maximum vorliegt, sondern zwei (bzw. mehr als zwei) Maxima. Die Verteilung in Abbildung 10.13 stellt hingegen eine unimodale Verteilung dar; sie wäre ferner als schmalgipflig und linksteil zu lesen (vgl. Bortz & Schuster 2010). Mittelwert, Median und Modus fallen bei einer links- oder rechtssteilen Verteilung nicht zusammen, sondern erscheinen in ihrer Folge von links nach rechts: *Mo, Md, M* (linkssteil) und *M, Md, Mo* (rechtssteil) (vgl. Tachtsoglou & König 2017)

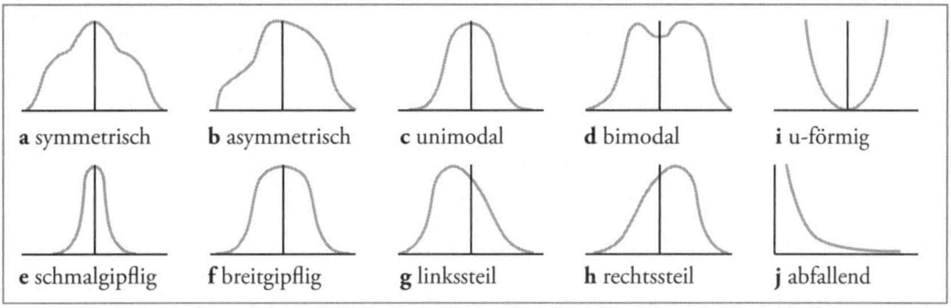


**Abb. 10.14:** Begriffe und Begriffspaare zur Beschreibung von Verteilungen (Bortz & Schuster 2010, 42)

### 10.1.4 Zusammenfassende Kennwerte: Dispersionsmaße (Streuungsmaße)

**Ein Datenbeispiel zu Beginn**
Um zusammenfassend über die Werteverteilung von Variablen berichten zu können, ist es hilfreich, Kennwerte (Maße) bei der Darstellung von Dispersion bzw. Streuung zu verwenden. Solche Kennwerte enthalten zudem weiterführende Informationen, die bei einer ausschließlichen grafischen Betrachtung, wie sie im vorhergehenden Abschnitt thematisiert wurde, nicht notwendigerweise enthalten sind. Die nachfolgenden Kennwerte sollen anhand eines Datenbeispiels erläutert werden. Nehmen wir an, in zwei verschiedenen Studien – Studie 1 und Studie 2 – wurde jeweils ein Lesetest bei Schüler:innen eingesetzt. Jede Studie hat $n = 9$ Schüler:innen getestet. Der Test ist so konzipiert, dass man zwischen 0 und 6 Punkten erreichen kann. Während in Studie 1 die Schüler:innen im Punktebereich 1 bis 5 abgeschnitten haben, liegen in Studie 2 für den Test im Bereich zwischen 2 und 4 Punkten vor. Abbildung 10.15 zeigt sowohl eine grafische Darstellung der Schüler:innen anhand ihrer erreichten Testpunkte als auch die Rohdaten.

In beiden Studien liegt jeweils ein arithmetischer Mittelwert von $M=3$ vor. Die Verteilung der individuellen Messwerte, die der Mittelwertbildung jeweils zugrunde liegen, ist jedoch unterschiedlich. Nun stellt sich die Frage, wie mit einem Kennwert diese unterschiedlichen Verteilungen zusammenfassend beschrieben werden können. Hierzu betrachten wir im Folgenden drei verschiedene Kennwerte, die häufig verwendet werden: den Range, die Varianz und die Standardabweichung.

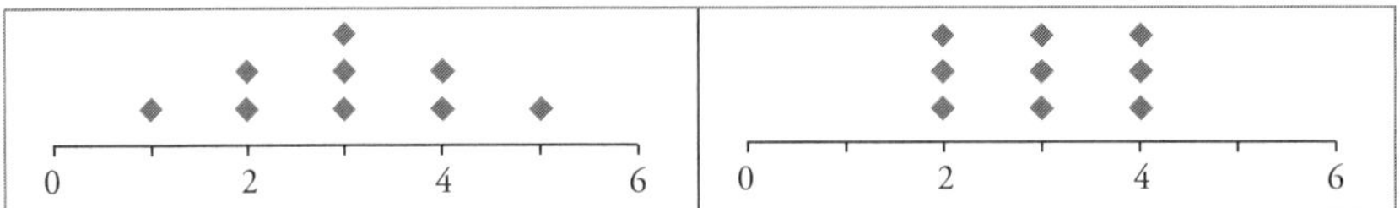


| **Studie 1** ($n=9$) | Rohdaten: | **Studie 2** ($n=9$) | Rohdaten: |
|---|---|---|---|
| | 1 | | 2 |
| | 2 | | 2 |
| | 2 | | 2 |
| | 3 | | 3 |
| | 3 | | 3 |
| | 3 | | 3 |
| | 4 | | 4 |
| | 4 | | 4 |
| | 5 | | 4 |
| $\Sigma =$ | 27 | $\Sigma =$ | 27 |
| $M =$ | 3 | $M =$ | 3 |

**Abb. 10.15:** Datenbeispiel zur Unterschiedlichkeit von Messwertverteilungen

### Kennwerte

Der *Range R* (auch: *Spannbreite*, *Variationsbreite*) gilt als einfaches Streuungsmaß. Seine Berechnung sieht vor, von dem größten empirisch anzutreffenden Messwert einer Verteilung $x_{max}$ den kleinsten empirisch anzutreffenden Messwert dieser Verteilung $x_{min}$ abzuziehen (zu subtrahieren). In Studie 1 (Abb. 10.15) beträgt der Range somit $R=x_{max}-x_{min}=5-1=4$, in Studie 2 (Abb. 10.15) beträgt er $R=x_{max}-x_{min}=4-2=2$. Die größere Heterogenität der Messwerte in Studie 1 spiegelt sich somit – im Vergleich mit Studie 2 – über eine deutlich größere Spannbreite wider. Je kleiner der Range, desto homogener muss man sich die Messwerte einer Verteilung vorstellen. Je größer der Range, desto heterogener liegen die Messwerte vor. Streng genommen setzt die Berechnung des Range Intervallskalenniveau voraus, doch in der Forschungspraxis wird er bereits bei ordinalskalierten Variablen angewendet (vgl. Benninghaus 1998). Der Range sollte nicht als einziges Maß für die Streuung von Variablen herangezogen werden (vgl. z. B. Bühner & Ziegler 2009), da dieser stark auf Ausreißer reagiert.

Streuungsmaße spielen insbesondere für Variablen mit mindestens Intervallskalenniveau eine wichtige Rolle. Die nachfolgenden Kennwerte *Average Deviation*, *Varianz* und *Standardabweichung* haben im Kern gemein, die Streuung individueller Messwerte darauf hin zu analysieren, wie stark die individuellen Messwerte einer Verteilung um den sie repräsentierenden arithmetischen Mittelwert streuen.
Die *Average Deviation* (abgekürzt: *AD*), ist definiert als „der Durchschnitt der absoluten Abweichung aller Messwerte einer Verteilung von ihrem arithmetischen Mittel" (Benninghaus 1998, 150). Die *AD*-Streuung lässt sich anhand der Formel in Abbildung 10.16 berechnen (vgl. Bortz & Schuster 2010). In Studie 1 aus Abbildung 10.15 beträgt zum Beispiel die

$$AD = \frac{\sum_{i=1}^{n} (|x_i - \bar{x}|)}{n} = \frac{2+1+1+0+0+0+1+1+2}{9} = \frac{8}{9} = 0{,}89$$

Dieser Wert besagt, dass die Messwerte der Lesetestpunkte in Studie 1 im Durchschnitt 0,89 Einheiten von ihrem arithmetischen Mittel abweichen. Trotz ihrer Plausibilität wird die *AD* als Streuungsmaß in der Praxis heutzutage (fast) nicht mehr verwendet (vgl. Benninghaus 1998). Dagegen stellen die Maße der Varianz und Standardabweichung „die gebräuchlichsten Maße zur Kennzeichnung der Variabilität bzw. Dispersion einer Verteilung" (Bortz 2005, 41) bei mindestens intervallskalierten Variablen dar. Auf diese wird nachfolgend eingegangen. Wie wir sehen werden, bauen Varianz und Standardabweichung konzeptionell auf der *AD* auf, sodass ihre Erwähnung an dieser Stelle hilfreich ist.

| **Maß** | **Kurzbeschreibung** | **Formel** | **Studie 1** | **Studie 2** |
|---|---|---|---|---|
| Range, *R* | „Differenz zwischen dem größten und kleinsten Messwert einer Verteilung" (Benninghaus 1998, 144) | $R = x_{max} - x_{min}$ | $R = 4$ | $R = 2$ |
| Average Deviation, *AD* | „Durchschnitt der absoluten Abweichung aller Messwerte einer Verteilung von ihrem arithmetischen Mittel" (Benninghaus 1998, 150) | $AD = \frac{\sum_{i=1}^{n} (\|x_i - \bar{x}\|)}{n}$ | $AD = 0{,}89$ | $AD = 0{,}67$ |
| Varianz, $s^2$ | „Die Summe der quadrierten Abweichungen aller Messwerte vom arithmetischen Mittel, dividiert durch die Anzahl aller Messwerte" (Bortz 2005, 41) | $s^2 = \frac{\sum_{i=1}^{n} (x_i - \bar{x})^2}{n}$ | $s^2 = 1{,}33$ | $s^2 = 0{,}67$ |
| Standardabweichung, *s* oder *SD* | Quadratwurzel aus der Varianz (Bortz 2005, 41) | $s = \sqrt{s^2}$ | $s = 1{,}15$ | $s = 0{,}82$ |

**Abkürzungen**

| | | | | | |
|---|---|---|---|---|---|
| $R$ | Range | $AD$ | Average Deviation | $\bar{x}$ | Arithmetischer Mittelwert der Variablen $x$ |
| $x_{max}$ | größter Messwert | $n$ | Anzahl der Personen bzw. Objekte in der Stichprobe | $s^2$ | Varianz |
| $x_{min}$ | kleinster Messwert | $x_i$ | Wert $i$ der Variablen $x$ | $s$ | Standardabweichung |

**Abb. 10.16:** Formeln zur Berechnung von Dispersionsmaßen (Streuungsmaßen), illustriert an den Datenbeispielen von Studie 1 und Studie 2 (vgl. Abb. 10.15)

Da es im Allgemeinen sinnvoller ist, größere Abweichungen vom Mittelwert stärker zu gewichten als kleinere, sieht die *Varianz* im Vergleich zur *AD* vor, die gebildeten Abweichungen vom Mittelwert zu quadrieren (Abb. 10.16). Damit schlagen sich größere Abweichungen vom Mittelwert deutlicher im Kennwert nieder als dies bei der *AD* der Fall ist. Für Studie 1 lässt sich die Varianz wie folgt berechnen:

$$s^2 = \frac{\sum_{i=1}^{n} (x_i - \bar{x})^2}{n} = \frac{(1-3)^2+(2-3)^2+(2-3)^2+(3-3)^2+(3-3)^2+(3-3)^2+(4-3)^2+(4-3)^2+(5-3)^2}{9}$$

$$= \frac{4+1+1+0+0+0+1+1+4}{9} = \frac{12}{9} \approx 1{,}33$$

Durch die Quadrierung der einzelnen Abweichungen entsteht mit der Varianz ein Maß der Dispersion in quadrierten Einheiten der zugrundeliegenden Skala. Da dies bei der Interpretation des entstehenden Kennwertes wenig anschaulich ist – der Wert $s^2 = 1{,}33$ lässt sich nicht auf die Punktewerte-Skala des Lesetests in Studie 1 inhaltlich übertragen –, wird die Quadratwurzel aus der Varianz gezogen. Damit entspricht die Einheit des Dispersionsmaßes wieder der Einheit der ursprünglichen Skala. Man erhält hierdurch die *Standardabweichung*, abgekürzt als *s* oder *SD* (engl. für *standard deviation*). Im vorliegenden Beispiel der Studie 1 wird somit die Standardabweichung wie folgt berechnet: $s = \sqrt{s^2} = \sqrt{1{,}33} \approx 1{,}15$
Die Berechnung von *AD*, $s^2$ sowie *s* setzt Intervallskalenniveau voraus. In der Praxis werden diese Streuungsmaße aber häufig auch für Variablen berechnet, die möglicherweise nur Ordinalskalenniveau erfüllen bzw. für die nicht abschließend geklärt ist, dass sie über Ordinalskalenniveau hinausgehend auch Intervallskalenniveau erfüllen (z. B. Schulnoten).

### Die Bedeutung der Standardabweichung

Wie kann die Standardabweichung interpretiert werden? Die Standardabweichung beschreibt die Breite der *Normalverteilung* einer Variablen (auch bekannt als *Gaußsche Normalverteilung* oder *Gaußsche Glockenkurve*, benannt nach dem Mathematiker und Statistiker Carl Friedrich Gauß). Eine Normalverteilung ist eine unimodale, symmetrische Verteilung, die einen glockenförmigen Verlauf besitzt (vgl. weiterführend Tachtsoglou & König 2017). Dabei gilt näherungsweise (Abb. 10.17):

- 68,27% aller Messwerte im Intervall der Abweichung *einer* Standardabweichung oberhalb und unterhalb des Mittelwertes ($M \pm 1s$);
- 95,45% aller Messwerte im Intervall der Abweichung von *zwei* Standardabweichungen oberhalb und unterhalb des Mittelwertes ($M \pm 2s$);
- 99,73% aller Messwerte im Intervall der Abweichung von *drei* Standardabweichungen oberhalb und unterhalb des Mittelwertes ($M \pm 3s$).

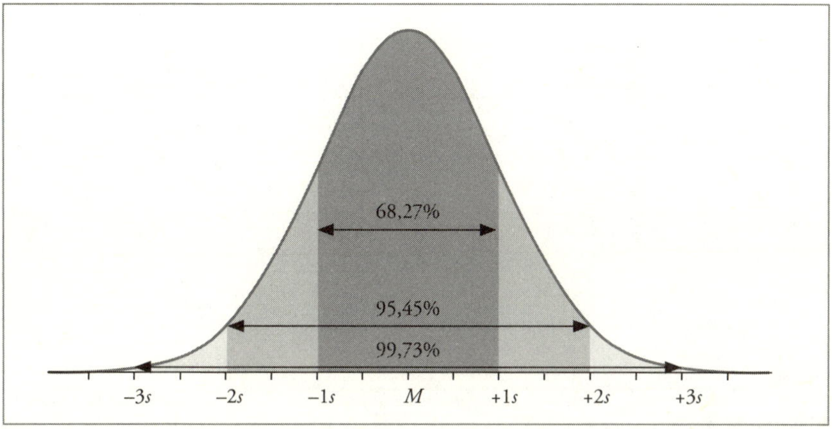


**Abb. 10.17:** Normalverteilung

Das Konzept der Normalverteilung kann bei der Interpretation von ermittelten Standardabweichungen einer Variablen wie folgt herangezogen werden: Für die Studie 1 und Studie 2 sind in Abbildung 10.18 schematisch die Intervalle für ± eine Standardabweichung ($\pm 1s$) sowie ± zwei Standardabweichungen ($\pm 2s$) dargestellt. Die jeweils eingezeichnete geglättete Kurve illustriert die angenommene Normalverteilung in den beiden Studien. Annäherungsweise decken die gebildeten Intervalle den Flächeninhalt unter der Kurve ab: rund 68,27% bei $\pm 1s$ und rund 95,45% bei $\pm 2s$. Der Darstellung in Abbildung 10.18 lässt sich entnehmen, dass die Verteilung der Messwerte in Studie 1 im Vergleich zur Verteilung der Messwerte in Studie 2 über einen größeren Bereich streuen und dass diese Streuung sich auch ablesen lässt über die größere Standardabweichung in Studie 1 ($s = 1{,}15$) im Vergleich zur Standardabweichung in Studie 2 ($s = 0{,}82$).
Verdecken Sie mit Ihrer Hand oder einem Blatt Papier die untere Hälfte von Abbildung 10.18, sodass Sie keine grafische Darstellung (weder das Histogramm noch den geglätteten Kurvenverlauf) sehen. Vermutlich können Sie nun anhand der beiden Kennwerte – Mittelwert und Standardabweichung – einen informativen Einblick in die Dispersion bzw. Streuung einer Variablen erhalten, da sie sich die Wertebereiche der Messwertverteilung durch beide Kennwerte herleiten können. Wie die nachfolgenden beiden Beispiele zur Interpretation zeigen, wird die Bildung einer solchen Vorstellung von den Leser:innen empirischer Studien der Schulforschung grundsätzlich erwartet.

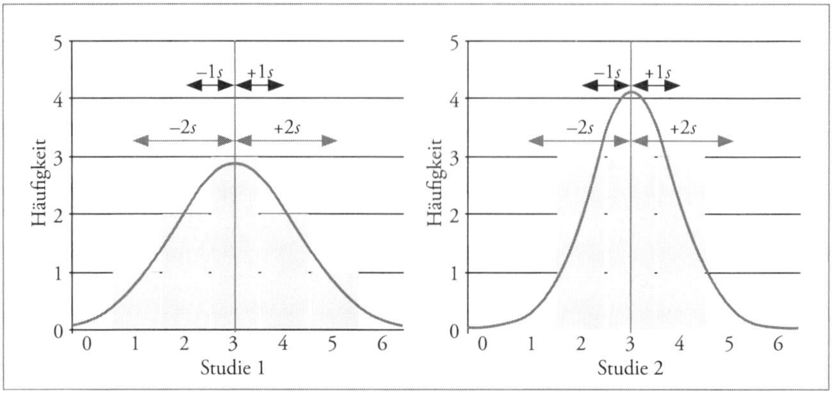


**Abb. 10.18:** Messwertverteilung in Studie 1 ($M = 3$, $s = 1{,}15$) und Studie 2 ($M = 3$, $s = 0{,}82$)

**Beispiele für die Darstellung und Interpretation der Standardabweichung**

Schubarth et al. (2005, 189) befragten angehende Lehrkräfte zu ihren selbst einzuschätzenden Handlungskompetenzen (Abb. 10.19). Auf die Einleitungsfrage „Ich fühle mich kompetent…“ reichten die Antwortkategorien für die Items a) bis o) von „überhaupt nicht“ (kodiert mit 1) über die Kodierungen 2, 3, 4 bis „in hohem Maße“ (kodiert mit 5). Den Variablen wurde Intervallskalen-Niveau unterstellt. Die Forschenden waren erstens interessiert zu prüfen, in welchen Kompetenzen die angehenden Lehrkräfte sich stärker und in welchen sie sich weniger stark einschätzten. Hierzu wurden die Kompetenzaspekte bei der Ergebnisdarstellung nicht mehr wie im Fragebogen dargeboten von a) bis o), sondern entlang ihres arithmetischen Mittelwertes absteigend sortiert (Abb. 10.19). Zweitens waren die Forschenden daran interessiert, in welchen Kompetenzaspekten die angehenden Lehrkräfte sich ähnlich kompetent einschätzten und in welchen Kompetenzaspekten die Urteile besonders heterogen waren. Hierzu können die jeweiligen Standardabweichungen in Abbildung 10.19 herangezogen werden. Unterschiede waren demnach vergleichsweise groß in Kompetenzaspekten wie zum Beispiel zur Differenzierung (Item h, $SD = 1{,}07$), klein zum Beispiel im didaktisch-methodischen Medieneinsatz (Item d, $SD = 0{,}85$).

| **Ich fühle mich kompetent...** | | *M* | *SD* |
|---|---|---|---|
| a) | Unterrichtsthemen aus dem Rahmenlehrplan meines Faches abzuleiten. | 3,8 | 0,86 |
| d) | Medien entsprechend den Lernzielen didaktisch begründet auszuwählen. | 3,7 | 0,85 |
| e) | die Phasen des Unterrichts eindeutig zu bestimmen und gestalten. | 3,7 | 0,89 |
| i) | handlungsorientierte Lernformen anzuwenden. | 3,7 | 0,93 |
| k) | unterschiedliche Methoden inhaltsspezifisch angepasst einzusetzen. | 3,6 | 0,83 |
| c) | Lernziele im kognitiven, emotionalen und psychomotorischen Bereich zu formulieren. | 3,6 | 0,95 |
| j) | verschiedene Formen des selbstständigen Lernens im Unterricht zu realisieren. | 3,6 | 0,87 |
| l) | neuen Medien im Unterricht sinnvoll einzusetzen. | 3,2 | 1,05 |
| g) | Lernerfolgskontrollen regelmäßig und methodisch vielfältig vorzubereiten, durchzuführen und auszuwerten. | 3,1 | 1,05 |
| h) | differenzierte Lernwege anzubieten, um individuelle Lernfortschritte zu ermöglichen. | 3,0 | 1,07 |
| b) | den entwicklungspsychologischen Stand der Lernenden zu diagnostizieren und daran anzuknüpfen. | 3,0 | 0,98 |
| f) | Lernübertragungen (Transfer) systematisch und ausführlich in den Unterricht einzubauen und so dem erworbenen Wissen Sicherheit zu verleihen. | 3,0 | 1,00 |
| o) | Lernenden mit Lernschwierigkeiten durch gezielte Erfolgserlebnisse Sicherheit und Vertrauen in die eigene Leistungsfähigkeit zu vermitteln. | 3,0 | 0,93 |
| m) | spontan entstehende Diskussionen von Lernenden fruchtbar zu gestalten. | 2,9 | 1,08 |
| n) | Lernenden zu zeigen, wie sie ihr Lernen in Lernschritten einteilen und davon profitieren können. | 2,7 | 0,93 |

**Abb. 10.19:** Ausschnitt aus einer Ergebnistabelle (Deskriptive Statistik): Mittelwerte (*M*) und Standardabweichung (*SD*) (Schubarth et al. 2005, 189)

Kaiser, Besa, Wilde & Großmann (2021) führten eine Studie zum „Druckerleben" von Schüler:innen durch, am Beispiel des Biologieunterrichts der Sekundarstufe II. Mit der Einleitungsfrage „Fühlen Sie sich durch folgende Situationen im Biologieunterricht unter Druck gesetzt?" (ebd., 1408) sollten 369 Schüler:innen (mit einem durchschnittlichen Alter von $M = 16{,}37$ Jahren) aus drei Gymnasien in Nordrhein-Westfalen die in Abbildung 10.20 dargestellten Aspekte einschätzen. Hierzu stand ihnen eine fünfstufige Einschätzungsskala (0 = „Setzt mich nicht unter Druck" bis 4 = „Setzt mich sehr stark unter Druck") zur Verfügung. Interpretieren Sie die Mittelwerte zu der Frage, in welchen Bereichen die Schüler:innen Druck erlebten. Interpretieren Sie die Standardabweichungen unter der Frage, inwieweit sich dabei die Schüler:innen in ihren Einschätzungen ähnlich waren oder unterschieden.

| | Deskriptive Statistik | |
|---|---|---|
| | *M* | *SD* |
| *Druck durch zeitliche Anforderungen* | | |
| Zeitaufwand für Vor- und Nachbereitung | 1,52 | 1,23 |
| Arbeitsaufwand am Wochenende | 1,39 | 1,28 |
| Zeitdruck | 1,80 | 1,22 |
| Hausaufgaben | 1,43 | 1,18 |
| *Druck durch Leistungsanforderungen* | | |
| Klausuren | 3,08 | 1,10 |
| Noten | 2,57 | 1,15 |
| Eigene Unterrichtsziele erreichen | 1,33 | 1,01 |
| Mündliche Mitarbeit | 1,73 | 1,24 |
| Tests | 1,73 | 1,39 |
| *Druck durch die Lehrperson* | | |
| Verhalten der Lehrperson | 0,80 | 1,06 |
| Konflikte mit der Lehrperson | 0,91 | 1,23 |
| Mangelnde Anerkennung der eigenen Leistung durch die Lehrperson | 1,17 | 1,23 |
| Führungsstil der Lehrperson | 1,03 | 1,09 |

**Abb. 10.20:** Ausschnitt aus einer Ergebnistabelle (Deskriptive Statistik): Mittelwerte (*M*) und Standardabweichung (*SD*) (Kaiser et al. 2021, 1410)

## 10.2 Analyse von Zusammenhängen zweier Variablen: Bivariate Deskriptivstatistik

Warum werden Zusammenhänge statistisch analysiert? Die Analyse eines Zusammenhangs zwischen zwei Variablen – auch *Korrelation* genannt – nimmt in empirischen Untersuchungen eine wichtige Rolle ein. In der Regel befasst sich die erziehungswissenschaftliche Forschung mit Fragestellungen, die sich aufgrund ihrer Komplexität nicht anhand nur der univariaten Statistik bearbeiten lassen.

Wird beispielsweise in einer *Längsschnittstudie*, also in einer Untersuchung, deren Design mehrere Messzeitpunkte vorsieht, danach gefragt, wie sich die Lernfreude bei Schüler:innen über ihre Schulzeit verändert (Abb. 6.1), so ist damit die Analyse des Zusammenhangs zwischen dem variierenden Zeitpunkt (2. bis 9. Klasse in Abb. 6.1) und der variierenden Lernfreude, die zu mehreren Zeitpunkten unverändert erfasst wurde, angesprochen (vgl. Valtin et al. 2015).

Ferner befasst sich die empirische Schulforschung häufig mit Fragen zur *Lernwirksamkeit* einer Maßnahme, zum Beispiel der Prüfung geeigneter Lernangebote für den Erwerb von basalem Technikwissen in der Grundschule (vgl. Reuter

& Leuchter 2019) oder der Förderung von Forschendem Lernen bei Lehramtsstudierenden mithilfe eines digitalen Selbstlernmoduls (vgl. Schröder, Cammann, Darge, Krepf, Weyers & König 2022). Solche Studiendesigns enthalten typischerweise Vorher-Nachher-Messungen (Prä-Post-Testungen) eines Zielkriteriums, das heißt Testfragen zum Technikwissen, das durch Lernangebote erworben werden sollte (vgl. Reuter & Leuchter 2019) oder die Testung von Methodenwissen als Forschungskompetenzaspekt, das sich Praxissemester-Studierende aneignen sollten (vgl. Schröder et al. 2022). Somit wird auch hier der Faktor Zeit – Datenerhebungen vor und nach erfolgter Maßnahme (Lernangebot bzw. Lernmodul) – und sein Zusammenhang mit dem relevanten Zielkriterium analysiert. Solche Designs können zusätzlich die Unterscheidung in Experimental- bzw. Trainings- und Kontrollgruppen vorsehen, wobei spezifische Unterschiedsannahmen (z. B. zum Nachweis einer Lernwirksamkeit bei der Experimental-/Trainingsgruppe im Vergleich zur Kontrollgruppe) geprüft werden (vgl. König 2013).

Das Erkenntnisinteresse und die Fragestellungen entsprechender Untersuchungen wie Längsschnitt- oder Interventionsstudien erfordern üblicherweise die statistische Analyse von zwei oder mehr Variablen hinsichtlich ihrer Zusammenhänge (weiterführend z. B. Döring & Bortz 2016). Das vorliegende Kapitel 10.2 hat daher zum Ziel, eine erste Einführung in ausgewählte Verfahren der bivariaten Deskriptivstatistik zu geben. Im Gegensatz zu den Analyseverfahren der univariaten Statistik (▶ Kap. 10.1) geht es nachfolgend stets um die Analyse von Zusammenhängen *zweier* Merkmale bzw. Variablen. Hierfür werden die bereits in Kapitel 6 eingeführten Beispiele für Hypothesen aufgegriffen und zum Zwecke der einführenden Darstellung ausgewählter Verfahren genutzt:

- Anhand der *Veränderungshypothese* „Die Schulfreude verändert sich während der Schulzeit“ betrachten wir die Kreuztabelle als basales Konzept (▶ Kap. 10.2.1);
- Mit der *Unterschiedshypothese* „Jungen und Mädchen sind unterschiedlich gut im Lesen“ wird der Koeffizient Eta-Quadrat thematisiert (▶ Kap. 10.2.2);
- Die Produkt-Moment-Korrelation (auch ‚Pearsons *r*‘ oder ‚Bravais-Pearson-Korrelation‘ genannt, da sie unter anderem auf die Arbeiten des Mathematikers Karl Pearson zurückgeht, vgl. Bortz & Schuster 2010) als das vermutlich am häufigsten verwendete Maß zur Berechnung von Zusammenhängen zweier Variablen wird über die *Zusammenhangshypothese* „Abi-Note und Intelligenz hängen miteinander zusammen“ eingeführt (▶ Kap. 10.2.3).

Diese Darstellung erhebt selbstverständlich keinen Anspruch auf Vollständigkeit. Auf weitere Korrelationskoeffizienten wird daher im nachfolgenden Kapitel 10.3 hingewiesen. Dort erfolgt auch ein Ausblick auf ausgewählte Verfahren der multivariaten Deskriptivstatistik, also jene Verfahren, die mehr als zwei Variablen zugleich in einem Vorgang analysieren.

### 10.2.1 Aller Anfang ist leicht: Die Kreuztabelle

In quantitativen Studien lässt sich der Zusammenhang zweier Merkmale (Variablen) $x$ und $y$ hinsichtlich ihrer Häufigkeiten (▶ Kap. 10.1) tabellarisch in Form einer *Kreuztabelle* darstellen. Die einfachste Form ist die Vier-Felder-Tafel bei dichotomen (zweistufigen) Ausprägungen (Kategorien) beider Variablen ($2 \cdot 2$-Felder). Somit eignet sich die Kreuztabelle zur Darstellung der bivariaten Verteilung von Häufigkeiten zweier Variablen (Abb. 10.21).

| | | **Variable *x*** | |
|---|---|---|---|
| | | Kategorie 1 | Kategorie 2 |
| **Variable *y*** | Kategorie 1 | Häufigkeit von Personen/Objekten mit Kategorie 1 in den Variablen *x* und *y* | Häufigkeit von Personen/Objekten mit Kategorie 1 in der Variable *y*, Kategorie 2 in der Variable *x* |
| | Kategorie 2 | Häufigkeit von Personen/Objekten mit Kategorie 1 in der Variable *x*, Kategorie 2 in der Variable *y* | Häufigkeit von Personen/Objekten mit Kategorie 2 in den Variablen *x* und *y* |

**Abb. 10.21:** Kreuztabelle (Vier-Felder-Tafel bei dichotomen Variablenausprägungen)

Um die Untersuchung der *Veränderungshypothese* „Die Schulfreude verändert sich während der Schulzeit" zu illustrieren, nehmen wir beispielsweise an, 20 Schüler:innen wurden beim Besuch der 3. Jahrgangsstufe in der Grundschule als Kinder sowie erneut vier Jahre später in der 7. Jahrgangsstufe in der Sekundarstufe als Jugendliche zu ihrer allgemeinen Schulfreude befragt. Schulfreude wurde mit einem einzelnen Fragebogen-Item „Hast du Freude am Schulbesuch?" und den Antwortkategorien „Ja" und „Nein" erfragt. Die beiden Variablen *Zeitpunkt* und *Schulfreude* haben jeweils dichotome (zweistufige) Ausprägungen und werden hinsichtlich ihrer absoluten Häufigkeiten in einer Kreuztabelle dargestellt (Abb. 10.22).

| | | **Variable *Zeitpunkt*** | |
|---|---|---|---|
| | | 3. Jahrgangsstufe | 7. Jahrgangsstufe |
| **Variable *Schulfreude*** | Ja | 14 | 8 |
| | Nein | 6 | 12 |

**Abb. 10.22:** Kreuztabelle mit Datenbeispiel zur Veränderung der Schulfreude

Die absoluten Häufigkeiten in der Diagonale von links oben nach rechts unten zeigen in diesem Datenbeispiel die jeweils am häufigsten gewählte Antwort der Schüler:innen. Während in der 3. Jahrgangsstufe rund zwei Drittel der Schüler:innen angaben, Freude am Schulbesuch zu haben, berichteten drei Fünftel derselben Schüler:innen in der 7. Jahrgangsstufe keine Freude am Schulbesuch zu haben. Bereits dieser einfachen Analyse lässt sich ein Hinweis zur Veränderung der Schulfreude entnehmen, wie sie mit der Hypothese vermutet wurde. Das Datenbeispiel ist fiktiv, tatsächliche Untersuchungen geben jedoch vergleichbare Hinweise auf einen bedeutsamen Rückgang der Schul- und Lernfreude über einen solchen Zeitraum (vgl. Abb. 6.1; Valtin et al. 2015).

Die Kreuztabelle ist grundsätzlich beliebig erweiterbar, zum Beispiel auf eine 16-Felder-Tafel bei Verwendung von zwei Variablen mit jeweils vier Kategorien (4 · 4-Felder). Sie dient weiterführenden quantitativen Auswertungsverfahren, wie zum Beispiel der Berechnung von statistischen Kennwerten zur Verteilung der kreuztabulierten Häufigkeiten (z. B. Chi-Quadrat, vgl. dazu weiterführend Tachtsoglou & König 2017). Zur Verwendung der Kreuztabelle im Anschluss an qualitative Auswertungsverfahren wie die qualitative Inhaltsanalyse (▶ Kap. 5.3) sei auf Mayring (2012) verwiesen.

### 10.2.2 Korrelationskoeffizient Eta-Quadrat ($\eta^2$)

Mit einer Unterschiedshypothese wird untersucht, ob und wie stark sich Gruppen von Personen oder Objekten hinsichtlich einer interessierenden Variablen unterscheiden (vgl. Döring & Bortz 2016). Diese interessierende Variable wird auch *Abhängige Variable* (AV) genannt, während die Variable, mit der Gruppen unterschieden werden, als *Unabhängige Variable* (UV) bezeichnet wird. Die Unterschiedshypothese „Jungen und Mädchen sind unterschiedlich gut im Lesen" zielt auf die Lesefähigkeit als eine Variable in Abhängigkeit von der Unterscheidung einer Stichprobe nach Geschlecht (männlich, weiblich). Im Datenbeispiel (Abb. 10.23), das der folgenden Darstellung zugrunde gelegt wird, stellt also die Lesefähigkeit, gemessen über einen Lesetest, die AV dar, während das Geschlecht, ermittelt über eine Befragung der untersuchten Schüler:innen, als UV dient. Die Lesetest-Variable ist intervallskaliert, daher können für beide Gruppen (männliche und weibliche Personen) auf Basis der Rohdaten, die in diesem Beispiel als sog. Messwertpaare vorliegen, arithmetische Mittelwerte (sog. Gruppenmittelwerte) berechnet und in einem Säulendiagramm dargestellt werden (Abb. 10.23).

Rohdaten (Messwertpaare):

| Lesetest (Punkte) | Geschlecht (0 = männlich, 1 = weiblich) |
|---|---|
| 8 | 0 |
| 13 | 0 |
| 11 | 0 |
| 12 | 0 |
| 9 | 1 |
| 14 | 1 |
| 15 | 1 |
| 13 | 1 |
| 11 | 1 |
| 16 | 1 |

Grafische Darstellung der Gruppenmittelwerte als Säulendiagramm:

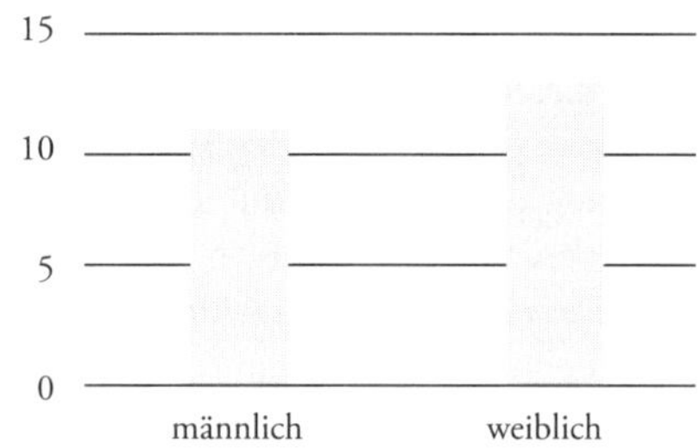


**Abb. 10.23:** Datenbeispiel zur Untersuchung einer Unterschiedshypothese

Anhand des Diagramms in Abbildung 10.23 lässt sich erkennen, dass weibliche Personen ($M_w = 13$) eine höhere Testpunktzahl im Durschnitt erreichen als männliche Personen ($M_m = 11$). Die grafische Darstellung gibt also Hinweise auf die Beantwortung der Unterschiedshypothese. Neben der grafischen Abbildung kann der Gruppenmittelwertunterschied mithilfe eines Kennwertes (Koeffizienten) zusammengefasst werden. Für eine solche Analyse eignet sich Eta-Quadrat, eine Maßzahl, mit der die Beziehung zwischen einer nominalen und einer mindestens intervallskalierten Variablen beschrieben werden kann. Eta-Quadrat kann Werte zwischen 0 und 1 annehmen und als sog. „Effektgrößenmaß“ (Döring & Bortz 2016, 871) interpretiert werden, das den Anteil der aufgeklärten Varianz an der Gesamtvarianz einer AV durch eine UV anzeigt. Für das vorliegende Beispiel könnte man somit fragen: Lässt sich ein Anteil der Varianz in der Leseleistung auf das Geschlecht zurückführen, das heißt mit ihm statistisch erklären?

Dabei ist folgende Grundüberlegung wichtig: Die Gesamtvariation der AV setzt sich zusammen aus der Variation innerhalb der durch die UV unterschiedenen Gruppen und der Variation zwischen den durch die UV unterschiedenen Gruppen. Im vorliegenden Beispiel sind Gruppen durch das Geschlecht mit den zwei Ausprägungen männlich und weiblich definiert. Mit Eta-Quadrat wird nun berechnet, wie groß der Anteil zwischen den Gruppen in Relation zur Gesamtvariation ist. Je größer dieser Anteil ausfällt, umso größer sind auch die Mittelwertunterschiede in der AV; je kleiner dieser Anteil ausfällt, umso kleiner sind auch Mittelwertunterschiede in der AV, die durch die definierten Gruppen hervorgerufen werden.

Die Formel zur Berechnung von Eta-Quadrat lautet: $\eta^2 = \frac{E_1 - E_2}{E_1}$, dabei ist $E_1 = \sum(y_i - \bar{y})^2$ die Gesamtvariation und $E_2 = \sum(y_i - \bar{y}_i)^2$ die Variation innerhalb der Gruppen mit $\bar{y}$ als Mittelwert und $\bar{y}_i$ als Mittelwert der Gruppe *j*. Abbildung 10.24 ist die Berechnung von $\eta^2$ für das vorliegende Datenbeispiel zu entnehmen. Ein Vergleich der Formeln zur Berechnung von Variation und Varianz (▶ Kap. 10.1) zeigt, dass im Falle der Variation eine anschließende Division durch die Anzahl der Fälle nicht zusätzlich erfolgt.

| Berechnung von $E_1 = \sum(y_i - \bar{y})^2$ | | | | | Berechnung von $E_2 = \sum(y_i - \bar{y}_i)^2$ | | | |
|---|---|---|---|---|---|---|---|---|
| Lesetest (Punkte) | Geschlecht (0 = m, 1 = w) | $\bar{y}$ | $(y_i - \bar{y})$ | $(y_i - \bar{y})^2$ | Lesetest (Punkte) | $\bar{y}_i$ | $(y_i - \bar{y}_i)$ | $(y_i - \bar{y}_i)^2$ |
| 8 | 0 | 12,2 | −4,2 | 17,64 | 8 | 11 | −3 | 9 |
| 13 | 0 | 12,2 | 0,8 | 0,64 | 13 | 11 | 2 | 4 |
| 11 | 0 | 12,2 | −1,2 | 1,44 | 11 | 11 | 0 | 0 |
| 12 | 0 | 12,2 | 0,2 | 0,04 | 12 | 11 | 1 | 1 |
| 9 | 1 | 12,2 | −3,2 | 10,24 | 9 | 13 | −4 | 16 |
| 14 | 1 | 12,2 | 1,8 | 3,24 | 14 | 13 | 1 | 1 |
| 15 | 1 | 12,2 | 2,8 | 7,84 | 15 | 13 | 2 | 4 |
| 13 | 1 | 12,2 | 0,8 | 0,64 | 13 | 13 | 0 | 0 |
| 11 | 1 | 12,2 | −1,2 | 1,44 | 11 | 13 | −2 | 4 |
| 16 | 1 | 12,2 | 3,8 | 14,44 | 16 | 13 | 3 | 9 |
| | | | | **Σ = 57,6** | | | | **Σ = 48** |

**Abb. 10.24:** Berechnung von Eta-Quadrat für das Datenbeispiel aus Abb. 10.23 (nach Tachtsoglou & König 2017)

Aus Abbildung 10.24 ist ersichtlich, das $E_1 = 57{,}6$ und $E_2 = 48$ beträgt. Werden diese Kennwerte in die Formal für Eta-Quadrat eingesetzt, so erhält man

$$\eta^2 = \frac{E_1 - E_2}{E_1} = \frac{57{,}6 - 48}{57{,}6} = \frac{9{,}6}{57{,}6} = 0{,}167$$

Multipliziert man diesen Wert (hier: 0,167) mit 100, erhält man den prozentualen Anteil der aufgeklärten Varianz an der Gesamtvarianz der AV, der durch die UV beschrieben wird. Somit kann in diesem Beispiel durch die Geschlechtszugehörigkeit 16,7% der stichprobenbezogenen Gesamtvarianz in der Lesetestleistung erklärt werden.

Als Konvention gilt (vgl. Bortz & Döring 2006), dass der Wertebereich $0{,}01 \leq \eta^2 < 0{,}10$ Unterschiede mit geringer, der Wertebereich $0{,}10 \leq \eta^2 < 0{,}25$ Unterschiede mit mittlerer und der Wertebereich $0{,}25 \leq \eta^2$ Unterschiede mit großer praktischer Bedeutsamkeit kennzeichnen. Die Unterschiedshypothese „Jungen und Mädchen sind unterschiedlich gut im Lesen“ wird somit durch das deskriptive Maß beschrieben, es handelt sich in der vorliegenden Untersuchung um einen Unterschied mit mittlerer praktischer Bedeutsamkeit.

| **Einleitungsfrage und Items der Skalen** | **Klasse** | **Antwortformat und Zustimmung in Prozent** | | | | ***M*** | ***SD*** |
|---|---|---|---|---|---|---|---|
| Bist du auch dieser Meinung? | | *ja, trifft voll und ganz zu* | *trifft eher zu* | *trifft eher nicht zu* | *nein, trifft überhaupt nicht zu* | | |
| Traditionelle Orientierung | | | | | | | |
| 1. Es ist für Jungen wichtiger als für Mädchen, in der Schule gut zu sein. | 8<br>9 | 4,4<br>3,9 | 9,6<br>9,5 | 40,1<br>38,5 | 45,9<br>48,1 | **0,72**<br>**0,69** | 0,81<br>0,80 |
| 2. Im Allgemeinen sollte der Vater bei Familienentscheidungen mehr zu sagen haben als die Mutter. | 8<br>9 | 6,9<br>6,1 | 9,5<br>10,2 | 33,9<br>32,5 | 49,6<br>51,2 | **0,74**<br>**0,71** | 0,89<br>0,88 |
| 3. Für Kinder ist es besser, wenn die Mutter die Betreuung übernimmt und dafür im Beruf zurücksteckt. | 8<br>9 | 8,8<br>7,4 | 23,4<br>22,4 | 40,4<br>42,5 | 27,8<br>27,7 | **0,86**<br>**1,09** | 0,88<br>0,89 |
| 4. Für eine Frau ist es wichtiger, ihrem Mann bei der Karriere zu helfen als selbst Karriere zu machen. | 8<br>9 | 6,0<br>4,5 | 14,5<br>12,3 | 39,2<br>39,8 | 40,3<br>43,5 | **0,86**<br>**0,86** | 0,88<br>0,88 |
| Anmerkungen: Range der Skalen: 0 – 3. Kodierung des Antwortformats für die Items: ja, trifft voll und ganz zu („3“), trifft eher zu („2“), trifft eher nicht zu („1“), nein, trifft überhaupt nicht zu („0“). | | | | | | | |

**Abb. 10.25:** Erfassung der Traditionellen Orientierung als Teil der Geschlechtsrollenorientierung von Jugendlichen (König et al. 2011, 171)

In der Ergebnisdarstellung empirischer Studien wird Eta-Quadrat häufig im Zusammenhang berichteter Mittelwertunterschiede von analysierten Gruppen angegeben. Dies sei beispielhaft mit Ergebnissen aus der Studie *Adaptation in der Adoleszenz* (AIDA; König et al. 2011) veranschaulicht. Jugendliche wurden in der 8. und 9. Jahrgangsstufe unter anderem zu ihrer sog. Geschlechtsrollenorientierung befragt. Eine Facette war die sog. Traditionelle Orientierung, die mit vier Fragebogen-Items und mit vierstufigen Likert-Skalen erfragt wurde (Abb. 10.25; auf die sog. Egalitäre Orientierung, die ebenfalls erfragt wurde, wird hier nicht eingegangen). Die vier Items wurden für die Bildung einer Fragebogenskala verwendet (▶ Kap. 9). Für die Zeitpunkte (Klasse 8 und 9) wurden nun Unterschiedshypothesen nach Geschlecht und nach Schulform geprüft. Hierzu wurde Eta-Quadrat berechnet und jeweils am Ende der Ergebniszeile neben den übrigen Kennwerten Standardfehler (*SE*, Kap. 6) sowie Mittelwert und Standardabweichung (*M* und *SD*, Kap. 10.1) eingefügt (Abb. 10.26).

| | | Schüler | | | Schülerinnen | | | |
|---|---|---|---|---|---|---|---|---|
| | Klasse | ***M*** | *SE* | *SD* | ***M*** | *SE* | *SD* | $\eta^2$ |
| Traditionelle | 8 | **1,05** | *0,03* | 0,63 | **0,68** | *0,02* | 0,52 | 0,10 |
| Orientierung | 9 | **1,02** | *0,03* | 0,65 | **0,61** | *0,02* | 0,49 | 0,11 |

| | | Gymnasium | | | Realschule | | | Hauptschule | | | Gesamtschule | | | |
|---|---|---|---|---|---|---|---|---|---|---|---|---|---|---|
| | Klasse | ***M*** | *SE* | *SD* | ***M*** | *SE* | *SD* | ***M*** | *SE* | *SD* | ***M*** | *SE* | *SD* | $\eta^2$ |
| Trad. | 8 | **0,72** | *0,02* | 0,54 | **0,96** | *0,03* | 0,61 | **1,21** | *0,06* | 0,71 | **0,93** | *0,04* | 0,59 | 0,06 |
| Orient. | 9 | **0,68** | *0,02* | 0,56 | **0,90** | *0,04* | 0,62 | **1,03** | *0,06* | 0,65 | **0,86** | *0,04* | 0,65 | 0,04 |

**Abb. 10.26:** Kennwerte (*M, SD, SE*, $\eta^2$) zur Geschlechtsrollenorientierung, gegliedert nach Geschlecht (König et al. 2011, 172) und Schulform (König et al. 2011, 173)

Aus Abbildung 10.26 gehen folgende Ergebnisse hervor (vgl. König et al. 2011): Erstens stimmen männliche Jugendliche der Skala „Traditionelle Orientierung“ stärker zu als weibliche Jugendliche; Eta-Quadrat lässt sich dahingehend interpretieren, dass die Geschlechtsunterschiede von mittlerer praktischer Bedeutsamkeit sind – 10 bzw. 11 Prozent Varianz kann durch die Variable Geschlecht erklärt werden. Zweitens unterscheiden sich Jugendliche unterschiedlicher Schulformen in der Geschlechtsrollenorientierung; Jugendliche von Gymnasien stimmen dabei den Items weniger zu als Jugendliche von Haupt-, Real- und Gesamtschulen, wohingegen Jugendliche von Hauptschulen die höchste Zustimmung zu den Items geben, das heißt sie sind traditioneller orientiert als Jugendliche der anderen Schulformen. Die Kennwerte zu Eta-Quadrat verdeutlichen, dass die Schulformunterschiede von einer geringen praktischen Bedeutsamkeit sind; 6 bzw. 4 Prozent Varianz kann durch die Variable Schulform erklärt werden. Die Autor:innen der AIDA-Studie heben hervor, dass die geschlechtsspezifischen Unterschiede in der Geschlechtsrollenorientierung größer als die Unterschiede nach Schulform sind. Damit zeigt sich, dass Eta-Quadrat auch als Kennwert herangezogen werden kann, um den statistischen Einfluss verschiedener möglicher Faktoren (UVs) auf eine bestimmte AV vergleichend zu analysieren.

### 10.2.3 Produkt-Moment-Korrelation (Pearsons *r*)

Mit der Produkt-Moment-Korrelation (auch: ‚Pearsons *r*' oder auch einfach: *r*) wird der Zusammenhang zweier mindestens intervallskalierter Variablen analysiert. Es ist vermutlich das am häufigsten verwendete Zusammenhangsmaß, daher gelegentlich auch einfach als ‚Korrelation' bezeichnet. Nachfolgend betrachten wir die Produkt-Moment-Korrelation am Beispiel der Zusammenhangshypothese „Abiturnote und Intelligenztestwerte hängen miteinander zusammen". Gefragt ist hier die Korrelation von zwei intervallskalierten Variablen (in diesem Fall sei der Abiturnote Intervallskalenniveau unterstellt). Stellen wir uns eine Studie vor: Sechs junge Erwachsene wurden mit einem Intelligenztest getestet sowie zusätzlich um Angabe ihrer Abiturnote gebeten. Daraus resultiert eine kleine Datenmatrix mit sechs Messwertpaaren, die in einem Streudiagramm dargestellt werden können (Abb. 10.27).

Rohdaten (Messwertpaare):

| Abiturnote | Intelligenztestwert |
|---|---|
| 1 | 140 |
| 2 | 120 |
| 2 | 130 |
| 3 | 120 |
| 3 | 100 |
| 4 | 110 |

Grafische Darstellung des Zusammenhangs als Streudiagramm:

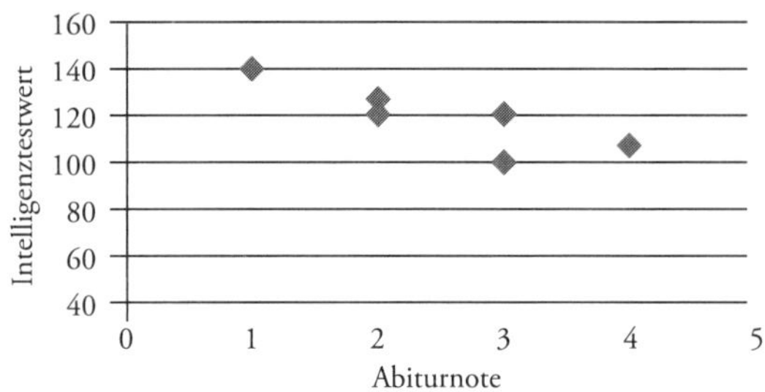


**Abb. 10.27:** Datenbeispiel zur Untersuchung einer Zusammenhangshypothese

Mit den im Streudiagramm eingezeichneten Messwertpaaren lässt sich bereits erkennen, dass Personen mit einem besseren Testergebnis im Intelligenztest auch über eine bessere Abiturnote verfügen, während schlechtere Abiturnoten mit einem weniger guten Ergebnis im Intelligenztest einhergehen. Die hier verwendeten Daten sind fiktiv, ein vergleichbarer Zusammenhang wird jedoch durchaus in verschiedenen Untersuchungen berichtet (vgl. z. B. Codier & Odell 2014; Martin & Rudolph 1972).

Gegenüber der grafischen Darstellung des ermittelten Zusammenhangs zwischen Abiturnote und Intelligenztestwert hat die Berechnung der Produkt-Moment-Korrelation verschiedene Vorteile. Der statistische Zusammenhang lässt sich mit einem einzelnen Kennwert zusammenfassen und daher leichter kommunizieren. Zugleich liefert der Kennwert weitere Informationen, die eine genauere und umfangreichere Interpretation des ermittelten Zusammenhangs ermöglichen können. Der Kennwert bildet für weiterführende statistische Analyseverfahren die Grundlage, sodass aufbauend auf der Berechnung der Produkt-Moment-Korrelation erst diese Verfahren eingesetzt werden können (z. B. die Berechnung von „Cronbachs Alpha" als Maß der Reliabilität einer Fragebogenskala, vgl. Tachtsoglou & König 2017).
Die Grundlage für die Berechnung der Produkt-Moment-Korrelation, in diesem Abschnitt nun abgekürzt als *Korrelation*, bildet die sog. Kovarianz zweier mindestens intervallskalierter Merkmale. Die *Kovarianz* (auch ‚gemeinsame Varianz') wird somit zur Herleitung der Korrelation benötigt. Die Kovarianz $cov_{xy}$ wird ähnlich wie die Varianz ($s^2$, Kap. 10.1) berechnet (Bortz 2005, 203): „Die Varianz eines Merkmals $x$ erfasst die durchschnittliche, quadrierte Abweichung aller Messwerte vom Mittelwert. Die Kovarianz erfasst das durchschnittliche Produkt korrespondierender Abweichungen der Messwerte von den Mittelwerten der Merkmale $x$ und $y$." Anhand des errechneten Vorzeichens ist die Richtung des Zusammenhangs (positiv/negativ) erkennbar. Die Kovarianz ist jedoch, ähnlich wie die Varianz, ein *unstandardisiertes* Maß, das heißt sie hängt von der Skalierung der beteiligten Variablen ab. Daher kann eine Kovarianz nicht direkt – etwa hinsichtlich der Stärke ihres Zusammenhangs – interpretiert werden; auch verschiedene Kovarianzen unterschiedlicher Untersuchungen lassen sich nicht zwingend direkt miteinander vergleichen. Daher bietet es sich an, die Kovarianz zu standardisieren. Dies geschieht, indem die Kovarianz durch das Produkt der Standardabweichungen beider beteiligten Variablen $x$ und $y$ geteilt (dividiert) wird (vgl. weiterführend Bortz, 2005). Anders formuliert: Die Korrelation $r_{xy}$ ist die standardisierte Kovarianz $cov_{xy}$.
Zur überblicksartigen Einordnung sind in Abbildung 10.28 die angesprochenen Konzepte Varianz, Standardabweichung, Kovarianz und Korrelation einander gegenübergestellt.

| | Univariat | Bivariat |
|---|---|---|
| Unstandardisiert | Varianz,<br>$s^2$ | Kovarianz,<br>*cov* |
| Standardisiert | Standardabweichung,<br>$s$ oder *SD* | Korrelation,<br>$r$ |

**Abb. 10.28:** Varianz, Standardabweichung, Kovarianz, Korrelation im Überblick

Bevor wir zu den Möglichkeiten der Interpretation von $r_{xy}$ gelangen, seien folgende Gemeinsamkeiten von Kovarianz und Korrelation genannt:

- Kovarianz und Korrelation sind Maße für den (linearen) Zusammenhang zwischen zwei Variablen.
- Eine *positive* Kovarianz bzw. Korrelation zeigt an, dass höhere Werte auf der einen Variable mit höheren Werten auf der anderen Variable einhergehen.
- Eine *negative* Kovarianz bzw. Korrelation zeigt an, dass höhere Werte auf der einen Variable mit niedrigeren Werten auf der anderen Variable einhergehen.

Abbildung 10.29 sind die einzelnen Schritte zur Berechnung der Kovarianz für das Datenbeispiel aus Abbildung 10.27 zu entnehmen. Zunächst müssen die arithmetischen Mittelwerte $\bar{x}$ und $\bar{y}$ für beide beteiligten Variablen sowie ihre Standardabweichungen $s_x$ und $s_y$ berechnet werden. Darauf aufbauend werden für jede Variable die Abweichungen der individuellen Messwerte vom jeweiligen Mittelwert berechnet. Die Abweichungen werden für jede Person im Datensatz multipliziert. Die Summe dieser Produkte (Schritt 1 in Abb. 10.29) ist im vorliegenden Beispiel $\sum = -60$. Zur Ermittlung der Kovarianz muss diese Summe anschließend durch die Anzahl der Fälle $n = 6$ geteilt werden (Schritt 2 in Abb. 10.29), sodass die Kovarianz im vorliegenden Datenbeispiel $cov_{xy} = -10$ beträgt. Die Produkt-Moment-Korrelation berechnet sich anschließend (Schritt 3 in Abb. 10.29) auf Basis der $cov_{xy} = -10$ und der beteiligten Standardabweichungen $s_x = 0{,}96$ und $s_y = 12{,}9$, sie lautet im Datenbeispiel: $r_{xy} \approx -0{,}81$

| **Rohdaten (Messwertpaare)** | | **Mittelwerte und Standardabweichungen** | | | | **Abweichungen der Messwerte von den Mittelwerten der Merkmale $x$ und $y$ sowie Produkt korrespondierender Abweichungen** | | |
|---|---|---|---|---|---|---|---|---|
| Abiturnote | Intelligenztestwert | $\bar{x}$ | $s_x$ | $\bar{y}$ | $s_y$ | $(x_i-\bar{x})$ | $(y_i-\bar{y})$ | $(x_i-\bar{x})\cdot(y_i-\bar{y})$ |
| 1 | 140 | 2,5 | 0,96 | 120 | 12,9 | −1,5 | 20 | −30 |
| 2 | 120 | | | | | −0,5 | 0 | 0 |
| 2 | 130 | | | | | −0,5 | 10 | −5 |
| 3 | 120 | | | | | 0,5 | 0 | 0 |
| 3 | 100 | | | | | 0,5 | −20 | −10 |
| 4 | 110 | | | | | 1,5 | −10 | −15 |
| | | | | | | Schritt 1: Summenbildung: | | $\Sigma = -60$ |

Schritt 2: Berechnung der Kovarianz:

$$cov_{xy} = \frac{1}{n} \cdot \sum_{i=1}^{n} (x_i-\bar{x}) \cdot (y_i-\bar{y}) = \frac{1}{6} \cdot (-60) = -10$$

Schritt 3: Berechnung der Korrelation:

$$r_{xy} = \frac{cov_{xy}}{s_x \cdot s_y} = \frac{-10}{0{,}96 \cdot 12{,}9} = \frac{-10}{12{,}384} \approx -0{,}81$$

**Abb. 10.29:** Berechnung der Kovarianz und Korrelation für das Beispiel aus Abb. 10.27

Wie lässt sich die Produkt-Moment-Korrelation interpretieren? Sie kann Werte zwischen 0 und +1 annehmen und damit einen positiven Zusammenhang anzeigen; sie kann Werte zwischen 0 und –1 annehmen und damit einen negativen Zusammenhang anzeigen (Abb. 10.30). Ein Wert von –1 deutet auf eine perfekt negative Beziehung zwischen den beiden Variablen hin, während ein Wert von +1 eine perfekt positive Beziehung zwischen den beiden Variablen signalisiert. 0 verweist auf einen fehlenden (linearen) Zusammenhang.

Als pragmatische Einteilung und Interpretationshilfe gelten Werte im Bereich $0{,}1 \leq r < 0{,}3$ (bzw. $-0{,}1 \geq r > -0{,}3$) als Zusammenhänge mit kleiner praktischer Bedeutsamkeit; Werte im Bereich $0{,}3 \leq r < 0{,}5$ (bzw. $-0{,}3 \geq r > -0{,}5$) als Zusammenhänge mit mittlerer praktischer Bedeutsamkeit; Werte $r \geq 0{,}5$ (bzw. $r \leq -0{,}5$) zeigen Zusammenhänge mit großer praktischer Bedeutsamkeit an. Im hier betrachteten Datenbeispiel ist also der Zusammenhang zwischen Abiturnote und Intelligenztestwerten in Höhe von $r = -0{,}81$ zu werten als negativer Zusammenhang mit großer praktischer Bedeutsamkeit.

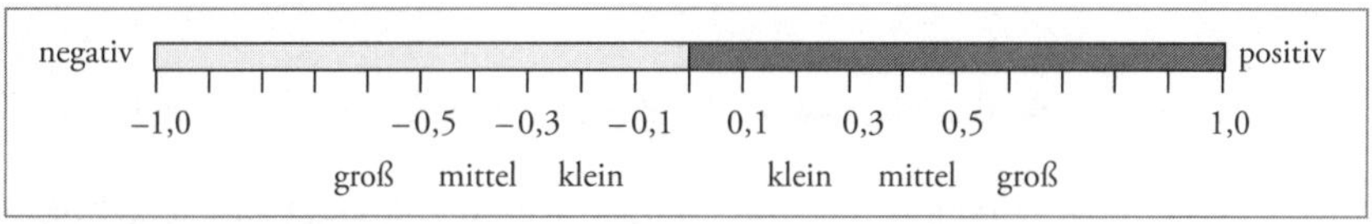


**Abb. 10.30:** Interpretation der Produkt-Moment-Korrelation als Effektgröße

Eine weiterführende Information ergibt sich bei Betrachtung des *Determinations-Koeffizienten* ($r^2$), der die quadrierte Korrelation ($r$) ist. Er beschreibt den relativen Anteil der gemeinsamen Varianz von zwei Merkmalen. Mit 100 multipliziert kann er als prozentualer Anteil gemeinsamer Varianz interpretiert werden. Im vorliegenden Datenbeispiel berechnet sich der Determinationskoeffizient wie folgt: $r^2 = (-0{,}81) \cdot (-0{,}81) \approx 0{,}66$. Das heißt rund 66% der Varianz der Variablen Abiturnote können durch die Intelligenztestleistung vorhergesagt oder aufgeklärt werden (sowie umgekehrt).

In diesem Zusammenhang ist es sehr wichtig zu berücksichtigen, dass Korrelationen nur einen statistischen Zusammenhang anzeigen. Sie dürfen nicht als Beweis für Kausalität verwendet werden. So bleibt im vorliegenden Beispiel unklar, was Ursache und was Wirkung ist: Die Frage, ob die Abiturnote als Ursache für das Abschneiden im Intelligenztest der jungen Erwachsenen gewertet werden kann oder ob umgekehrt höhere Intelligenz, angezeigt durch einen höheren Testwert, zu einer besseren Abiturnote beigetragen hat, kann nicht beantwortet werden. Ein statistischer Zusammenhang zwischen einer Variablen $x$ und einer Variablen $y$ ist eine notwendige, aber keine hinreichende Bedingung dafür, dass zwischen den beiden Variablen auch eine kausale Abhängigkeit besteht. Prinzipiell sind unter anderem folgende Fälle denkbar (Abb. 10.31): $x$ beeinflusst $y$, $y$ beeinflusst $x$, oder $x$ und $y$

beeinflussen sich gegenseitig. Es kann aber auch sein, dass beide Variablen $x$ und $y$ durch eine Drittvariable $z$ oder sogar mehrere Drittvariablen $z_1, z_2, z_3, \dots z_n$ beeinflusst werden, also in einem komplexen Beziehungsgefüge mit weiteren Drittvariablen stehen. So wäre beispielsweise denkbar, dass die Intelligenztestleistung und die Abiturnote gleichermaßen durch die soziale Herkunft junger Erwachsener bedingt sein könnten. Im vorliegenden Datenbeispiel wurde jedoch eine solche Drittvariable nicht berücksichtigt, sodass die Interpretation des Zusammenhangs $r = -0{,}81$ möglicherweise unvollständig bleibt.

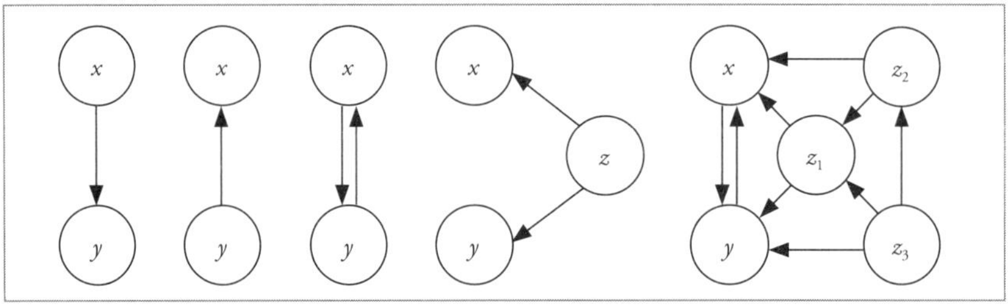


**Abb. 10.31:** Schematische Darstellung kausaler Beziehungen (Tachtsoglou & König 2017, 175)

In der Ergebnisdarstellung empirischer Studien wird die Produkt-Moment-Korrelation häufig in tabellarischer Form angegeben. Dies sei beispielhaft mit Ergebnissen aus der Studie zum Druckerleben von Schüler:innen (vgl. Kaiser et al. 2021) veranschaulicht. Die in Abbildung 10.20 dargestellten Items wurden – nach dem in Kapitel 9 beschriebenen Vorgehen – zu drei Fragebogen-Skalen zusammengefasst: Druck durch zeitliche Anforderungen, Leistungsanforderungen und die Lehrperson. Die drei Skalen wurden korreliert, das heißt es liegen drei bivariate Korrelationskoeffizienten vor. Typischerweise sind die Kennwerte für jedes Skalenpaar oberhalb der Diagonale in Abbildung 10.32 (rechtes Drittel der Abbildung) dargestellt. Die Korrelationen sind positiv, das heißt Druckerleben in einen Bereich geht einher mit Druckerleben in einem anderen Bereich. In einer Höhe von $0{,}38 \leq r \leq 0{,}56$ weisen die Zusammenhänge mittlere bis große praktische Bedeutsamkeit auf. In der Diagonale steht jeweils der Wert 1,0 für die Korrelation der einzelnen Skala mit sich selbst. Die ebenfalls in Abbildung 10.32 dokumentierte inferenzstatistische Prüfung der Korrelationen auf Signifikanz – gekennzeichnet durch das jeweilige Sternchen (*) – bedeutet hier, dass in der zugrundeliegenden Population der über die Stichprobe ermittelte Korrelationswert mit einer 95%-igen Wahrscheinlichkeit von Null verschieden ist (▶ Kap. 7). Zur Berechnung und Bedeutung von Cronbachs Alpha in Abbildung 10.32 als „Maß der Reliabilität" sei weiterführend auf Tachtsoglou und König (2017) verwiesen.

| Deskriptive Statistik, interne Konsistenz und Interkorrelationen. Dagestellt sind die Mittelwerte [*M*] und deren Standardabweichung [*SD*], Cronbachs Alpha [α] und die Korrelationskoeffizienten [*r*] | | | | | | |
|---|---|---|---|---|---|---|
| | *M* | *SD* | *α* | *r* | | |
| | | | | 1 | 2 | 3 |
| 1. Druck durch zeitliche Anforderungen | 1,53 | 0,89 | 0,73 | 1,0 | 0,56* | 0,38* |
| 2. Druck durch Leistungsanforderungen | 2,02 | 0,87 | 0,73 | - | 1,00 | 0,47* |
| 3. Druck durch Lehrpersonen | 0,98 | 0,88 | 0,75 | - | - | 1,00 |

Signifikante Korrelationen (zweiseitig; mind. $p<0{,}05$) sind mit einem * gekennzeichnet.

**Abb. 10.32:** Korrelative Statistik zum Druckerleben von Schüler:innen (Kaiser et al. 2021, 1410).

Interpretieren Sie die bivariaten Zusammenhänge zwischen Merkmalen qualitätsvollen Unterrichts (gemessen über Schüler:innenbeurteilungen; Merkmale sind Konstrukte, Kap. 9) und dem Leistungszuwachs in den Fächern Mathematik, Biologie, Physik (Abb. 10.33; Ausschnitt aus einer Ergebnistabelle in Gruehn 2000, 166). Versuchen Sie dabei, die folgenden zusammenfassenden Aussagen nachzuvollziehen, zu der die Autorin unter anderem gelangt (ebd., 169): „Konstruktivistische Ansätze gehen – mit Ausnahme von Biologie – mit hohen Leistungszuwächsen bzw. geringeren Lernverlusten (in Physik) einher. (…) Im Vergleich zu den organisatorisch-didaktischen Komponenten des Unterrichts stehen die affektiven Aspekte der Lehrer-Schüler-Beziehung in keinem bedeutsamen Zusammenhang mit dem fachlichen Lernen."

| | **Leistungszuwächse in der 7. Jahrgangsstufe** | | |
|---|---|---|---|
| Merkmal der Unterrichtsqualität | **Mathematik** | **Biologie** | **Physik** |
| Mangelnde Unterrichtsführung | −0,27 | −0,34 | −0,34 |
| Regelklarheit | 0,14 | 0,22 | 0,18 |
| Klarheit der Präsentation | 0,19 | 0,16 | 0,13 |
| Sprunghaftigkeit | −0,28 | −0,43 | −0,22 |
| Repetitives Üben | −0,38 | −0,41 | −0,47 |
| Konstruktivistischer Unterricht | 0,28 | 0,08 | 0,38 |
| Affektive Qualität der Lehrer:in-Schüler:in-Beziehung (u. a. Zufriedenheit mit Lehrer:in, Motivierung etc.) | 0,05 | −0,06 | 0,05 |

**Abb. 10.33:** Korrelationen zwischen Merkmalen der Unterrichtsqualität und Leistungszuwächsen auf Klassenebene (Ergebnisausschnitt aus: Gruehn 2000, 166)

## 10.3 Weiterführende Verfahren der statistischen Datenanalyse: Ein Ausblick

Die bislang vorgestellten Konzepte der univariaten und bivariaten Deskriptivstatistik sind, wie zu Beginn des Kapitels 10 betont, nicht nur basal, sondern sie stellen auch lediglich eine stark begrenzte Auswahl von Verfahren der statistischen Datenanalyse dar. Umfängliche Einführungen und vertiefte Darstellungen zur statistischen Datenanalyse können den zahlreichen Lehrbüchern für Statistik und quantitativen Forschungsmethoden in den Human- und Sozialwissenschaften entnommen werden (z.B. Tachtsoglou & König, 2017; Döring & Bortz 2016; Bortz & Schuster 2010). Um dennoch bereits im vorliegenden Studienbuch interessierten Leser:innen eine Vorstellung zu vermitteln, welche weiterführenden Verfahren der statistischen Datenanalyse gerade im Bereich der empirischen Schulforschung bedeutsam sein könnten, soll im Folgenden zur Orientierung ein zusammenfassender Ausblick gegeben werden.

In der univariaten Deskriptivstatistik existieren weitere Kennwerte zur Beschreibung von Verteilungen wie *Schiefe* und *Exzess*, auch die bivariate Deskriptivstatistik umfasst weitere Koeffizienten zur Analyse von Zusammenhängen. Insbesondere in studentischen Arbeiten könnten auch solche Koeffizienten interessant sein, die angewendet werden können, wenn die beteiligten Variablen nicht Intervallskalenniveau aufweisen oder die Daten nicht normalverteilt sind (z.B. *Rangkorrelation nach Spearman* bei Zusammenhangsanalyse zweier Variablen mit Ordinalskalenniveau). Als weitere einführende Lektüre speziell hierzu sei auf Tachtsoglou und König (2017) verwiesen, zur Vertiefung Bortz und Schuster (2010) empfohlen.

Bei der Bildung von Fragebogenskalen auf Basis von Items (▶ Kap. 9) wird sehr häufig *Cronbachs Alpha* als Reliabilitätsmaß angewendet, angezeigt mit dem griechischen Buchstaben α (übrigens nicht zu verwechseln mit der Angabe eines Signifikanzniveaus in der Inferenzstatistik, das auch mit einem Alpha-Wert und dem griechischen Buchstaben α angegeben wird). Cronbachs Alpha als berechneter Kennwert findet sich in den Beispielstudien in Abbildung 9.9 und Abbildung 10.32, eine Erläuterung des Konzepts bietet zum Beispiel das Lehrbuch von Tachtsoglou und König (2017). Bei der Berechnung von Cronbachs Alpha bestimmen die Produkt-Moment-Korrelationen zwischen den einzelnen Items den Grad der Reliabilität, was auch als „Methode der internen Konsistenz" bezeichnet wird (Tachtsoglou & König 2017, 194). Darüber hinaus gibt es weitere Methoden zur Bestimmung der Reliabilität. Als weiterführende Lektüre hierzu sowie zur Test- und Fragebogenkonstruktion allgemein sei insbesondere Bühner (2021) empfohlen.

Die Aussparung *multivariater Analysemethoden* im vorliegenden Studienbuch bedeutet, dass hoch relevante und zugleich für die empirische Forschung besonders reizvolle Verfahren der statistischen Datenanalyse ausgeklammert wurden. Es handelt sich grundsätzlich um Verfahren, die der Komplexität von Datenstrukturen mit entsprechend aufwändigeren Vorgehensweisen begegnen, um zugehörige komplexe Fragestellungen bearbeiten zu können. Im Gegensatz zur univariaten und bivariaten Statistik werden von multivariaten Verfahren mehrere Variablen zugleich in ihrer Zusammenhangsstruktur analysiert. Statistik-Computer-Programme helfen bei der Berechnung und führen zu einer Weiterentwicklung multivariater Verfahren. Die multivariaten Verfahren lassen sich unter dem Gesichtspunkt anwendungsbezogener Fragestellungen in „primär strukturen-entdeckende Verfahren" und „primär strukturen-prüfende Verfahren" einteilen (Backhaus, Erichson, Plinke & Weiber 2016, 15). Die entdeckenden Verfahren haben das Ziel, Zusammenhänge in vorliegenden Daten aufzudecken, sie beginnen die Datenanalyse nicht zwingend mit konkreten Vorstellungen darüber, welche Beziehungszusammenhänge in einem Datensatz existieren. Ohne die in den Daten vorliegenden Informationen inhaltlich substanziell einzuschränken, dient die statistische Analyse dazu, die Anzahl von simultan zu analysierenden Variablen (z. B. mithilfe einer *explorativen Faktorenanalyse*) oder Personen/Objekten (z. B. mithilfe einer *Clusteranalyse*) zu reduzieren. Die Faktorenanalyse bündelt vorhandene Variablen entsprechend ihrer Interkorrelationen zu übergeordneten Variablen, die als „Faktoren" bezeichnet werden. Die Clusteranalyse arbeitet Gruppen von Personen bzw. Objekten im Datensatz heraus, die sich hinsichtlich bestimmter Variablen ähnlich sind, das heißt sog. „Cluster" bilden. Im Gegensatz dazu haben strukturen-prüfende Verfahren das Ziel, die – theoretisch angenommene oder mithilfe eines bestimmten Studiendesigns begründete – kausale Struktur abhängiger Variablen (AV) und unabhängiger Variablen (UV) zu analysieren (vgl. bereits die Darstellung von Eta-Quadrat in Kap. 10.2). Im Kern geht es um eine Überprüfung einer „auf sachlogischen oder theoretischen Überlegungen basierende[n] Vorstellung über die Zusammenhänge zwischen Variablen" (Backhaus et al. 2016, 15). Eine solche Analyse von komplexeren Zusammenhangsstrukturen in statistischen Modellen ist in der empirischen Schulforschung vor allem in Form der *Regressionsanalyse* häufig anzutreffen. Eine erste Einführung geben Tachtsoglou und König (2017), für eine Vertiefung sei auf Backhaus et al. (2016) und Bortz und Schuster (2010) verwiesen. Statistische Modelle wie sie im Verfahren der Regressionsanalyse über die Verwendung einer *Regressionsgleichung* (in der einfachsten Form $y_i = a + bx_i + u_i$ mit $a + bx_i$ als wahre Gerade und die zufällige Störung $u_i$) möglich sind, führen grundsätzlich die Idee fort, Ergebnisse über die Zusammenhangsanalyse von Variablen zu erzeugen, wie sie bereits bei bivariaten Korrelationen, insbesondere mit der Produkt-Moment-Korrelation, im vorliegenden Studienbuch eingeführt wurden. Prinzipiell gilt somit auch für die Regressionsanalyse, dass kausalanalytische Schlüsse zu möglichen Einflüssen von UVs auf AVs nicht möglich sind. Entscheidend ist das vorab entwickelte Design einer Untersuchung. Hierfür sind (quasi-)*experimentelle Designs* nötig (vgl. Campbell & Stanley 1963).

Schließlich sei betont, dass das vorliegende Studienbuch das Funktionsgebiet der Inferenzstatistik weitgehend ausgeklammert hat (▶ Kap. 6 und 7). Mit der Inferenzstatistik verbindet sich zum Beispiel das Schließen von Stichprobendaten auf Populationseffekte wie auch die Hypothesenprüfung mithilfe von Signifikanztests (z. B. *t*-Test). Eine Einführung bietet das Lehrbuch von Tachtsoglou und König (2017), für eine Vertiefung sei Bortz und Schuster (2010) empfohlen. Zugleich sei darauf verwiesen, dass mit der Deskriptiven Statistik Stichprobenkennwerte dargestellt werden können, die die in den Hypothesen (ggf. mit Signifikanztest) zu prüfenden Effekte zumindest ergänzen (vgl. Döring & Bortz 2016). So wird verschiedentlich empfohlen bzw. ist heute ein Standard, neben statistischer Signifikanz auch ein Effektstärkemaß im Sinne der praktischen Bedeutung des Effekts zu berichten (vgl. Bakker et al. 2019; Döring und Bortz 2016). Zumindest an dieser Stelle bietet die Einführung basaler Konzepte der bivariaten statistischen Datenanalyse mit der Interpretation von Eta-Quadrat und Produkt-Moment-Korrelation als Effektstärkemaße eine Anschlussstelle, die Interessierte mit einer weiterführenden Lektüre zur Inferenzstatistik füllen können.

## 10.4 Verwertung und Darstellung von Analyseergebnissen

Mit dem Vorliegen der statistischen Datenanalyse vollzieht sich im forschungslogischen Ablauf empirischer Untersuchungen der Übergang zum sog. Verwertungs- und Wirkungszusammenhang (Abb. 10.34).

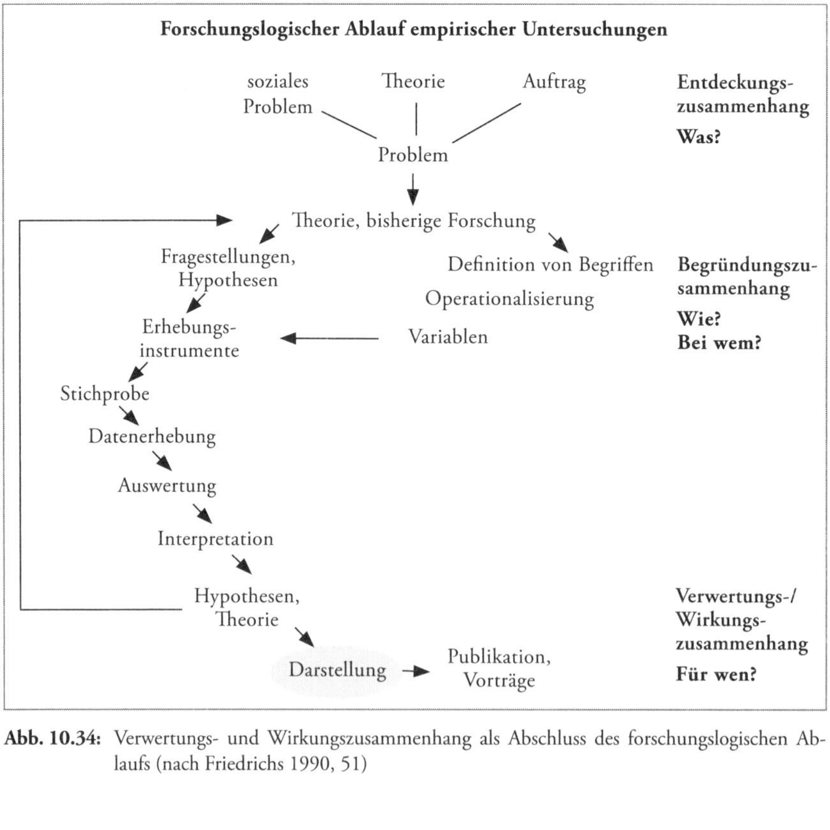


**Abb. 10.34:** Verwertungs- und Wirkungszusammenhang als Abschluss des forschungslogischen Ablaufs (nach Friedrichs 1990, 51)

Damit verbindet sich für Forschende die Aufgabe, ihre Ergebnisse mit Blick auf eine mögliche Verwertung, aber auch hinsichtlich möglicher (Aus-)Wirkungen der erzielten Ergebnisse zu berücksichtigen. Neben der Frage, wer sich für die Ergebnisse interessiert, ist die Frage der Darstellung entscheidend. Als eine Orientierung dienen übliche Darstellungsformen, die in einschlägigen Fachzeitschriften (z. B. der *Zeitschrift für Erziehungswissenschaft*) anzutreffen sind. Empirische Zeitschriftenartikel folgen häufig einer Grundstruktur, die neben einer Einleitung vorsieht, den theoretischen Hintergrund sowie den Stand der Forschung aufzuarbeiten; die Fragestellung abzuleiten oder vor dem Hintergrund der bisherigen Forschung zu entwickeln, gegebenenfalls Hypothesen zu spezifizieren. Mit Blick auf die empirische Untersuchung gilt es, in einem eigenen Methodenkapitel, wesentliche Angaben zur durchgeführten empirischen Untersuchung zu machen, vor allem zur Stichprobe, zur Datenerhebung, zu den verwendeten Erhebungsinstrumenten und eingesetzten Analyseverfahren.

Leser:innen sollen hierbei Einblick in für die jeweilige empirische Untersuchung relevante Aspekte des Begründungszusammenhangs (Abb. 10.34) erhalten. So sollte die gewählte Darstellung unter anderem Antworten auf folgende Fragen enthalten: Welche methodischen Schritte erfolgten in der Untersuchung? Wie geeignet sind bzw. waren die Methoden zur Bearbeitung der Fragestellung? Wie sind die Ergebnisse zustande gekommen?

Im anschließenden Ergebnisteil erfolgt üblicherweise eine strukturierte Ergebnisdarstellung (entlang der Fragestellungen bzw. Hypothesen). Eine Beschreibung der Ergebnisse im Fließtext wird durch die Darstellung von Kennwerten in Tabellen und bzw. oder Grafiken (bei komplexeren Ergebnissen) unterstützt. Wichtig ist die Verwendung von Bezeichnungen (z. B. „Tabelle 1“, „Abbildung 4“ usw.) und die Einfügung entsprechender Verweise im Fließtext. Der Aufbau von Tabellen und Abbildungen sollte nach Möglichkeit in Orientierung an Darstellungen aus bekannten Fachzeitschriften erfolgen. Der abschließende Diskussionsteil umfasst üblicherweise eine kondensierte Zusammenfassung der empirischen Ergebnisse vor dem Hintergrund der verfolgten Fragestellung bzw. Hypothesen, eine Diskussion der Ergebnisse, auch vor dem Hintergrund des eingangs dargestellten Stands der Forschung bzw. Einordnung in die verwendete Theorie, eine Diskussion der Limitationen der empirischen Untersuchung und einen Ausblick für zukünftige Forschungsbemühungen zum Untersuchungsgegenstand. Eventuell werden Implikationen für die pädagogische Praxis angesprochen. Neben einem Verzeichnis verwendeter Literatur können weiterführende Materialien (z. B. eingesetzte Erhebungsinstrumente) oder zusätzliche Analyseergebnisse in einem Anhang dokumentiert werden.

**Zusammenfassung:** Basale Konzepte der univariaten Deskriptivstatistik umfassen die Analyse von Häufigkeiten (absolute, relative, prozentuale), Maße der zentralen Tendenz (Modus, Median, arithmetischer Mittelwert) sowie grafische Darstellungen (Diagramme), Begriffe und Kennwerte (Range, Varianz, Standardabweichung) zur Beschreibung der Unterschiedlichkeit individueller Messwerte einer Verteilung. Basale, ausgewählte Konzepte der bivariaten Deskriptivstatistik umfassen die Kreuztabelle (Vier-Felder-Tafel in ihrer einfachsten Form), aber auch Koeffizienten wie Eta-Quadrat und die Produkt-Moment-Korrelation. Eta-Quadrat setzt voraus, dass die interessierende Variable (Abhängige Variable) mindestens Intervallskalenniveau besitzt. Gefragt wird nach der Bedeutung einer erklärenden Variable (Unabhängige Variable), die meistens die Stichprobe in Gruppen unterteilt, sodass die Untersuchung von Unterschiedshypothesen ermöglicht wird und die Stärke von Unterschieden (kleine, mittlere oder große praktische Bedeutsamkeit) interpretiert werden kann. Die Produkt-Moment-Korrelation setzt mindestens Intervallskalenniveau bei beiden Variablen voraus. Sie wird hinsichtlich der Richtung ihres Zusammenhangs (positiv oder negativ) sowie hinsichtlich der Stärke ihres Zusammenhangs (kleine, mittlere oder große praktische Bedeutsamkeit) interpretiert. Der Determinationskoeffizient für bivariate Zusammenhänge berechnet sich ferner aus dem Quadrat der Produkt-Moment-Korrelation. Er zeigt den Anteil der Varianz an, der zwei miteinander korrelierenden Variablen gemeinsam ist. Das vorliegende Studienbuch empfiehlt aufgrund seines Fokus auf basale, ausgewählte Konzepte der univariaten und bivariaten Deskriptivstatistik die Lektüre umfangreicherer Einführungen und vertiefender Darstellungen zur statistischen Datenanalyse, unter anderem in den Bereichen Fragebogen- und Testentwicklung, multivariate Analyseverfahren sowie Inferenzstatistik. Schließlich wird die Bedeutung des Verwertungs- und Wirkungszusammenhangs im Modell zum forschungslogischen Ablauf empirischer Untersuchungen am Beispiel einer Veröffentlichung in Form eines wissenschaftlichen Aufsatzes angesprochen.

**Fragen zum Textverständnis**

(1.) Erläutern Sie die Analyse von Häufigkeiten und die Berechnung von Maßen der zentralen Tendenz.

(2.) Erläutern Sie, warum die Analyse der Unterschiedlichkeit individueller Messwerte in der univariaten Deskriptivstatistik wichtig ist und erläutern Sie graphische und rechnerische Analyseverfahren.

(3.) Beschreiben Sie den Unterschied zwischen univariater und bivariater Deskriptivstatistik.

(4.) Erläutern Sie die bivariate Analyse mithilfe einer Kreuztabelle, Eta-Quadrat und der Produkt-Moment-Korrelation.

(5.) Erläutern Sie am Beispiel eines empirischen Artikels der *Zeitschrift für Erziehungswissenschaft* (https://www.springer.com/journal/11618) die Grundstruktur der Darstellung von Entdeckungs-, Begründungs- und Verwertungszusammenhangs aus dem hier verwendeten Modell zum forschungslogischen Ablauf empirischer Untersuchungen.

**Forschungspraktische Fragen**

(1.) Begründen Sie, warum bei der statistischen Datenanalyse es sinnvoll sein kann, den erhobenen Datensatz zunächst univariat, dann bivariat zu analysieren.
(2.) Vergleichen Sie die drei vorgestellten Verfahren der bivariaten Deskriptivstatistik und versuchen Sie, mögliche Anwendungsbeispiele zu formulieren, indem Sie zum Beispiel mögliche Hypothesen so konkret formulieren, dass diese sich mithilfe einer der drei Verfahren bearbeiten lassen.
(3.) Ordnen Sie die empirischen Ergebnisse in Abb. 10.33 inhaltlich in das Angebots-Nutzungs-Modell von Unterricht (Abb. 9.4) ein und reflektieren Sie die Ergebnisse mit Blick auf die Grundannahmen des Modells.

**Weiterführende Literatur**

Backhaus, K., Erichson, B., Plinke, W. & Weiber, R. (2016): Multivariate Analysemethoden. Eine anwendungsorientierte Einführung. 14. Aufl. Heidelberg.
Bortz, J. & Schuster, C. (2010): Statistik für Human- und Sozialwissenschaftler. 7. Aufl. Berlin & Heidelberg.
Bühner, M. (2021): Einführung in die Test- und Fragebogenkonstruktion. 4. Aufl. München.
Döring, N. & Bortz, J. (2016): Forschungsmethoden und Evaluation in den Sozial- und Humanwissenschaften. 5. Aufl. Heidelberg.
Tachtsoglou, S. & König, J. (Hrsg.) (2017): Statistik für Erziehungswissenschaftlerinnen und Erziehungswissenschaftler. Konzepte, Beispiele und Anwendungen in SPSS und R. Wiesbaden, https://doi.org/10.1007/978-3-658-13437-2

# Teil 3: Fazit

**Erwartungshorizont**
Nach der Lektüre des Kapitels sollten Sie wissen,

- inwiefern unser Studienbuch in seiner spezifischen Anlage einen Beitrag zur Methodenausbildung im Lehramtsstudium leisten möchte,
- warum wir uns für eine Gesamtdarstellung qualitativer und quantitativer Forschungsmethoden entschieden haben.

Abschließend wollen wir wichtige Aspekte, auf die im Rahmen der einzelnen Kapitel ausführlich Bezug genommen wurde, noch einmal zusammenfassend hervorheben: Unsere Darstellung von Forschungsmethoden der qualitativen und quantitativen – vor allem erziehungswissenschaftlich geprägten – Schulforschung beabsichtigt, Studierenden des Lehramts einen ersten, systematischen Zugang zu empirischer Forschung zu ermöglichen. Über einen Einblick in ausgewählte Problemstellungen und forschungsmethodische Verfahren möchten wir damit dazu beitragen, dass sich Studierende ein forschungsmethodisches Grundwissen aneignen können. Dass wir dies mit jenen Anforderungen verbinden, die Lehramtsstudierende speziell im Rahmen des Forschenden Lernens zu bewältigen haben, haben wir im zweiten Kapitel unseres Studienbuchs ausgeführt.

Da wir bei Lehramtsstudierenden als unserer Zielgruppe unterstellen, dass es sich bei der Lektüre des Studienbuchs um eine zumeist erste, systematische Begegnung mit erziehungswissenschaftlichen Forschungsmethoden handelt, haben wir das forschungsmethodische Wissen überblicksartig aufbereitet und auf basale Prinzipien und ausgewählte Einblicke in Erhebungs- und Auswertungsverfahren eingegrenzt: für das Lehramtsstudium, das bislang empirische Forschungsmethoden nachgeordnet priorisiert und für den Anwendungskontext des Forschenden Lernens, der hinsichtlich seiner theoretischen Annahmen und empirischen Prüfung in der Lehrer:innenbildung weiterer Entwicklung bedarf (▶ Kap. 2). Diese didaktische Aufbereitung bedeutete, auf ausführliche und präzise Darstellungen von Erhebungs- und Auswertungsverfahren zu verzichten, wie sie in vertiefenden Lehrbüchern – als weiterführende Lektüre zugleich am Ende jedes Kapitels empfohlen – auffindbar sind. Vielmehr haben wir das forschungsmethodische Grundwissen mit Fragestellungen und Vorgehensweisen der Schulforschung verknüpft und anhand typischer

Beispiele aktueller wissenschaftlicher Untersuchungen zu verdeutlichen versucht. Aufgezeigt werden sollte, dass Forschungsmethoden als curricularer Gegenstand im Lehramtsstudium – trotz der beschriebenen Eingrenzungen – stets an wissenschaftlichen Standards der empirisch arbeitenden Erziehungswissenschaft orientiert sein müssen.

Das vorliegende Studienbuch soll also dazu dienen, so ein mögliches Fazit, Lehramtsstudierende über die Bedeutung qualitativer und quantitativer Forschungsmethoden im wissenschaftlichen Erkenntnisprozess der erziehungswissenschaftlichen Schulforschung zu informieren. Aufgrund der Funktionszuschreibung, solche Methoden für Forschendes Lernen im Lehramtsstudium zu nutzen, gehen wir abschließend auf die von uns bewusst gewählte Darstellung qualitativer und quantitativer Forschungsmethoden in einem gemeinsamen Studienbuch ein und fragen, welche Implikationen sich mit einer solchen Gesamtdarstellung verbinden.

Zunächst benötigen Lehramtsstudierende einen gesamthaften Überblick über Forschungsmethoden. Mit dem Ziel, Orientierungswissen vor allem für Prozesse des Forschenden Lernens bereitzustellen, wäre eine Darstellung mit Konzentration auf nur einen der beiden Forschungszugänge des vorliegenden Studienbuchs schlicht unvollständig. Für Lehramtsstudierende ist es also zunächst praktisch, den Überblick in einem Studienbuch vorzufinden.

Empirische erziehungswissenschaftliche Forschung steht grundsätzlich vor der Herausforderung, mit bewusst gewählten Forschungsmethoden datenbasiert Erkenntnisse zu gewinnen. In Abgrenzung zu nicht-empirischer erziehungswissenschaftlicher Forschung verfolgt empirische Forschung das Ziel, durch Daten gewonnene Informationen zu verdichten, um zu allgemeingültigen theoretischen Aussagen zu gelangen, also – so der weitreichende Anspruch – empirisch gestützte Theoriebildung zu betreiben. Die verwendeten Forschungsdaten können jedoch sehr unterschiedlich sein und entsprechend werden unter Verwendung einer Auswahl der verfügbaren Forschungsmethoden diejenigen Daten erhoben, die es ermöglichen, die gewählte Fragestellung zu bearbeiten. Wie wir in beiden Kapiteln zur Methodologie qualitativer (▶ Kap. 3) und quantitativer (▶ Kap. 6) Forschung kenntlich gemacht haben, sind es die jeweils theoriebasierten Gegenstandsannahmen, die die Entwicklung der Fragestellung und den damit beginnenden Forschungsprozess strukturieren.

Prozesse studentischen Forschens bzw. Forschenden Lernens verlangen Lehramtsstudierenden solche Überlegungen ab, um davon ausgehend den gesamten Forschungsprozess planen und umsetzen zu können. Die Darstellung qualitativer und quantitativer Forschungszugänge ermöglicht diesbezüglich auch, Forschungsverständnisse und Erkenntnisinteressen der beiden Zugänge in ihren Unterschieden kenntlich zu machen, um in einem abwägenden Vergleich auszuwählender Forschungsmethoden erkenntnistheoretisch begründete Entscheidungen treffen zu können. Dieser Vergleich ist einerseits durch die Ausführungen in den beiden

Teilen des Studienbuchs nahegelegt, an einigen Stellen werden Querverweise explizit angeführt. Andererseits möchten wir das Fazit nutzen, um Unterschiede anzusprechen, ohne von der prinzipiellen Überlegenheit eines methodischen Zugangs auszugehen.

Bereits bis hierhin sollte deutlich geworden sein, dass das Erkenntnisinteresse von Forschung verbunden mit der zugrunde liegenden methodologischen bzw. theoriebegründeten Perspektive im Forschungsprozess leitend ist. Wie ausgeführt kommt Methodologien dabei die Funktion zu, den „theoretischen Begründungsrahmen" (Strübing 2018, 30) bzw. den „Begründungszusammenhang" (Friedrichs 1990, 51) für das gewählte forschungsmethodische Vorgehen zu liefern. Methodologien stellen den Forschenden Argumente zur Verfügung, um die gewählten Methoden als wissenschaftlich angemessene Verfahren des angestrebten Erkenntnisgewinns zu begründen. So führt die jeweilige Forschungslogik dazu, wie „absichtlich nicht oder nur wenig standardisiert" gearbeitet wird bzw. wie „hochgradig strukturiert und standardisiert" der Forschungsprozess abläuft (Döring & Bortz 2016, 33). Die Frage danach, wie strukturiert bzw. offen sich der Forschungsprozess gestaltet, verbunden mit dem zugrunde gelegten wissenschaftstheoretischen Verständnis, wird als aussagekräftiger angesehen als eine einfache Gegenüberstellung in qualitative und quantitative Forschungsmethoden – als älterer „ideologischer Kampfbegriff (‚qualitativ' versus ‚quantitativ')" (Kromrey, Roose & Strübing 2016, 31).

Die zentralen Unterschiede zwischen einer standardisierten und einer weniger standardisierten Forschungsstrategie kommen in der Datenerhebung und -auswertung, dort aber nur als ein sich folgelogisch ergebender Aspekt, zum Tragen. Wesentlich sind jene Entscheidungen, die zu Beginn des Forschungsprozesses getroffen werden, also bei der Entwicklung der Fragestellung, der ihr zugrundeliegenden Forschungslogik, der Planung und Durchführung der Erhebung der Daten, aber auch hinsichtlich der Reichweite, die mit der Aussagekraft der Ergebnisse einer Studie angestrebt wird. Dies wollen wir beispielhaft verdeutlichen, indem wir auf ein unterschiedliches Verständnis des Begriffs *Erhebungsinstrument* aufmerksam machen, das in den Kapiteln des vorliegenden Studienbuchs ausgeführt wurde.

Fragebögen oder Tests, die in quantitativen Untersuchungen eingesetzt werden, können einen hohen Grad an Strukturiertheit und Standardisierung aufweisen. Dies hat unterschiedliche Gründe. Zum einen wird vom Erhebungsinstrument – etwa einem Fragebogen-Skalen-Inventar zur Erfassung der Lern- und Leistungsmotivation von Schüler:innen (▶ Kap. 9) – erwartet, dass das Gütekriterium der Objektivität so gut wie möglich erfüllt wird: So sollen beim Einsatz des Fragebogens durch eine forschende Person die Verhaltensspielräume der Datenerhebung, -auswertung und -interpretation minimiert werden mit dem Ziel, Vergleichbarkeit der Ergebnisse zu vorherigen oder späteren Untersuchungen zu gewährleisten (Rost & Bienefeld 2019). Zum anderen dient Standardisierung dem Ziel, in einer Untersuchung eine Stichprobe zu realisieren, die eine – mit dem Erkenntnisinteresse beabsichtigte – Verallgemeinerung ermöglicht (▶ Kap. 7). Standardisierung dient demzufolge und in Verbindung mit weiteren im forschungslogischen Ablauf quantitativer Untersuchungen zu treffenden Entscheidungen dem Ziel, Ergebnisse zu verallgemeinern, da eine solche Verallgemeinerung – aus der Forschungslogik gesprochen – für eine empirisch gestützte Theoriebildung nötig ist. Mit dem Gütekriterium der Validität soll dabei sichergestellt werden, dass trotz Standardisierung die Inhalte der generierten und verwendeten Daten und ihre Interpretation gültig sind (AERA/APA/NCME 2014). Erhebungsinstrument ist somit als Begriff in der quantitativen Forschung zentral (▶ Kap. 9).

Auch in der qualitativen Forschung spielen Erhebungsinstrumente im Kontext der Datenerhebungen eine zentrale Rolle, wie wir in den Ausführungen zu Interviewverfahren und Formen der (teilnehmenden) Beobachtung deutlich gemacht haben (▶ Kap. 4). Diese werden in der qualitativen Forschung abwägend als mehr oder weniger strukturiert bzw. fokussiert verstanden und je nach Erkenntnisinteresse entsprechend eingesetzt. So werden bei der Erstellung eines Interviewleitfadens oder der Entwicklung von Beobachtungsperspektiven Vorentscheidungen getroffen, die zu einer forscher:innenseitigen Strukturierung der Datenerhebung führen. Das Gütekriterium der Objektivität spielt für die qualitative Forschung dabei keine Rolle. Vielmehr wird mit dem Interesse qualitativer Forschung an Herstellungsprozessen sozialer Wirklichkeit durch die befragten oder beobachteten Akteur:innen davon ausgegangen, dass Wirklichkeit nicht als objektiv gegeben verstanden werden kann (▶ Kap. 3). Auch die Forschenden werden dabei als (Mit-)Gestaltende dieser Sozialität verstanden und erzeugen die Daten, für die sie sich im Feld interessieren insofern mit, als qualitative Forschung *im* Untersuchungsfeld bzw. *mit* den Akteur:innen des Feldes stattfindet. Forschungslogisch ergibt sich für qualitative Forschung darüber die Möglichkeit, Erhebungsinstrumente situativ anzupassen und zum Beispiel von einem vorbereiteten Leitfaden abzuweichen bzw. den Beobachtungsfokus zu verschieben. Diese Anpassungen sind jeweils (gut) zu begründen und die eigene Involviertheit der Forschenden in den Prozess der Datenerzeugung ist im Hinblick auf die Beschreibung des Datenmaterials zu reflektieren – wie dies im Hinblick auf die Standortgebundenheit qualitativer Forschung ausgeführt wurde (▶ Kap. 3). Qualitätssicherung wird in der qualitativen Forschung über forschungsmethodisch angeleitete Verfahren der Datenauswertung (▶ Kap. 5) hergestellt, die sich durch die intersubjektive Nachvollziehbarkeit der Analysen auszeichnen (▶ Kap. 3). In welcher Weise in den dargestellten Auswertungsverfahren Verallgemeinerbarkeit angestrebt wird, folgt den jeweils eigenen Verfahrenslogiken (▶ Kap. 5).

Der Grad von Offenheit bzw. Strukturiertheit, der sich somit in der Verwendung des Begriffs des Erhebungsinstruments erkennen lässt, kann auch auf die Funktion von *Hypothesen* im Forschungsprozess bezogen werden. Die nicht oder gering strukturierte Vorgehensweise in der qualitativen Forschung trägt unter anderem dazu bei, „Hypothesen und Theorien zu entwickeln" (Döring & Bortz, 2016, 25). Dabei wird der

Hypothesen-Begriff in der qualitativen Forschung nur sehr eingeschränkt verwendet (▶ Kap. 3). Stattdessen beginnt der Forschungsprozess mit der Entwicklung einer theoriebegründeten Forschungsfrage. In der qualitativen Forschung leiten Theorien Forschung aber nicht (einseitig) an. Vielmehr wird mit einem neugierigen Blick in die Daten und im Zusammenspiel von theoriebegründeter Sensibilität und forschungsmethodischem Repertoire wissenschaftliche Erkenntnisgewinnung als Entdeckungslogik betrieben (Przyborski & Wohlrab-Sahr 2021). In der quantitativen Forschung, insbesondere unter Verwendung von Verfahren der Inferenzstatistik (▶ Kap. 6), wird hingegen häufig das Ziel verfolgt, „theoretisch oder empirisch fundierte Hypothesen statistisch zu überprüfen" (Döring & Bortz 2016, 145).

Im Hinblick auf die erkenntnis- und forschungslogisch unterschiedlichen Verfahren qualitativer und quantitativer Untersuchungen ist die erziehungswissenschaftliche Forschung – so unsere abschließende Bilanz – insgesamt gut beraten, Methodenvielfalt und -entwicklung im Interesse der Generierung wissenschaftlicher Erkenntnisse zu fördern. Das vorliegende Studienbuch möchte Lehramtsstudierenden ermöglichen, einen solchen Diskurs verfolgen und in gewisser Weise an ihm partizipieren zu können: Der Anwendungskontext Forschenden Lernens erscheint uns in diesem Sinne als ein vielversprechender erster Schritt.

# Verzeichnisse

## Literatur


Abels, H. & Degen, H. (1981): Übungsprogramm Wirtschafts- und Bevölkerungsstatistik. Wiesbaden.

Altrichter, H., Posch, P. & Spann, H. (2018): Lehrerinnen und Lehrer erforschen ihren Unterricht. 5. Aufl. Bad Heilbrunn, https://doi.org/10.36198/9783838547541.

Amann, K. & Hirschauer, S.(1997): Die Befremdung der eigenen Kultur. Ein Programm. In: Hirschauer, S. & Amann, K. (Hrsg.): Die Befremdung der eigenen Kultur. Zur ethnographischen Herausforderung soziologischer Empirie. Frankfurt a. M., 7-52.

American Educational Research Association (AERA), American Psychological Association (APA), and National Council on Measurement in Education (NCME) (2014): Standards for Educational and Psychological Testing. 6. Aufl. Washington DC.

Arbeitsgruppe Bielefelder Soziologen (Hrsg.) [ursprünglich 1973] (zit. in Arbeitsgruppe Bielefelder Soziologen 1981): Alltagswissen, Interaktion und gesellschaftliche Wirklichkeit. 5. Aufl. Opladen.

Artmann, M., Berendonck, M., Herzmann, P. & Liegmann, A. B. (Hrsg.) (2018): Professionalisierung in Praxisphasen der Lehrerbildung. Qualitative Forschung aus Bildungswissenschaft und Fachdidaktik. Bad Heilbrunn, https://elibrary.utb.de/doi/book/10.35468/9783781556980.

Asbrand, B., Martens, M. & Petersen, D. (2013): Die Rolle der Dinge in schulischen Lehr-Lernprozessen. In: Zeitschrift für Erziehungswissenschaft, 16, H. 2, 171-188, https://doi.org/10.1007/s11618-013-0413-1.

Backhaus, K., Erichson, B., Plinke, W. & Weiber, R. (2016): Multivariate Analysemethoden. Eine anwendungsorientierte Einführung. 14. Aufl. Heidelberg.

Bakker, A., Cai, J., English, L., Kaiser, G., Mesa, V. & van Dooren, W. (2019). Beyond small, medium, or large: Points of consideration when interpreting effect sizes. In: Educational Studies in Mathematics, 102, H. 1, 1-8.

Baumert, J., Kunter, M., Brunner, M., Krauss, S., Blum, W. & Neubrand, M. (2004): Mathematikunterricht aus Sicht der PISA-Schülerinnen und -Schüler und ihrer Lehrkräfte. In: Prenzel, M., Baumert, J., Blum, W., Lehmann, R., Leutner, D., Neubrand, M., Pekrum, R., Rolff, H.-G., Rost, J. & Schiefele, U. (Hrsg.): PISA 2003. Der Bildungsstand der Jugendlichen in Deutschland. Ergebnisse des zweiten internationalen Vergleichs. Münster, 314-354.

Behrens, U. (1999): Die Stichprobe. In: Wosnitza, M. & Jäger, R. S. (Hrsg.): Daten erfassen, auswerten und präsentieren – aber wie? Landau, 43-71.

Benninghaus, H. (1998): Einführung in die Sozialwissenschaftliche Datenanalyse. München.

Berger, P. L. & Luckmann, T. [ursprünglich 1966] (zit. in Berger, P. L. & Luckmann, T. 1972): Die gesellschaftliche Konstruktion der Wirklichkeit. Eine Theorie der Wissenssoziologie. 3. Aufl. Frankfurt a. M.

Bilz, L. (2014): Werden Ängste und depressive Symptome bei Kindern und Jugendlichen in der Schule übersehen? In: Zeitschrift für Pädagogische Psychologie, 28, H. 1, 57-62, https://doi.org/10.1024/1010-0652/a000118.

Birkel, P. (2007/1994). Weingartener Grundwortschatz Rechtschreib-Test für erste und zweite Klassen (WRT 1+). 2. Aufl. Göttingen.

Blömeke, S. (2002): Universität und Lehrerbildung. Bad Heilbrunn.

Blömeke, S., Jentsch, A., Ross, N., Kaiser, G. & König, J. (2022): Opening up the black box: Teacher competence, instructional quality, and students' learning progression. In: Learning and Instruction, 79, https://doi.org/10.1016/j.learninstruc.2022.101600.

Blumer, H. [ursprünglich 1954] (zit. in Blumer, H. 1969): Symbolic Interactionism. Perspective and Method. New Jersey.

Böder, T. & Rabenstein, K. (2021): Qualitative Ansätze in der Schulforschung. In: Hascher, T., Idel, T.-S. & Helsper, W. (Hrsg.): Handbuch Schulforschung. Wiesbaden, 1-24, https://doi.org/10.1007/978-3-658-24734-8_5-1.

de Boer, H. (2012): Pädagogische Beobachtung. In: de Boer, H. & Reh, S. (Hrsg.): Beobachtung in der Schule – Beobachten lernen. Wiesbaden, 65-82, https://doi.org/10.1007/978-3-531-18938-3.

Bohnsack, R. (2021): Rekonstruktive Sozialforschung. Einführung in die qualitativen Methoden. 10. Aufl. Opladen & Toronto, https://doi.org/10.36198/9783838587851.

Bohnsack, R. (2017a): Praxeologische Wissenssoziologie. Opladen & Toronto, https://doi.org/10.36198/9783838587080.

Bohnsack, R. (2017b): Konjunktiver Erfahrungsraum, Regel und Organisation. In: Amling, S. & Vogd, W. (Hrsg.): Dokumentarische Organisationsforschung. Perspektiven der praxeologischen Wissenssoziologie. Opladen, Berlin & Toronto, 233-259, https://elibrary.utb.de/doi/book/10.3224/9783847409465.

Bohnsack, R. (2012): Orientierungsschemata, Orientierungsrahmen und Habitus. Elementare Kategorien der Dokumentarischen Methode mit Beispielen aus der Bildungsmilieuforschung. In: Schittenhelm, K. (Hrsg.): Qualitative Bildungs- und Arbeitsmarktforschung. Grundlagen, Perspektiven, Methoden. Wiesbaden, 119-153, https://doi.org/10.1007/978-3-531-94119-6_5.

Bohnsack, R., Przyborski, A. & Schäffer, B. (2009): Einleitung: Gruppendiskussionen als Methode rekonstruktiver Sozialforschung. In: Bohnsack, R., Przyborski, A. & Schäffer, B. (Hrsg.): Das Gruppendiskussionverfahren in der Forschungspraxis. 2. Aufl. Opladen & Farmington Hills, 7-22.

Bonanati, M. (2018): Lernentwicklungsgespräche und Partizipation. Rekonstruktionen zur Gesprächspraxis zwischen Lehrpersonen, Grundschülern und Eltern. Wiesbaden, https://doi.org/10.1007/978-3-658-18749-1.

Bortz, J. (2005): Statistik für Human- und Sozialwissenschaftler. 6. Aufl. Heidelberg, https:/doi.org/10.1007/978-3-642-12770-0.

Bortz, J. & Schuster, C. (2010): Statistik für Human- und Sozialwissenschaftler. 7. Aufl. Berlin & Heidelberg.

Bortz, J. & Döring, N. (2006): Forschungsmethoden und Evaluation für Human- und Sozialwissenschaftler. 4. Aufl. Heidelberg, https://doi.org/10.1007/978-3-540-33306-7_1.

Bourdieu, P. (1988): Homo Academicus. Frankfurt a. M.

Breidenstein, G. (2018): Schülerpraktiken. In: Proske, M. & Rabenstein, K. (Hrsg.): Kompendium Qualitative Unterrichtsforschung. Unterricht beobachten – beschreiben – rekonstruieren. Bad Heilbrunn, 198-206, https://elibrary.utb.de/doi/book/10.35468/9783781556126.

Breidenstein, G. (2012): Ethnographisches Beobachten. In: de Boer, H. & Reh, S. (Hrsg.): Beobachtung in der Schule – Beobachten lernen. Wiesbaden, 27-44, https://doi.org/10.1007/978-3-531-18938-3.

Breidenstein, G. (2006): Teilnahme am Unterricht. Ethnographische Studien zum Schülerjob. Wiesbaden, https://ebookcentral.proquest.com/lib/ubkoeln/reader.action?docID=747940.

Breidenstein, G., Hirschauer, S., Kalthoff, H. & Nieswand, B. (2020): Ethnografie. Die Praxis der Feldforschung. 3. Aufl. München, https://doi.org/10.36198/9783838552873.

Breidenstein, G. & Kelle, H. (1998): Geschlechteralltag in der Schulklasse. Ethnographische Studien zur Gleichaltrigenkultur. Weinheim & München.

Breuer, F. (2020): Wissenschaftstheoretische Grundlagen qualitativer Methodik in der Psychologie. In: Mey, G. & Mruck, K. (Hrsg.): Handbuch Qualitatve Forschung in der Psychologie. Band 1: Ansätze und Anwendungsfelder. 2. Aufl. Wiesbaden, 27-48, https://doi.org/10.1007/978-3-658-18234-2.

Brüsemeister, T. (2008): Qualitative Forschung. Ein Überblick. 2. Aufl. Wiesbaden.

Brüsemeister, T. (1998): Lernen durch Leiden? Biographien zwischen Perspektivlosigkeit, Empörung und Lernen. Wiesbaden.

Budde, J. (2011): Dabei sein ist alles? Erkenntnispotential ethnographischer Beobachtungen anhand von Interaktionspraktiken zur Verteilung des Rederechtes im Unterricht. In: ZQF, 12, H. 1, 125-148, https://www.budrich-journals.de/index.php/zqf/article/view/6100/5210.

Bühner, M. (2021): Einführung in die Test- und Fragebogenkonstruktion. 4. Aufl. München.

Bühner, M. & Ziegler, M. (2009): Statistik für Psychologen und Sozialwissenschaftler. München.

Bundesassistentenkonferenz (Hrsg.) (1970): Forschendes Lernen – Wissenschaftliches Prüfen. Schriften der Bundesassistentenkonferenz 5. 2. Aufl. Bonn.

Cammann, F., Darge, K., Kaspar, K. & König, J. (2018): Anforderungen Forschenden Lernens im Praxissemester. Entwicklung eines Modells und erste empirische Befunde zur Validität. In: HLZ, 1, H. 1, 17-34, https://doi.org/10.4119/hlz-2400.

Campbell, D.T. & Stanley, J.C. (1963): Experimental and quasi-experimental designs for research. Chicago.

Charmaz, K. (2014): Constructing Grounded Theory. 2nd Edition. London.

Clarke, A.E. (2012): Situationsanalyse. Grounded Theory nach dem Postmodernen Turn. Wiesbaden.

Clausen, M. (2002): Unterrichtsqualität: Eine Frage der Perspektive? Münster.

Clauß, G., Finze, F.-R. & Partzsch, L. (Hrsg.) (2002): Statistik für Soziologen, Pädagogen, Psychologen und Mediziner. 4. Aufl. Frankfurt a. M.

Codier, E. & Odell, E. (2014): Measured emotional intelligence ability and grade point average in nursing students. In: Nurse Education Today, 34, H. 4, 608-612, https://doi.org/10.1016/j.nedt.2013.06.007.

Court, L. & Herzmann, P. (2022): Unterrichten ohne Klassenzimmer: Handlungsleitende Orientierungen von Lehrer*innen im Kontext bildungspolitischer Erwartungen in der Covid-19-Pandemie. In: Empirische Pädagogik, 36, H. 3, 311-326, https://www.vep-landau.de/produkt/empirische-paedagogik-2022-36-3-kap-4-digital/.

Cramer, C., König, J., Rothland, M. & Blömeke, S. (Hrsg.) (2020): Handbuch Lehrerinnen- und Lehrerbildung. Bad Heilbrunn, https://doi.org/10.36198/9783838554730.

Dietrich, C. & Riepe, V. (2019): Praktiken der Homogenisierung. Soziale Choreographien im Schulalltag. In: Zeitschrift für Pädagogik, 65, H. 5, 669-691, https://www.pedocs.de/volltexte/2022/24113/pdf/ZfPaed_2019_5_Dietrich_Riepe_Praktiken_der_Homogenisierung.pdf.

Ditton, H. (2000): Qualitätskontrolle und Qualitätssicherung in Schule und Unterricht. Ein Überblick zum Stand der empirischen Forschung. In: Helmke, A., Hornstein, W. & Terhart, E. (Hrsg.): Qualität und Qualitätssicherung im Bildungsbereich: Schule, Sozialpädagogik, Hochschule. Weinheim, 73-92.

Dlugosch, A., Herzmann, P., Rosen, L. & Wagner-Willi, M. (2020): Empirisch-rekonstruktive Ansätze im Forschungsfeld Inklusion. Exemplarische Analysen eines Beobachtungsprotokolls aus unterschiedlichen methodologischen Perspektiven. In: Budde, J., Dlugosch, A., Herzmann, P., Rosen, L., Panagiotopoulou, J. A., Sturm & Wagner-Willi, M. (Hrsg.) Inklusionsforschung im Spannungsfeld von Erziehungswissenschaft und Bildungspolitik. Opladen, Berlin & Toronto, 117-142.

Döring, N. & Bortz, J. (2016): Forschungsmethoden und Evaluation in den Sozial- und Humanwissenschaften. 5. Aufl. Heidelberg.

Dohmen, T. (i. E.): Koordination – Macht – Kooperation. Mikropolitische Aushandlungen sonderpädagogischer Förderplanung in inklusiven Schulen (Köln, Universität, Dissertation, 2023).

Dohmen, T. & Herzmann, P. (2021): Artefakte und Ding-Praktiken. Über das Sichtbarmachen der Soziomaterialität von Schule und Unterricht in Praxisphasen der Lehrerinnen- und Lehrerbildung. In: Leonhard, T., Herzmann, P. & Košinár, J. (Hrsg.): „Grau, theurer Freund, ist alle Theorie“? Theorien und Erkenntniswege Schul- und Berufspraktischer Studien. Münster & New York, 281-296, https://doi.org/10.31244/9783830992844.

Doyle, W. (2011): Ecological approaches to classroom management. In: Evertson, C. M. & Weinstein, C. S. (Hrsg.): Handbook of classroom management. Research, practice and contemporary issues. 2. Aufl. New York & London, 97-125.

Dreier, V. (2013): Modelle, Theorien und empirische Daten: Zum Beitrag der modernen Wissenschaftstheorie für eine metatheoretische Neuorientierung in der empirischen Sozialforschung. In: Zeitschrift für Theoretische Soziologie, 2, H. 1, 116-134.

Ecarius, J. (2018): Erziehungswissenschaftliche Biographieforschung. In: Lutz, H., Schiebel, M. & Tuider, E. (Hrsg.): Handbuch Biographieforschung. Wiesbaden, 163-173, https://doi.org/10.1007/978-3-658-18171-0.

Edelmann, D., Schmidt, J. & Tippelt, R. (2012): Einführung in die Bildungsforschung. Stuttgart, https://content-select.com/de/portal/media/view/517a52f6-fd64-4f05-90ba-1b855dbbeaba?forceauth=1.

Fegter, S., Kessl, F., Langer, A., Ott, M., Rothe, D. & Wrana, D. (Hrsg.) (2015): Erziehungswissenschaftliche Diskursforschung. Empirische Analysen zu Bildungs- und Erziehungsverhältnissen. Wiesbaden, https://doi.org/10.1007/978-3-531-18738-9.

Feindt, A., Rott, D., Altrichter, H. (2020): Aktionsforschung in der Lehrerinnen- und Lehrerbildung. In: Cramer, C., König, J., Rothland, M. & Blömeke, S. (Hrsg.): Handbuch Lehrerinnen- und Lehrerbildung. Bad Heilbrunn, 733-740, https://doi.org/10.36198/9783838554730.

Fend, H. (2009): Neue Theorie der Schule. Einführung in das Verstehen von Bildungssystemen. Wiesbaden.

Fetzer, M. (2007): Interaktion am Werk. Eine Interaktionstheorie fachlichen Lernens, entwickelt am Beispiel von Schreibanlässen im Mathematikunterricht der Grundschule. Bad Heilbrunn.

Fichten, W. (2017): Forschendes Lernen in der Lehramtsausbildung. In: Mieg, H. A. & Lehmann, J. (Hrsg.): Forschendes Lernen. Frankfurt a. M., 155-164, https://content-select.com/de/portal/media/view/57208829-9aec-461c-9c11-5d03b0dd2d03?forceauth=1.

Fichten, W. & Weyland, U. (2020): Forschendes Lernen in der Lehrerinnen- und Lehrerbildung. In: Cramer, C., König, J., Rothland, M. & Blömeke, S. (Hrsg.): Handbuch Lehrerinnen- und Lehrerbildung. Bad Heilbrunn, 673-680, https://doi.org/10.36198/9783838554730.

Flick, U. (2022): Gütekriterien qualitativer Sozialforschung. In: Baur, N. & Blasius, J. (Hrsg.): Handbuch Methoden der empirischen Sozialforschung. 3. Aufl. Wiesbaden, 533-547, https://doi.org/10.1007/978-3-658-37985-8.

Flick, U. (2016): Qualitative Sozialforschung. Eine Einführung. 7. Aufl. Reinbek.

Flick, U., von Kardoff, E., Steinke, I. (Hrsg.) (2019): Qualitative Forschung. Ein Handbuch. 13. Aufl. Reinbek.

Friebertshäuser, B., Langer, A. & Prengel, A. (2013): Handbuch Qualitative Forschungsmethoden in der Erziehungswissenschaft. 4. Aufl. Weinheim & Basel, https://content-select.com/media/moz_viewer/5aa7b7b1-e53c-47cf-8be5-6955b0dd2d03/language:de.

Friebertshäuser, B. & Panagiotopoulou, A. (2013): Ethnographische Feldforschung. In: Friebertshäuser, B., Langer, A. & Prengel, A. (Hrsg.): Handbuch Qualitative Forschungsmethoden in der Erziehungswissenschaft. 4. Aufl. Weinheim & Basel, 301-322, https://content-select.com/media/moz_viewer/5aa7b7b1-e53c-47cf-8be5-6955b0dd2d03/language:de.

Friedrichs, J. (1990): Methoden Empirischer Sozialforschung. Wiesbaden.

Fritzsche, B. (2015): Wenn niemand zu Schaden kommen darf: Eine kulturvergleichende Analyse schulischer Praktiken der Konfliktbearbeitung. In: ZQF, 16, H. 2, 173-190, https://www.budrich-journals.de/index.php/zqf/article/view/24324/21194.

Fuß, S. & Karbach, U. (2019): Grundlagen der Transkription. Eine praktische Einführung. 2. Aufl. Opladen & Toronto, https://doi.org/10.36198/9783838550749.

Garfinkel, H. (1967): Studies in ethnomethodology. Englewood Cliffs.

Geertz, C. [ursprünglich 1983: Dichte Beschreibungen. Bemerkungen zu einer deutenden Theorie von Kultur] (zit in. Geertz, C. 1999) (Hrsg.): Dichte Beschreibung. Beiträge zum Verstehen kultureller Systeme. Frankfurt a. M., 7-43.

Gläser, J. & Laudel, G. (2010): Experteninterviews und qualitative Inhaltsanalyse. 4. Aufl. Wiesbaden.

Gläser-Zikuda, M., Stephan, M. & Hofmann, F. (2022): Qualitative Auswertungsverfahren. In: Reinders, H., Bergs-Winkels, D., Prochnow, A. & Post, I. (Hrsg.): Empirische Bildungsforschung. Eine elementare Einführung. Wiesbaden, 237-251, https://doi.org/10.1007/978-3-658-27277-7.

Gläser-Zikuda, M. & Mayring, P. (2008) (Hrsg.): Die Praxis der Qualitativen Inhaltsanalyse. 2. Aufl. Weinheim & Basel, https://content-select.com/de/portal/media/view/519cc17d-4110-4a77-9751-253d5dbbeaba?forceauth=1.

Glaser, B. G. (1998): Doing Grounded Theory: Issues and Discussions. Mill Valley.

Glaser, B. G. & Strauss, A. L. (1967): The discovery of grounded theory. Chicago.

Glaser, B. G. & Strauss, A. L. (1965): Awareness of dying. Chicago.

Goldmann, D. (2017): Programmatik und Praxis der Schulentwicklung. Rekonstruktionen zu einem konstitutiven Spannungsverhältnis. Wiesbaden, https://doi.org/10.1007/978-3-658-15779-1.

Goodman, R. (1997): The Strengths and Difficulties Questionnaire: a research note. In: Journal of Child Psychology and Psychiatry, 38, H. 5, 581-586, https://doi.org/10.1111/j.1469-7610.1997.tb01545.x.

Gräsel, C. (2020): Prozess-Produkt-Paradigma in der Lehrerinnen- und Lehrerbildung. In: Cramer, C., König, J., Rothland, M. & Blömeke, S. (Hrsg.): Handbuch Lehrerinnen- und Lehrerbildung. Bad Heilbrunn, 148-153, https://doi.org/10.36198/9783838554730.

Graf, T., Harych, P., Wendt, W., Emmrich, R. & Brunner, M. (2016): Wie gut können VERA-8-Testergebnisse den schulischen Erfolg am Ende der Sekundarstufe I vorhersagen? In: Zeitschrift für Pädagogische Psychologie, 30, 201-211, https://doi.org/10.1024/1010-0652/a000182.

Gruehn, S. (2000): Unterricht und schulisches Lernen. Schüler als Quellen der Unterrichtsbeschreibung. Münster.

Hackbarth, A. (2017): Inklusion und Exklusion in Schülerinteraktionen. Empirische Rekonstruktionen in jahrgangsübergreifenden Lerngruppen an einer Förderschule und an einer inklusiven Grundschule. Bad Heilbrunn, https://doi.org/10.25656/01:14974.

Heinrich, M. & Klewin, G. (2018): Forschendes Lernen im Praxissemester – Governanceanalysen eines bildungspolitischen Programms. In: Ukley, N. & Gröben, B. (Hrsg.): Forschendes Lernen im Praxissemester. Begründungen, Befunde und Beispiele aus dem Fach Sport. Wiesbaden, 3-25, https://doi.org/10.1007/978-3-658-19492-5.

Heinrich, M., Arndt, A.-K. & Werning, R. (2014): Von „Fördertanten“ und „Gymnasialempfehlungskindern“. Professionelle Identitätsbehauptung von Sonderpädagog/innen in der inklusiven Schule. In: ZISU, 3, H. 1, 48-71, https://budrich-journals.de/index.php/zisu/article/view/15484.

Heiser, P. (2018): Meilensteine der qualitativen Sozialforschung. Eine Einführung entlang klassischer Studien. Wiesbaden.

Helfferich, C. (2011): Die Qualität qualitativer Daten. Manual für die Durchführung qualitativer Interviews. 4. Aufl. Wiesbaden, https://doi.org/10.1007/978-3-531-92076-4.

Helmke, A. (2007): Unterrichtsqualität und Unterrichtsentwicklung: Wissenschaftliche Erkenntnisse zur Unterrichtsforschung und Konsequenzen für die Unterrichtsentwicklung. Bertelsmann.

Helmke, A. (2003): Unterrichtsqualität erfassen, bewerten, verbessern. Seelze.

Helmke, A., Helmke, T., Lenske, G., Pham, G., Praetorius, F.-W. & Ade-Thurow, M. (2016): Evidenzbasierte Methoden der Unterrichtsdiagnostik (EMU). Koblenz, http://www.unterrichtsdiagnostik.de.

Helmke, A., Helmke, T., Heyne, N., Hosenfeld, A., Schrader, F. W. & Wagner, W. (2007): Skalendokumentation zu den Lehrerfragebögen im Projekt VERA-Gute Unterrichtspraxis. Koblenz, http://andreas-helmke.de/wordpress/wp-content/uploads/2015/12/VERA_Gute-Unterrichtspraxis_Skalenhandbuch.pdf.

Helmke, A., Helmke, T., Heyne, N., Nordheider, I. & Schrader, F.-W. (2006): Analyse und Bewertung von Fremdsprachenunterricht mit Hilfe von standardisierten Erhebungsinstrumenten. In: Jung, U. O. H. (Hrsg.): Praktische Handreichung für Fremdsprachenlehrer. Frankfurt a. M., 537-541.

Helsper, W. (2001): Praxis und Reflexion. Die Notwendigkeit einer „doppelten Professionalisierung“. In: Journal für Lehrerinnen- und Lehrerbildung, 1, H. 3, 22-32.

Helsper, W., Dreier, L., Gibson, A., Kotzyba, K. & Niemann, M. (2018): Exklusive Gymnasien und ihre Schüler. Passungsverhältnisse zwischen institutionellem und individuellem Schülerhabitus. Wiesbaden, https://doi.org/10.1007/978-3-658-17080-6.

Herrle, M., Hoffman, M. & Proske, M. (2021): Unterrichtsgestaltung im Kontext digitalen Wandels: Untersuchungen zur soziomedialen Organisation Tablet-gestützter Gruppenarbeit. In: Zeitschrift für Erziehungswissenschaft, https://doi.org/10.1007/s11618-022-01099-8.

Herrle, M. & Dinkelaker, J. (2016): Qualitative Analyseverfahren in der videobasierten Unterrichtsforschung. In: Rauin, U., Herrle, M. & Engartner, T. (Hrsg.): Videoanalysen in der Unterrichtsforschung. Methodische Vorgehensweisen und Anwendungsbeispiele. Weinheim & Basel, 76-129, https://content-select.com/de/portal/media/view/552557cd-5f1c-41b7-ba95-4cc3b0dd2d03?forceauth=1.

Herzmann, P. (2023): z. B. Forschungsmethod(olog)ische Überlegungen zum Verallgemeinern. In: Hofhues, S. & Schütze, K. (Hrsg.): Doing Research – Wissenschaftspraktiken zwischen Positionierung und Suchanfrage. Bielefeld, 424-430, https://doi.org/10.14361/9783839456323.

Herzmann, P., Košinár, J. & Leonhard, T. (2021): Einleitung. In: Leonhard, T., Herzmann, P. & Košinár, J. (Hrsg.): „Grau, theurer Freund, ist alle Theorie“? Theorien und Erkenntniswege Schul- und Berufspraktischer Studien. Münster & New York, 9-18, https://doi.org/10.31244/9783830992844.

Herzmann, P. & Liegmann, A. B. (2020a): Wie reflexionsförderlich sind universitäre Praxisphasen? Kritische Anmerkungen zu einem Professionalisierungsversprechen aus professionstheoretischer und empirischer Perspektive. In: Rheinländer, K. & Scholl, D. (Hrsg.): Verlängerte Praxisphasen in der Lehrer*innenbildung. Konzeptionelle und empirische Aspekte der Relationierung von Theorie und Praxis. Bad Heilbrunn, 74-88, https://elibrary.utb.de/doi/book/10.35468/9783781558038.

Herzmann, P. & Liegmann, A. B. (2020b): Mündliche Prüfungen im Kontext des Forschenden Lernens. (Re-)Adressierungen als Inszenierung studentischer Expertise. In: Zeitschrift für Pädagogik, 66, H. 5, 727-745.

Herzmann, P. & Liegmann, A. B. (2018): Studienprojekte im Praxissemester. Wirkungsforschung im Kontext Forschenden Lernens. In: Rothland, M. & Schaper, N. (Hrsg.): Lehrerbildung auf dem Prüfstand, 11, H. 1, 46-65, https://www.vep-landau.de/produkt/lehrerbildung-auf-dem-pruefstand-2018-11-1-digital.

Herzmann, P. & Merl, T. (2017): Zwischen Mitgliedschaft und Teilhabe. Praxeologische Rekonstruktionen von Teilhabeformen im inklusiven Unterricht. In: ZISU, 6, H. 1, 97-110, https://www.budrich-journals.de/index.php/zisu/article/view/29465.

Herzmann, P. & König, J. (2016): Lehrerberuf und Lehrerbildung. Bad Heilbrunn, https://doi.org/10.36198/9783838543376.

Herzog, W. (2000): Professionalisierung durch Differenzierung des Berufsfeldes. In: Beiträge zur Lehrerbildung, 18, H. 1, 64-65, https://www.pedocs.de/zeitschriften.php?zst=515-2000.

Hirschauer, S. & Amann, K. (Hrsg.) (1997): Die Befremdung der eigenen Kultur. Zur ethnologischen Herausforderung soziologischer Empirie. Frankfurt a. M.

Hitzler, R., Honer, A. & Maeder, C. (Hrsg.) (1994): Expertenwissen. Die institutionalisierte Kompetenz zur Konstruktion von Wirklichkeit. Opladen.

Hoffmann-Riem, C. (1980): Die Sozialforschung einer interpretativen Soziologie. Der Datengewinn. In: Kölner Zeitschrift für Soziologie und Sozialpsychologie, 32, H. 2, 339-372.

Huber, L. (2009): Warum Forschendes Lernen nötig und möglich ist. In: Huber, L., Hellmer, J. & Schneider, F. (Hrsg.): Forschendes Lernen im Studium. Aktuelle Konzepte und Erfahrungen. Bielefeld, 9-35.

Huber, L. & Reinmann, G. (2019): Vom forschungsnahen zum forschenden Lernen an Hochschulen. Wege der Bildung durch Wissenschaft. Wiesbaden, https://doi.org/10.1007/978-3-658-24949-6.

Hülsmann, J. (2005): Kurzzeitintervention bei der Lese-Rechtschreibstörung-Evaluation des Marburger Rechtschreibtrainings in der Einzelförderung (Marburg, Philipps-Universität, Dissertation).

Hugener, I., Pauli, C., Reusser, K. (2006): Überblick über die Beobachtungsinstrumente. Materialien zur Bildungsforschung, Band 15. Frankfurt a. M., https://nbn-resolving.org/urn:nbn:de:0111-opus-31304.

Hummrich, M. & Kramer, R.-T. (2017): Schulische Sozialisation. Wiesbaden, https://doi.org/10.1007/978-3-531-19057-0.

Hummrich, M. & Kramer, R.-T. (2011): Zur materialen Rationalität pädagogischer Ordnungen. Die Rekonstruktion pädagogischer Generationsbeziehungen mit der Objektiven Hermeneutik. In: ZQF, 12, H. 2, 217-238, https://www.budrich-journals.de/index.php/zqf/article/view/10808/9352.

Hußmann, A., Wendt, H., Bos, W., Bremerich-Vos, A., Kasper, D., Lankes, E.-M., Mcelvany, N., Stubbe. T. & Valtin, R. (Hrsg.) (2017): IGLU 2016: Lesekompetenzen von Grundschulkindern in Deutschland im internationalen Vergleich. Münster.

Idel, T.-S. & Meseth, W. (2018): Wie Unterricht verstehen? Zur Methodologie qualitativer Unterrichtsforschung. In: Proske, M. & Rabenstein, K. (Hrsg.): Kompendium Qualitative Unterrichtsforschung. Unterricht beobachten – beschreiben – rekonstruieren. Bad Heilbrunn, 63-82, https://elibrary.utb.de/doi/book/10.35468/9783781556126.

Jentsch, A., Casale, G., Schlesinger, L., Kaiser, G., König, J. & Blömeke, S. (2020): Variabilität und Generalisierbarkeit von Ratings zur Qualität von Mathematikunterricht zwischen und innerhalb von Unterrichtsstunden. In: Unterrichtswissenschaft, 48, 179-197.

Kaiser, L. M., Besa, K. S., Wilde, M. & Großmann, N. (2021): Eine mehrdimensionale Betrachtung des Druckerlebens von Schüler*innen der Sekundarstufe II aus der Perspektive der Selbstbestimmungstheorie. In: Zeitschrift für Erziehungswissenschaft, 24, H. 6, 1401-1427, https://doi.org/10.1007/s11618-021-01056-x.

Kalthoff, H., Hirschauer, S. & Lindemann, G. (Hrsg.) (2019): Theoretische Empirie. Zur Relevanz qualitativer Forschung. 3. Aufl. Frankfurt a. M.

Kelle, H. (2018): Teilnehmende Beobachtung. In: Bohnsack, R., Geimer, A. & Meuser, M. (Hrsg.): Hauptbegriffe Qualitativer Sozialforschung. 4. Aufl. Opladen & Toronto, 224-227, https://doi.org/10.36198/9783838587479.

Klieme, E. & Rauschenbach, T. (2011): Entwicklung und Wirkung von Ganztagsschule. Eine Bilanz auf Basis der StEG-Studie. In: Fischer, N., Holtappels, H. G., Klieme, E., Rauscenbach, T., Stecher, L. & Züchner, I. (Hrsg): Ganztagsschule: Entwicklung, Qualität, Wirkungen. Weinheim, 342-350, https://www.pedocs.de/volltexte/2020/19203/pdf/Klieme_Rauschenbach_Entwicklung_und_Wirkung_von_Ganztagsschule_2011.pdf.

Klieme, E. & Rakoczy, K. (2008): Empirische Unterrichtsforschung und Fachdidaktik. Outcome-orientierte Messung und Prozessqualität des Unterrichts. In: Zeitschrift für Pädagogik, 54, H. 2, 222-237.

König, J. (2013): Standpunkt: Methoden und Designs der empirischen Forschung im edukativen Bereich – Bestandsaufnahme und Barrieren für experimentelle Forschung. In: Zeitschrift für Evidenz, Fortbildung und Qualität im Gesundheitswesen, 107, H. 1, 19-22, https://doi.org/10.1016/j.zefq.2012.12.020.

König, J. (2009): Klassenklima und schulbezogene Hilflosigkeit in den Jahrgangsstufen 8 und 9. In: Zeitschrift für Pädagogische Psychologie, 23, H. 1, 41-52.

König, J. & Rothland, M. (2018). Das Praxissemester in der Lehrerbildung: Stand der Forschung und zentrale Ergebnisse des Projekts Learning to Practice. In: König, J., Rothland M. & Schaper, N. (Hrsg): Learning to Practice, Learning to Reflect? Ergebnisse aus der Längsschnittstudie LtP zur Nutzung und Wirkung des Praxissemesters in der Lehrerbildung. Wiesbaden, 1-62, https://doi.org/10.1007/978-3-658-19536-6.

König, J., Rothland, M., Darge, K., Lünnemann, M. & Tachtsoglou, S. (2013): Erfassung und Struktur berufswahlrelevanter Faktoren für die Lehrerausbildung und den Lehrerberuf in Deutschland, Österreich und der Schweiz. In: Zeitschrift für Erziehungswissenschaft, 16, H. 3, 553-577.

König, J., Wagner, C. & Valtin, R. (2011): Jugend – Schule – Zukunft. Psychosoziale Bedingungen der Persönlichkeitsentwicklung – Ergebnisse der Längsschnittstudie AIDA. Münster.

Krappmann, L. & Oswald, H. (1985): Schulisches Lernen in Interaktionen mit Gleichaltrigen. In: Zeitschrift für Pädagogik, 31, H. 3, 321-337.

Kowalski, M. (2020): Nähe, Distanz und Anerkennung in pädagogischen Beziehungen. Rekonstruktionen zum Lehrerhabitus und Möglichkeiten der Professionalisierung. Wiesbaden, https://doi.org/10.1007/978-3-658-29742-8.

Krepf, M. (2018): Wie analysieren ExpertInnen und NovizInnen Unterricht? Validierung des Konstrukts Analysekompetenz mittels Qualitativer Inhaltsanalyse. Bad Heilbrunn.

Krüger, H.-H. (2013): Qualitative Forschung in der Erziehungswissenschaft. In: Gogolin, I., Kuper, H., Krüger, H.-H. & Baumert, J. (Hrsg.): Stichwort: Zeitschrift für Erziehungswissenschaft. Wiesbaden, 53-75, https://doi.org/10.1007/978-3-658-00908-3.

Kuckartz, U. & Rädiker, S. (2022): Qualitative Inhaltsanalyse. Methoden, Praxis, Computerunterstützung. Grundlagentexte Methoden. 5. Aufl. Weinheim & Basel, https://content-select.com/de/portal/media/view/5e623532-20b8-4f33-b19e-4a1db0dd2d03?forceauth=1.

Kühnel, S.-M. & Krebs, D. (2001): Statistik für die Sozialwissenschaften. Hamburg.

Küsters, I. (2022): Narratives Interview. In: Baur, N. & Blasius, J. (Hrsg.): Handbuch Methoden der empirischen Sozialforschung. Wiesbaden, 893-900, https://doi.org/10.1007/978-3-658-37985-8.

Kuhlmann, N. & Ricken, N. (2022): Subjektivierung von Schüler*innen. In: Bennewitz, H., de Boer, H. & Thiersch, S. (Hrsg.): Forschung zu Schülerinnen und Schülern. Münster & New York, 99-109, https://doi.org/10.36198/9783838559384.

Kuhlmann, N., Ricken, N., Rose, N. & Otzen, A. (2017): Heuristik für eine Adressierungsanalyse in subjektivationstheoretischer Perspektive. In: Vierteljahrsschrift für wissenschaftliche Pädagogik, 93, H. 2, 234–235.

Kurz, K. (2016): Marie-Lazarsfeld/Hans Zeisl: Die Arbeitslosen von Marienthal. In: Salzborn, S. (Hrsg.): Klassiker der Sozialwissenschaften. 100 Schlüsselwerke im Portrait. 2. Aufl. Wiesbaden, 116-120, https://doi.org/10.1007/978-3-658-13213-2.

Lamnek, S. & Krell, C. (2016): Qualitative Sozialforschung. 6. Aufl. Weinheim & Basel, https://content-select.com/media/moz_viewer/56cc0a3b-a3c0-4460-bf58-5eeeb0dd2d03/language:de.

Leonhard, T., Herzmann, P. & Košinár, J. (Hrsg.) (2021): „Grau, theurer Freund, ist alle Theorie"? Theorien und Erkenntniswege Schul- und Berufspraktischer Studien. Münster & New York, https://doi.org/10.31244/9783830992844.

Leonhard, T. & Lüthi, K. (2021): Das Konzept der Adressierung als analytische Perspektive in den Schul- und Berufspraktischen Studien. Eine hochschuldidaktische Adaption der Adressierungsanalyse. In: Leonhard, T., Herzmann, P. & Košinár, J. (Hrsg.): „Grau, theurer Freund, ist alle Theorie"? Theorien und Erkenntniswege Schul- und Berufspraktischer Studien. Münster & New York, 241-261, https://doi.org/10.31244/9783830992844.

Leonhard, T. (2018): Zwischen Baum und Borke? Zur Eigenlogik schul- bzw. berufspraktischer Studien. In: Böhme, J., Cramer, C. & Bressler, C. (Hrsg.): Erziehungswissenschaft und Lehrerbildung im Widerstreit!? Verhältnisbestimmungen, Herausforderungen und Perspektiven. Bad Heilbrunn, 211-222, https://elibrary.utb.de/doi/book/10.35468/9783781557154.

Lofland, J. (1979): Feld-Notizen. In: Gerdes, K. (Hrsg.): Explorative Sozialforschung. Einführende Beiträge aus „Natural Sociology" und Feldforschung in den USA. Stuttgart, 110-120.

Macgilchrist, F. (2011): Schulbuchverlage als Organisation der Diskursproduktion: Eine ethnographische Perspektive. In: Zeitschrift für Soziologie der Erziehung und Sozialisation, 31, H. 3, 248-263.

Mannheim, K. (1980): Strukturen des Denkens. Frankfurt a. M.

Mannheim, K. [ursprünglich 1931] (zit. in Mannheim, K. 1969): Ideologie und Utopie. 5. Aufl. Frankfurt a. M.

Martens, M. & Asbrand, B. (2017): Passungsverhältnisse: Methodologische und theoretische Reflexionen zur Interaktionsorganisation des Unterrichts. In: Zeitschrift für Pädagogik, 63, H. 1, S. 72-90, https://www.pedocs.de/volltexte/2020/18481/pdf/ZfPaed_2017_1_Martens_Asbrand_Passungsverhaeltnisse.pdf.

Martin, J. D. & Rudolph, L. (1972): Correlates of the Wechsler Adult Intelligence Scale, the Slosson Intelligence Test, ACT scores and grade point averages. In: Educational and Psychological Measurement, 32, H. 2, 459-462.

Mayring, P. (2022): Qualitative Inhaltsanalyse. Grundlagen und Techniken. 13. Aufl. Weinheim & Basel, https://content-select.com/media/moz_viewer/6230dc9f-d158-4bda-a1f2-1d0db0dd2d03/language:de.

Mayring, P. (2016): Einführung in die qualitative Sozialforschung. Eine Anleitung zu qualitativem Denken. 6. Aufl. Weinheim & Basel, https://content-select.com/media/moz_viewer/56cc0a39-1a9c-4eb3-bf70-5eeeb0dd2d03/language:de.

Mayring, P. (2012): Qualitative Inhaltsanalyse – ein Beispiel für Mixed Methods. In: Gläser-Zikuda, M., Seidel, T., Rohlfs, C., Gröschner, A. & Ziegelbauer, S. (2012): Mixed Methods in der empirischen Bildungsforschung. Münster, 27-36.

Mayring, P. (1991): Qualitative Inhaltsanalyse. In: Flick, U., von Kardoff, E., Keupp, H., von Rosenstiel, L. & Wolff, S. (Hrsg.): Handbuch qualitative Forschung: Grundlagen, Konzepte, Methoden und Anwendungen. München, 209-213.

Mead, G. H. [ursprünglich 1934] (zit. in Morris, C. W. 1950): Mind, self & society. From the standpoint of a social behaviorist. Chicago & Illinois.

Merl, T. (2019): un/genügend fähig. Zur Herstellung von Differenz im Unterricht inklusiver Schulklassen. Bad Heilbrunn, https://www.pedocs.de/volltexte/2019/16757/pdf/Merl_2019_un_genuegend_faehig.pdf.

Meuser, M. (2018): Inhaltsanalyse. In: Bohnsack, R., Geimer, A. & Meuser, M. (Hrsg.): Hauptbergriffe Qualitativer Sozialforschung. 4. Aufl. Opladen & Toronto, 120-122, https://doi.org/10.36198/9783838587479.

Meuser, M. & Nagel, U. (2010): ExpertInneninterview: Zur Rekonstruktion spezialisierten Sonderwissens. In: Becker, R. & Kortendiek, B. (Hrsg.): Handbuch Frauen- und Geschlechterforschung. Theorie, Methoden, Empirie. 3. Aufl. Wiesbaden, 376-379, https://doi.org/10.1007/978-3-531-92041-2.

Mey, G. & Mruck, K. (2011): Grounded-Theory-Methodologie: Entwicklung, Stand, Perspektiven. In: Mey, G. & Mruck, K. (Hrsg.): Grounded Theory Reader. 2. Aufl. Wiesbaden, 11-48, https://doi.org/10.1007/978-3-531-93318-4.

Ministerium für Schule und Weiterbildung NRW [MSW] (2010): Rahmenkonzeption zur strukturellen und inhaltlichen Ausgestaltung des Praxissemesters im lehramtsbezogenen Masterstudiengang. Ministerium für Schule und Weiterbildung des Landes Nordrhein-Westfalen.

Misoch, S. (2019): Qualitative Interviews. 2. Aufl. Berlin, München & Boston, https://doi.org/10.1515/9783110545982.

Mohn, E. & Amann, K. (2006): Lernkörper. Kamera-ethnographische Studien zum Schülerjob. Begleitpublikation. Göttingen.

Moldenhauer, A. (2019): Erfahrungen mit interprofessioneller Kooperation über Gruppendiskussionen erfassen. Methodologische und gegenstandstheoretische Perspektiven. In: Cloos, P., Fabel-Lamla, M., Kunze, K. & Lochner, B. (Hrsg.): Pädagogische Teamgespräche. Methodische und theoretische Perspektiven eines neuen Forschungsfeldes. Weinheim & Basel, 172-186, https://content-select.com/de/portal/media/view/5aa7b78a-32f0-4958-a9ed-6955b0dd2d03?forceauth=1.

Muschalik, C., Otten, M., Breuer, J. & von Rüden, U. (2021): Erfassung und Operationalisierung des Merkmals „Geschlecht" in repräsentativen Bevölkerungsstichproben: Herausforderungen und Implikationen am Beispiel der GeSiD-Studie. In: Bundesgesundheitsblatt-Gesundheitsforschung-Gesundheitsschutz, 64, H. 11, 1364-1371, https://doi.org/10.1007/s00103-021-03440-8.

Neuweg, H. G. (2013): Lehrerinnen- und Lehrerbildung durch Wissenschaft: zur Vielschichtigkeit einer zeitgenössischen Einigungsformel. In: Beiträge zur Lehrerbildung, 31, H. 1, 301-309, https://www.pedocs.de/zeitschriften.php?zst=515-2013.

Nohl, A.-M. (2017a): Interview und Dokumentarische Methode. Anleitungen für die Forschungspraxis. 5. Aufl. Wiesbaden, https://doi.org/10.1007/978-3-658-16080-7.

Nohl, A.-M. (2017b): Organisationen in der dokumentarischen Mehrebenenanalyse. In: Amling, S. & Vogd, W. (Hrsg.): Dokumentarische Organisationsforschung. Perspektiven der praxeologischen Wissenssoziologie. Opladen, Berlin & Toronto, 279-300, https://elibrary.utb.de/doi/book/10.3224/9783847409465.

Nohl, A.-M. & Wulf, C. (2013): Die Materialität pädagogischer Prozesse zwischen Mensch und Ding. In: Zeitschrift für Erziehungswissenschaft, 16, H. 2, 1-13, https://doi.org/10.1007/s11618-013-0406-0.

OECD (2013): PISA 2012 Ergebnisse: Was Schülerinnen und Schüler wissen und können. (Band 1). Paris, https://doi.org/10.3278/6004399w.

Oechsle, U. (2020): Mathematikunterricht im Kontext von Inklusion. Fallstudien zu gemeinsamen Lernsituationen. Wiesbaden, https://doi.org/10.1007/978-3-658-28448-0.

Oester, K. (2008): ‚Fokussierte Ethnographie': Überlegungen zu den Kernansprüchen der Teilnehmenden Beobachtung. In: Hünersdorf, B., Maeder, C. & Müller, B. (Hrsg.): Ethnographie und Erziehungswissenschaft. Methodologische Reflexionen und empirische Annäherungen. Weinheim & München, 233-243.

Oevermann, U., Allert, T., Konau, E. & Krambeck, J. (1979): Die Methodologie einer „objektiven Hermeneutik" und ihre allgemeine forschungslogische Bedeutung in den Sozialwissenschaften. In: Soeffner, H.-G. (Hrsg.): Interpretative Verfahren in den Sozial- und Textwissenschaften. Stuttgart, 352–434.

Ophardt, D. & Thiel, F. (2017): Klassenmanagement als Basisdimension der Unterrichtsqualität. In: Schweer, M. K. W. (Hrsg.): Lehrer-Schüler-Interaktion. Inhaltsfelder, Forschungsperspektiven und methodische Zugänge. 3. Aufl. Wiesbaden, 245-266, https://doi.org/10.1007/978-3-658-15083-9.

Ophoff, J. G. (2012): Lernstandserhebungen: Reflexion und Nutzung. Münster.

Orth, B. (1983): Grundlagen des Messens. In: Feger, H. & Bredenkamp, J. (Hrsg.): Messen und Testen. Enzyklopädie der Psychologie (Themenbereich B, Serie I, Bd. 3, Kap. 2). Göttingen.

Oser, F. K. & Baeriswyl, F. J. (2001): Choreographies of teaching: Bridging instruction to learning. In: Richardson, V. (Hrsg.): Handbook of Research on Teaching. 4. Aufl. Washington DC, 1031-1065.

Ploder, A. (2018): Geschichte der qualitativen und interpretativen Forschung. In: Akremi, L., Baur, N., Knoblauch, H. & Traue, B. (Hrsg.): Handbuch Interpretativ forschen. Weinheim & Basel, 38-71, https://content-select.com/de/portal/media/view/5aa7b786-7490-4d94-afef-6955b0dd2d03?force-auth=1.

Poferl, A. & Schröer, N. (2022): Soziologische Ethnographie. Zur Entwicklung und zum Aufbau einer Forschungslandschaft. In: Poferl, A. & Schröer, N. (Hrsg.): Handbuch Soziologische Ethnographie. Wiesbaden, 1-7, https://doi.org/10.1007/978-3-658-26405-5.

Praetorius, A. K., Klieme, E., Herbert, B. & Pinger, P. (2018): Generic dimensions of teaching quality: The German framework of three basic dimensions. In: ZDM, 50, H. 3, 407-426, https://doi.org/10.1007/s11858-018-0918-4.

Prenzel, M., Sälzer, C., Klieme, E. & Köller, O. (2013): PISA 2012. Fortschritte und Herausforderungen in Deutschland. Münster, https://www.pedocs.de/volltexte/2020/18838/pdf/Prenzel_et_al_2013_PISA_2012_Fortschritte_und_Herausforderungen.pdf.

Proske, M. (2018): Wie Unterricht bestimmen? Zum Unterrichtsbegriff in der qualitativen Unterrichtsforschung. In: Proske, M. & Rabenstein, K. (Hrsg.): Kompendium Qualitative Unterrichtsforschung. Unterricht beobachten – beschreiben – rekonstruieren. Bad Heilbrunn, 27-62, https://elibrary.utb.de/doi/book/10.35468/9783781556126.

Przyborski, A. & Wohlrab-Sahr, M. (2021): Qualitative Sozialforschung. Ein Arbeitsbuch. 5. Aufl. Berlin & Boston, https://doi.org/10.1515/9783110710663.

Quellenberg, H. (2009): Studie zur Entwicklung von Ganztagsschulen (StEG). Ausgewählte Hintergrundvariablen, Skalen und Indices der ersten Erhebungswelle. Frankfurt a. M., https://www.pedocs.de/volltexte/2010/3128/pdf/MatBild_Bd24_D_A.pdf.

Rabenstein, K. (2018): Ding-Praktiken. Zur sozio-materiellen Dimension von Unterricht. In: Proske, M. & Rabenstein, K. (Hrsg.): Kompendium Qualitative Unterrichtsforschung. Unterricht beobachten – beschreiben – rekonstruieren. Bad Heilbrunn, 319-347, https://elibrary.utb.de/doi/book/10.35468/9783781556126.

Rabenstein, K. (2018): Wie schaffen Dinge Unterschiede? Methodologische Überlegungen zur Materialität von Subjektivationsprozessen im Unterricht. In: Tervooren, A. & Kreitz, R. (Hrsg.): Dinge und Raum in der qualitativen Bildungs- und Biographieforschung. Opladen & Farmington Hills, 15-35, https://elibrary.utb.de/doi/book/10.3224/9783847412069.

Rädiker, S. & Kuckartz, U. (2022): Analyse qualitativer Daten mit MAXQDA. Text, Audio und Video. Wiesbaden, https://doi.org/10.1007/978-3-658-22095-2.

Rauschenberg, A. (2021): Subjektivierung bei Lehrpersonen im Berufseinstieg. Adressierungsanalytische Perspektiven. Bald Heilbrunn.

Reh, S. (2013): Die Produktion von (Un-)Selbstständigkeit in individualisierten Lernformen. Zur Analyse von schulischen Subjektivierungspraktiken. In: Gelhard, A., Alkemeyer, T. & Ricken, N. (Hrsg.): Techniken der Subjektivierung. München, 189-200, https://www.fink.de/edcollbook/title/51091.

Reh, S. & Ricken, N. (2012): Das Konzept der Adressierung. Zur Methodologie einer qualitativ-empirischen Erforschung von Subjektivation. In: Miethe, I. & Müller, H.-R. (Hrsg.): Qualitative Bildungsforschung und Bildungstheorie. Opladen, Berlin & Toronto, 35-56, https://elibrary.utb.de/doi/book/10.3224/9783866495975.

Reichertz, J. (2018): Forschungsethik. In: Bohnsack, R., Geimer, A. & Meuser, M. (Hrsg.): Hauptbegriffe Qualitativer Sozialforschung. 4. Aufl. Opladen & Toronto, 86-87, https://doi.org/10.36198/9783838587479.

Reichertz, J. (2013): Die Abduktion in der qualitativen Sozialforschung. Über die Entdeckung des Neuen. 2. Aufl. Wiesbaden, https://doi.org/10.1007/978-3-531-93163-0.

Reuter, T. & Leuchter, M. (2019): Lernwirksamkeit unterschiedlich strukturierter Lernangebote zu Zahnrädern in der Grundschule. In: Förster, L., Franz, U., Hartinger, A. & Knörzer, M. (Hrsg.): Forschendes Lernen im Sachunterricht. Bad Heilbrunn, 55-62.

Riemann, G. (2018): Chicagoer Schule. In: Bohnsack, R., Geimer, A. & Meuser, M. (Hrsg.): Hauptbegriffe Qualitativer Sozialforschung. 4. Aufl. Opladen & Toronto, 28-33, https://doi.org/10.36198/9783838587479.

Rose, N. & Ricken, N. (2018): Interaktionsanalyse als Adressierungsanalyse – eine Perspektive der Subjektivationsforschung. In: Heinrich, M. & Wernet, A. (Hrsg.): Rekonstruktive Bildungsforschung. Zugänge und Methoden. Wiesbaden, 159-175, https://doi.org/10.1007/978-3-658-18007-2.

Rose, N. & Gerkmann, A. (2015): Differenzierung unter Schüler_innen im reformorientierten Sekundarschulunterricht – oder: warum wir vorwiegend ‚Leistung' beobachten, wenn wir nach ‚Differenz' fragen. In: ZQF, 16, H. 2, 191-210, https://www.budrich-journals.de/index.php/zqf/article/view/24325/21195.

Rosenthal, G. (2022): Biographieforschung. Baur, N. & Blasius, J. (Hrsg.): Handbuch Methoden der empirischen Sozialforschung. Wiesbaden, 647-658, https://doi.org/10.1007/978-3-658-37985-8.

Rost, J. (2004): Lehrbuch Testtheorie – Testkonstruktion. 2. Aufl. Bern.

Roth, L. (2001): Forschungsmethoden der Erziehungswissenschaft. In: Roth, L. (Hrsg.): Pädagogik: Handbuch für Studium und Praxis. 2. Aufl. München, 43-75.

Rothland, M. (2020): Theorie-Praxis-Verhältnis in der Lehrerinnen- und Lehrerbildung. In: Cramer, C., König, J., Rothland, M. & Blömeke, S. (Hrsg.): Handbuch Lehrerinnen- und Lehrerbildung. Bad Heilbrunn, 133-140, https://doi.org/10.36198/9783838554730.

Rothland, M. & Boecker, S. K. (2014): Wider das Imitationslernen in verlängerten Praxisphasen. Potenzial und Bedingungen des Forschenden Lernens im Praxissemester. In: Die Deutsche Schule, 106, H. 4, 386-397, https://www.waxmann.com/index.php?eID=download&id_artikel=ART101537&uid=frei.

Rott, D. (2020): Schülerperspektiven auf Ergänzungsstunden als Maßnahme individueller Förderung. Gruppendiskussionen mit gymnasialen Unter- und Mittelstufenschüler/innen. In: Zeitschrift für Bildungsforschung, 10, H. 1, 299-316, https://doi.org/10.1007/s35834-020-00284-1.

Rutter, M. (1979): Fifteen thousand hours: Secondary schools and their effects on children. Harvard.

Schaper, N. & Vogelsang, C. (Hrsg.) (2022): Erfassung und Förderung von Reflexionskompetenz in der Lehrerbildung. Lehrerbildung auf dem Prüfstand, 15, H. 1, https://www.vep-landau.de/produkt/lehrerbildung-auf-dem-pruefstand-2022-15-1.

Schatzki, T. R. (1996): Social Practices. A Wittgensteinian Approach to Human Activity and the Social. Cambridge, New York & Melbourne, https://www.cambridge.org/core/books/social-practices/D744F200232444F4FC0D3C6E014205A1.

Scheerens, J. & Blömeke, S. (2016): Integrating teacher education effectiveness research into educational effectiveness models. In: Educational Research Review, 18, 70-87.

Scheerens, J. & Bosker, R. J. (1997): The foundations of educational effectiveness. Oxford.

Schiepe-Tiska, A., Reiss, K., Obersteiner, A. H., Seidel, T. & Prenzel, M. (2013): Mathematikunterricht in Deutschland: Befunde aus PISA 2012. In: Prenzel, M., Sälzer, C., Klieme, E. & Köller, O. (Hrsg.): PISA 2012, Fortschritte und Herausforderungen in Deutschland. Münster, 123-154, https://www.pedocs.de/volltexte/2020/18838/pdf/Prenzel_et_al_2013_PISA_2012_Fortschritte_und_Herausforderungen.pdf.

Schmitz, A. (2016): Beliefs von Lehrerinnen und Lehrern der Sekundarstufen zum Visualisieren im Mathematikunterricht. Wiesbaden, https://doi.org/10.1007/978-3-658-18425-4_4.

Schneider, R. & Wildt, J. (2004): Forschendes Lernen im Berufspraktischen Halbjahr. In Koch-Priewe, B., Kolbe, F.-U. & Wildt, J. (Hrsg.): Grundlagenforschung und Mikrodidaktische Reformansätze zur Lehrerbildung. Bad Heilbrunn, 151–175.

Schönhuth, M. (2022): Ethnologische Ethnographie. In: Poferl, A. & Schröer, N. (Hrsg.): Handbuch Soziologische Ethnographie. Wiesbaden, 11-34, https://doi.org/10.1007/978-3-658-26405-5.

Schratz, M., Hartmann, M. & Schley, W. (2010): Schule wirksam leiten. Analyse innovativer Führung in der Praxis. Münster, https://elibrary.utb.de/doi/book/10.31244/9783830973133.

Schröder, I., Cammann, F., Darge, K., Krepf, M., Weyers, J. & König, J. (2022): How to promote student teachers' research knowledge and skills online. In: Journal of Education for Teaching, https://doi.org/10.1080/02607476.2022.2150839.

Schröer, N. & Dengel, U. (2022): Die Chicago School of Ethnography 1910 bis zu den 1930er Jahren: Der Ethnograph als „Reporter in-depth“. In: Poferl, A. & Schröer, N. (Hrsg.): Handbuch Soziologische Ethnographie. Wiesbaden, 47-65, https://doi.org/10.1007/978-3-658-26405-5.

Schubarth, W., Speck, K., Gladasch, U., Seidel, A., Chudoba, C. (2005): Die zweite Phase der Lehrerausbildung aus Sicht der Brandenburger Lehramtskandidatinnen und Lehramtskandidaten. Potsdam.

Schüssler, R., Schwier, V., Klewin, G., Schicht, S., Schöning, A. & Weyland, U. (Hrsg.) (2017): Das Praxissemester im Lehramtsstudium: Forschen, Unterrichten, Reflektieren. 2. Aufl. Bad Heilbrunn, https://doi.org/10.36198/9783838549316.

Schütze, F. (1983): Biographieforschung und narratives Interview. In: Neue Praxis, 13, H. 3, 283-293, https://nbn-resolving.org/urn:nbn:de:0168-ssoar-53147.

Schütz, A. (1971): Gesammelte Aufsätze. Das Problem der sozialen Wirklichkeit. Den Haag.

Schulte-Körne, G., Deimel, W., Hülsmann, J., Seidler, T. & Remschmidt, H. (2001): Das Marburger Rechtschreib-Training – Ergebnisse einer Kurzzeit-Intervention. In: Zeitschrift für Kinder- und Jugendpsychiatrie und Psychotherapie, 29, H. 1, 7-15, https://doi.org/10.1024//1422-4917.29.1.7.

Selting, M., Auer, P., Barth-Weingarten, D., Bergmann, J., Bergmann. P., Birkner, K., Couper-Kuhlen, E., Deppermann, A., Gilles, P., Günthner, S., Hartung, M., Kern, F., Mertzlufft, C., Meyer, C., Morek, M., Oberzaucher, F., Peters, J., Quasthoff, U., Schütte, W., Stukenbrock, A. & Uhmann, S. (2009): Gesprächsanalytisches Transkriptionssystem 2 (GAT 2). In: Gesprächsforschung, 10, H. 1, 353-402, http://www.gespraechsforschung-online.de/heft2009/heft2009.html.

Silverman, D. (2013): Doing Qualitative Research. 4. Aufl. Los Angeles, London, New Delhi, Singapore & Washington DC.

Spinath, B., Stiensmeier-Pelster, J., Schöne, C. & Dickhäuser, O. (2002): SELLMO. Skalen zur Erfassung der Lern- und Leistungsmotivation. Göttingen.

Spradley, J. P. (1979): The Ethnographic Interview. New York.

Steinke, I. (2019): Gütekriterien qualitativer Forschung. In: Flick, U., von Kardorff, E. & Steinke, I. (Hrsg.): Qualitative Forschung. Ein Handbuch. 13. Aufl. Reinbek, 319-331.

Steinke, I. (1999): Kriterien qualitativer Forschung. Ansätze zur Bewertung qualitativ-empirischer Sozialforschung. Weinheim & München.

Stevens, S. S. (1946): On the theory of scales of measurement. In: Science, 103, H. 2684, 677-680.

Strauss, A. & Corbin, J. (1996): Grounded Theory: Grundlagen Qualitativer Sozialforschung. Weinheim.

Strübing, J. (2021): Grounded Theory. Zur sozialtheoretischen und epistemologischen Fundierung eines pragmatistischen Forschungsstils. 4. Aufl. Wiesbaden, https://doi.org/10.1007/978-3-658-24425-5.

Strübing, J. (2018): Qualitative Sozialforschung. Eine komprimierte Einführung. 2. Aufl. Berlin & Boston, https://doi.org/10.1515/9783110529920.

Sturm, T. & Wagner-Willi, M. (2015): ‚Leistungsdifferenzen‘ im Unterrichtsmilieu einer inklusiven Schule der Sekundarstufe I in der Schweiz. In: ZQF, 16, H. 2, 231-248, https://www.budrich-journals.de/index.php/zqf/article/view/24327.

Tachtsoglou, S. & König, J. (Hrsg.) (2017): Statistik für Erziehungswissenschaftlerinnen und Erziehungswissenschaftler. Konzepte, Beispiele und Anwendungen in SPSS und R. Wiesbaden, https://doi.org/10.1007/978-3-658-13437-2.

Tarkian, J., Maritzen, N., Eckert, M. & Thiel, F. (2019): Vergleichsarbeiten (VERA) – Konzeption und Implementation in den 16 Ländern. In: Thiel, F., Tarkian, J., Lankes, E. M., Maritzen, N., Riecke-Baulecke, T. & Kroupa, A. (2019): Datenbasierte Qualitätssicherung und -entwicklung in Schulen. Wiesbaden, 41-103, https://doi.org/10.1007/978-3-658-23240-5.

Thierbach, C. & Petschick, G. (2022): Beobachtung. In: Baur, N. & Blasius, J. (Hrsg.): Handbuch Methoden der empirischen Sozialforschung. 3. Aufl. Wiesbaden, 1563-1579, https://doi.org/10.1007/978-3-658-37985-8.

Thiersch, S. & Wolf, E. (2021): Schule zwischen Digitalisierung und Disziplinierung. Rekonstruktionen pädagogischer Generationsbeziehungen im digitalisierten Unterricht. In: Bildung und Erziehung, 74, H. 1, 67-83, https://www.vr-elibrary.de/doi/epdf/10.13109/buer.2021.74.1.67.

Tschamler, H. (1996): Wissenschaftstheorie: Eine Einführung für Pädagogen. Bad Heilbrunn.

von Unger, H. (2014): Forschungsethik in der qualitativen Forschung: Grundsätze, Debatten und offene Fragen. In: von Unger, H., Narimani, P. und M'Bayo, R. (Hrsg.): Forschungsethik in der qualitativen Forschung. Reflexivität, Perspektiven, Positionen. Wiesbaden, 15-39, https://doi.org/10.1007/978-3-658-04289-9.

Universität zu Köln (2021): Das Studienprojekt im Praxissemester. Prozessorientierte Handreichung für Studierende. Köln, https://zfl.uni-koeln.de/sites/zfl/Publikationen/Materialien_zum_PS/ZfL_Handreichung_Studienprojekt_Band_6.pdf.

Universität zu Köln (2020): Modulhandbuch Bildungswissenschaften, Master of Education. Köln, https://www.hf.uni-koeln.de/data/hflehrestudium/File/SSC_Paedagogik/Bildungswissenschaften/Modulhandbuecher/UzK_HF_MHB_HRSGe_MEd_BiWi_20201001.pdf.

Valtin, R., König, J. & Darge, K. (2015): Schulzeit zwischen Freude und Verdrossenheit – Schule aus der Sicht von Schülerinnen und Schülern. In: Rademacher, S. & Wernet, S. (Hrsg.): Bildungsqualen. Kritische Einwürfe wider den pädagogischen Zeitgeist. Wiesbaden, 49-68, https://doi.org/10.1007/978-3-658-06239-2.

Valtin, R., Schmude, C., Rosenfeld, H., Darge, K., Ostrup, G., Thiel, O., Wagener, M. & Wagner, C. (2002): Was ist ein gutes Zeugnis? Noten und verbale Beurteilungen auf dem Prüfstand. Weinheim.

Vogl, S. (2021): Mit Kindern Interviews führen: Ein praxisorientierter Überblick. In: Hedderich, I., Reppin, J. & Butschi, C. (Hrsg.): Perspektiven auf Vielfalt in der frühen Kindheit. Mit Kindern Diversität erforschen. 2. Aufl. Bad Heilbrunn, 142-157, https://www.pedocs.de/volltexte/2021/22252/pdf/Vogl_2021_Mit_Kindern_Interviews_fuehren.pdf.

Voss, T., Zeeb, H., Dehmel, A. & Fauth, B. (2020): Forschungsmethoden in der Lehrerinnen- und Lehrerbildung. In: Cramer, C., König, J., Rothland, M. & Blömeke, S. (Hrsg.): Handbuch Lehrerinnen- und Lehrerbildung. Bad Heilbrunn, 667-672, https://doi.org/10.36198/9783838554730.

Wagner-Willi, M. (2013): Videoanalysen des Schulalltags. Die dokumentarische Interpretation schulischer Übergangsrituale. In: Bohnsack, R., Nentwig-Gesemann & Nohl, A.-M. (Hrsg.): Die dokumentarische Methode und ihre Forschungspraxis. Grundlagen qualitativer Sozialforschung. 3. Aufl. Wiesbaden, 133-155, https://elibrary.utb.de/doi/book/10.3224/97838664970928.

Wagner-Willi, M. (2009): Rituelle Praxis im Spannungsfeld zwischen schulischer Institution und Peer Group. Gruppendiskussionen mit Schülern. In: Bohnsack, R., Przyborski, A. & Schäffer, B. (Hrsg.): Das Gruppendiskussionsverfahren in der Forschungspraxis. 2. Aufl. Opladen & Farmington Hills, 45-56, https://doi.org/10.3224/9783866497092.

Wallman, K. K. (1993): Enhancing statistical literacy: Enriching our society. In: Journal of the American Statistical Association, 88, H. 421, 1-8.

Wernet, A. (2021): Einladung zur Objektiven Hermeneutik. Ein Studienbuch für den Einstieg. Opladen & Toronto, https://doi.org/10.36198/9783838556017.

Wernet, A. (2009): Einführung in die Interpretationstechnik der Objektiven Hermeneutik. 3. Aufl. Wiesbaden.

Wettstein, A., Ramseier, E., Scherzinger, M. & Gasser, L. (2017): Unterrichtsstörungen aus Lehrer- und Schülersicht. Aggressive und nicht aggressive Störungen im Unterricht aus der Sicht der Klassen-, einer Fachlehrperson und der Schülerinnen und Schüler. In: Zeitschrift für Entwicklungspsychologie und pädagogische Psychologie, 48, H. 4, 171-183.

Weyland, U. & Wittmann, E. (2015): Langzeitpraktika in der Lehrerbildung in Deutschland. Stand und Perspektiven. In: Journal für LehrerInnenbildung, 15, H. 1, 8-14.

Wiesemann, J. & Lange, J. (2015): Schülerhandeln und die Dinge des Lernens. Zum Verhältnis von Sinn und Objektgebrauch. In: Alkemeyer, T., Kalthoff, H. & Rieger-Lauch, M. (Hrsg.): Bildungspraxis. Körper – Räume – Objekte. Weilerswist, 261-282, https://doi.org/10.5771/9783845277349-1.

Wildt, J. (2009): Forschendes Lernen: Lernen im „Format" der Forschung. Journal Hochschuldidaktik, 20, H. 2, 4-7.

Wissenschaftsrat (Hrsg.) (2001): Empfehlungen zur zukünftigen Struktur der Lehrerbildung. Berlin, https://www.wissenschaftsrat.de/download/archiv/5065-01.pdf?__blob=publicationFile&v=1.

Witzel, A. (2000): Das problemzentrierte Interview. In: FQS, 1, H. 1, Art. 22, https://www.qualitative-research.net/index.php/fqs/article/view/1132/2520.

Witzel, A. & Reiter, H. (2022): Das problemzentrierte Interview – eine praxisorientierte Einführung. Weinheim, https://content-select.com/de/portal/media/view/6230dcc2-ae38-4a0b-8455-1d0db0dd2d03?forceauth=1.

Zepp, J. & König, J. (2014): Städtisches Bildungsmanagement im Übergang von der Ausbildung in den Beruf. In: Liegmann, A. B., Mammes, I. & Racherbäumer, K. (Hrsg.): Facetten von Übergängen im Bildungssystem. Nationale und internationale Ergebnisse empirischer Forschung. Münster, 141-162.

# Abbildungsverzeichnis

# Stichwortverzeichnis